아빠를 키우는 아이

아빠를 키우는 아이

처음 펴낸 날 2013년 2월 7일
두 번째 펴낸 날 2013년 6월 20일
지은이 박찬희
펴낸이 유재현
출판감독 천소희
편집한이 박수희·강주한
꼴을 꾸민이 전아름
알리는이 장만
인쇄·제본 영신사
종이 한서지업사

펴낸곳 소나무
등록 1987년 12월 12일 제 2013-000063호
주소 412-190 경기도 고양시 덕양구 현천동 121-6
전화 02-375-5784 팩스 02-375-5789
전자우편 sonamoopub@empas.com
전자집 cafe.naver.com/sonamoopub

ⓒ 박찬희, 2013

값 13,000원

ISBN 978-89-7139-821-0 03810

소나무 머리 맞대어 책을 만들고, 가슴 맞대고 고향을 일굽니다.

아빠를 키우는 아이

아빠 육아, 이 커다란 행운

박찬희

소나무

여는 글

육아를 고민하는 이 땅의 아빠들에게

직장을 그만두고 서령이의 주 양육자로 지낸 지 만 2년이 넘었다. 마흔 초반이던 아빠는 어느새 마흔 중반으로 접어들었고 두 살 서령이도 이제 어엿한 네 살이 되었다. 그 시간이 내 인생에서 어떤 의미였을까.

10년 넘게 다니던 일터를 박차고 나와 아이를 키우겠다고 했을 때 뚱하니 쳐다보는 주위 사람들에게 이런 농담 아닌 농담을 하곤 했다.

"지금 남는 장사하는 거예요. 최소 비용으로 최대 효과를 얻는 거죠. 아이가 만 세 살 때까지 엄마나 아빠하고 어떻게 지내느냐가 아이의 운명을 바꾼대요. 아이와 잘 지내면 아이의 인성도 좋아지고 나중에 사춘기를 겪더라도 잘 극복할 테고 무엇보다 아이를 평생 내 친구로 만들 수 있잖아요. 이렇게 따져도 충분히 남는 장사죠."

2년이 지난 지금은 한 가지를 덧붙인다.

"아이만 크는 게 아니더라고요. 어른도 같이 커요. 아이와 함께 지내면서 많은 것을 얻었어요."

그런데 이 땅의 아빠들은 할 일이 많다. 아내가 아이를 가졌다고 알려주는 순간 기쁨으로 펄쩍 뛰는 순간도 잠시, 무거운 책임감이 어깨를 짓누르며 돈을 벌어야겠다는 의무감이 앞선다. 아이가 태어나면서 본격적으로 육아 문제도 시작된다.

"아이는 엄마가 키워야지. 내가 할 일은 아기의 탄생을 축하하면서 친구들과 술 한잔하는 거야."

축하 인사를 받고 술 한잔하다 어느 순간 아내 얼굴을 보니 얼굴이 퉁퉁 부어 있다.

"애는 나 혼자 낳았냐고! 제발 애 키우는 일 좀 도와줘."

내가 퇴직을 하고 아이를 돌보려고 했을 때 어떤 거창한 철학이나 특별한 문제의식이 있었던 것은 아니다. 다만 어디선가 들었던, "아이는 적어도 만 세 살 때까지는 부모가 키우는 것이 좋다"는 말을 밑천으로 삼았다. 더군다나 아내가 육아휴직을 하고 1년 동안 아이 돌보는 모습을 보니 육아가 별로 어렵지 않아 보였다. 착각도 이런 착각이 없었지만.

육아는 몸과 마음이 전혀 상상하지 못한 새로운 생활에 적응하는 과정이었다. 몸과 마음을 온전히 아이를 위해 내주는 일은 말처럼 쉽지 않았다. 아이는 엄마가 키운다는 통념 속에 살아와 더욱 그랬다. 외출은커녕 마음대로 화장실조차 가지 못했다. 한 달이 지나자 '우리 엄마는 어떻게 네 아이나 키웠을까'라는 놀라움이 들었고 두 달이 지나자 이 땅의 모든 엄마들을 존경하게 되었다. "집에서 애나 보면서"라는 편잔은 가장 먼저 바꿔야 할 말이었다. 이렇게 말하는 사람들에게 딱 일주일만 아이를 보라고 하면 절대 이런 말을 입 밖에 꺼내지 못하리라 장담한다.

서령이를 돌본 지 몇 달 후 아내가 웃으며 물었다.

"직장 다니는 게 좋아, 아이 보는 게 좋아?"

"당연히 직장 다니는 게 좋지. 당연히."

'퇴근 후에 동료들과 술 한잔해 보았으면…….' 아이와 함께 지내는 시간이 많아지면서 내 꿈도 소박해졌다. '육아의 달인'이라는 어떤 분도 차라리 군대 한 번 더 갔다 오는 게 낫겠다는 생각을 했단다. 나도 동감했다. 즐거움의 원천이면서도 그만큼 스트레스 덩어리이기도 한 육아. 하지만 놀랍게도 육아 최대 수혜자는 그 누구도 아닌 바로 나 자신이었다. 육아는 한 생명이 자라는 과정을 바로 곁에서 지켜보며 기뻐할 수 있는 유일한 기회이다. 잠든 아이를 바라보면서 행복한 눈물을 흘리다가도 아이와 싸울 때면 '나이 먹고 이게 뭐하는 건가'라는 기분이 드는 일이 육아였지만 그 하나하나가 모두 소중했다. 세상에 어떤 일이 순간순간마다 이토록 경이로울 수 있을까. 행복은 거창한 철학이나 넘쳐나는 돈에서 나오지 않았다. 내일에 있지도 않았다.

아이를 키우는 일은 끊임없이 자기 자신을 돌아보는 과정이었다. 이전에는 상상하지 못했던 새로운 상황을 겪으면서 미처 알지 못한 내 모습을 발견하였다. 또한 아이에게는 하지 않겠다고 다짐한 행동을 무의식적으로 하고 있는 나를 보면서 오랫동안 감춰두었던 내 안의 상처도 만났다. 아이를 키우지 않았다면 회피하거나 덮어버렸겠지만 아이를 키우면서 그럴 수는 없었다. 치유하지 못한 내 상처가 아이에게 그대로 전해진다는 것을 알았다. 내 속으로 들어가는 작업은 결코 만만하지 않았지만 껍질 하나를 벗을 때마다 점점 자유롭고 가벼워졌다. 그럴수록 아이도 잘 보였다.

이 글은 지난 2년 동안 아이와 부대꼈던 삶의 기록이다. 또한 한 아이의 성장보고서이자 한 아빠의 성장보고서이다. 오랫동안 어른이 아이를 키운다는 말을 철석같이 믿었다. 하지만 2년이 지난 지금 더 이상 이 말을 믿지 않는다. 아이도 어른을 키운다. 아니 아이가 어른을 키운다. 세상에 일방적인 관계는 없듯 아이와 아빠는 함께 큰다. 이런 의미에서 이 글은 함께 웃고 울었던 두 사람의 기록이기도 하다.

서령이를 키우면서 가장 많이 떠오른 분들이 부모님이다. 이제야 아버지 어머니의 마음을 조금은 알 것 같다. 양가 부모님께 마음을 담아 감사를 드린다. 서령이가 '소나무 삼촌'이라고 부르는 소나무 출판사 식구들과 애정으로 책을 만든 천소희 출판감독에게 고맙다는 말을 전한다. 지금 사춘기를 겪고 있는 조카 성우에게 격려를 보내며 내 인생에서 가장 큰 행운인 아내 이승언과 딸 서령이에게 두 손 모아 사랑을 보낸다.

차례

여는 글 /
　육아를 고민하는 이 땅의 아빠들에게　4

1/ 아빠의 걸음마

　내가 키우지 뭐　14
　아빠 연습　21
　서령이와 함께한 두 달　27
　육아일기를 쓰다　35
　전업주부 되셨나 봐요?　41
　음치 아빠, 노래꾼 되기　46
　나의 첫 요리 도전　51
　아기 안고 박물관 나들이　58
　엘리베이터에서 긴장하는 아빠　63
　조급증 내려놓기　69
　아내의 야근　74

2/ 놀기 위해 세상에 온 아이

모유 수유를 하는 기분은 어떤 걸까?   82
하나만 더 주세요   89
서령이는 놀기 위해 세상에 왔다   94
두려운 순간도 받아들여야 비로소 부모가 된다   100
한 가지만 담아도 충분한 걸   107
'싫어'와 '내가'   113
전부 다 내 거야   120
어린이집에 가는 워킹대디   127
내 마음속 어린아이를 위한 휴식   135
똥오줌 감상하기   141
눈 깜짝할 새 벌어지는 일들   148
아빠는 정말 모르는 걸까?   155

3/ 육아하는 남자, 울며 성장하며

갑자기 일어나는 변화는 없다 164
좋은 말 나쁜 말, 모두 부모에게서 배운다 170
아프면 무조건 병원에 가야 할까? 176
실수하고 실패할 권리 184
애 키우며 나만 손해 본다는 느낌 190
할머니 할아버지가 된 나의 어머니 아버지 196
초콜릿 전쟁 202
아빠도 눈물을 흘린다 209
서령이가 나를 미치게 할 때 214
마음을 기록하는 일 220

4/ 아이를 위해 세상에 던지고 싶은 질문

남자가 육아를 하면 세상이 바뀐다 228
어린이집 전쟁 235
놀이터에 가면 나는 왜 작아지는가 242
늑대와 루돌프의 불편한 진실 249
육아서보다 중요한 것 254
아빠의 이동 259
워킹맘의 비애 265
아이가 살아갈 세상에 던지는 질문 271
아이들에게 핵 없는 세상을 277
어제는 골프장 오늘은 구럼비 284
세상에서 가장 긴 여행 290
같은 꿈을 꾼다는 것 296

닫는 글/

마치 내 세상인 것처럼 302

1/ 아빠의 걸음마

그때까지 내 주변에서
아빠가 아이를 돌보는 경우는
보지 못했다. 그런 결정을
하기 불과 얼마 전까지만 해도
내가 아이를 보리라고는
꿈도 꾸지 않았다.
하지만 서령이가
태어나면서부터 줄곧 이런
생각은 들었다.
'나이 들어서도 딸아이와
친구처럼 이야기를
나눌 수 있다면
정말 좋지 않을까.'

내가 키우지 뭐

불혹을 넘긴 마흔하나에 아빠가 되었고 마흔둘에 주 양육자가 되었다. 하지만 세상 사람들은 이렇게 부르지 않는다. 굳이 남자를 붙여 '남자전업주부'라고 말한다. 살면서 한 번도 내게 이런 이름이 붙을 거라고는 상상하지 못했다.

서령이가 태어나자 아내는 1년 동안 육아휴직에 들어갔다. 평소에도 "내 사주에는 아이 세 명이 있다"라며 아이를 몹시 기다렸던 아내였기에 조금도 망설임이 없었다. 서령이와 뒹굴던 아내를 보면 아내는 틀림없이 아이와 놀기 위해 세상에 온 사람이었다. 아내는 "백만 스물하나"라고 외치는 에너자이저 그 자체였는데, 아이를 키우면 저절로 그렇게 되는 줄 알았다. 아내가 가볍게 잘 넘기기도 했지만 워낙 아이와 잘 지내서 산후우울증이 온 줄도 몰랐다. 나는 퇴근하면 서령이와 놀고 집안일 도와주고 때가 되면 잠자리에 드는 보통 아빠였다. 서령이와 방을 따로 사용해 잠도 충분히 잤던 터라 아이가 태어나면 온갖 고생을 한다는 말도 좀처럼 믿기지 않았다.

길게만 느껴지던 아내의 육아휴직도 몇 달 남지 않은 어느 날이었다.

"할머니에게 전화가 왔어. 정말 미안하다고. 다른 일이 생겨 서령이를 봐줄 수가 없대."

"뭐라고! 그럼 어떻게 하지. 어린이집에 보내기는 싫고……."

다른 맞벌이 부부처럼 우리에게도 육아는 비켜 갈 수 없는 문제였다. 육아휴직이 끝나면 서령이를 어디에 맡긴다지? 우리는 아이가 어렸을 때는 한 사람 손에서 자라야 정서가 안정된다는 말을 중요시했다. 일단 어린이집은 제외. 그렇다고 처가나 본가에 맡길 수 있는 형편도 아니었다. 그래서 아내는 같은 아파트 단지에 사는 이웃들에게 수소문해 옆 동에 사시는 할머니께 부탁을 드렸다.

두 달 후면 아내는 복직을 해야 했다. 옆 동 할머니를 믿고 안심하고 있다가 갑자기 알맞은 사람을 알아보는 일은 신통치 않았다. 이래서 다들 처가나 본가에 껌 딱지처럼 붙는가 보다. 시간이 지나면서 어린이집이라도 보내야 하나 걱정하다가 불현듯 좋은 생각이 떠올랐다.

"내가 키우지 뭐. 아이는 적어도 만 세 살까지는 부모가 직접 키우는 게 좋다고 하잖아. 적당한 사람을 찾기도 어려운데 차라리 내가 보는 게 낫지 않겠어?"

"정말 할 수 있겠어? 아이 보는 거, 생각만큼 쉽지 않아. 그래도 당신이 그렇게 해줄 수 있다면 제일 좋지."

"적어도 1년은 내가 전담해서 볼게. 서령이가 크는 모습도 보고 싶고." 아이 보는 일이 생각만큼 쉽지 않다는 아내의 말은 귓등으로 흘렸다. 아내는 걱정스러운 표정이었지만 굳이 말리지도 않았다. 한 번쯤 다시 생각해 보라고 할 법도 한데 오히려 다행이라는 눈치였다.

그때까지 내 주변에서 아빠가 아이를 돌보는 경우는 보지 못했다. 그런 결정을 하기 불과 얼마 전까지만 해도 내가 아이를 보리라고는 꿈도 꾸지 않았다. 하지만 서령이가 태어나면서부터 줄곧 이런 생각은 들었다. 아이가 어렸을 때 부모와 좋은 유대를 맺으면 평생 좋은 관계로 지낼 수 있지 않을까, 나이 들어서도 딸아이와 친구처럼 이야기를 나눌 수 있으면 좋지 않을까. 같이 근무하던 직장 동료 이야기도 머리에 남았다.

"맞벌이를 하니까 아이가 커가는 모습을 보지 못하는 게 제일 아쉬워요. 한번은 아이가 병원에 가서 정기검진을 받는데, 문진표에 아이가 몇 단어를 말하느냐는 질문이 있었어요. 곰곰이 생각해 봐도 몇 단어밖에 떠오르지 않는 거예요. 하루 종일 같이 있었더라면 정확하게 알았겠지요."

아이를 다른 누군가에게 맡기면 아이가 커가는 과정을 볼 수 없겠지. 그 순간순간에 엄마나 아빠가 같이 있다면 참 좋을 텐데. 그 시절은 아이도 기억을 하지 못한다는데 아무도 기뻐할 사람이 없다는 건 슬픈 일이야.

아내가 아이를 키우는 모습을 보니 그다지 어렵지 않아 보였다. 나도 부모인데 마음만 먹으면 못할 일이 뭐 있겠어. 하지만 완전한 착각이었다. 착각이 깨지는 데는 오래 걸리지 않았다.

11년 동안 근무했던 박물관은 그만두었다. 하지만 오로지 아이를 보기 위해 직장을 그만둔 것은 아니었다. 서령이를 어디에 맡길까 고민하기 얼마 전부터 직장을 그만두고 다른 일을 하려던 터였다. 그동안 너무 박물관에만 매여 있어 문화재가 있는 산과 들로 나가 호흡하고 그 느낌을 글로 전하고 싶었다. 서령이는 내 결정을 앞당겨주었다. '그래 1년 동안 아이와 신나게 놀고 그 후부터는 계획했던 일을 하자.' 때문에 아내는 내가 직장을 그만두고 육아를 한다고 했을 때에도 크게 놀라지 않았던 것 같다. 하지만 부모님의 반응은 역시나 냉담했다.

"박물관을 그만두고 다른 일을 하려고요. 먼저 1년 동안은 서령이를 돌보려고요. 1년 투자해서 평생 좋은 관계를 유지하면 그게 남는 장사잖아요."

"남는 장사"라는 말도 부모님을 안심시키기에는 역부족이었다. 직장을 그만두는 것도 놀랄 일인데 아이까지 키우겠다고 하니 어이없어 하셨다. 당연했다. 특히 어머니는 실망하는 기색을 감추지 못하셨다.

"직장 잘 다닐 줄 알았는데, 그 나이에 집에 들어앉아 아이를 본다니 원."

남의 이야기로만 알았던 일이 눈앞에서 벌어지자 어색한 침묵이 흘렀다. 어렸을 때부터 내게 많은 기대를 하신 부모님이셨기에 적지 않은 충격을 받으셨을 것이다. 더군다나 남편이 돈을 벌고 아내가 살림과 육아를 하는 게 당연했던 시대를 사신 분들이다. 얼마 전까지 나도 그렇게 믿었으니까.

"너무 걱정하지 마세요. 승언 씨와 충분히 논의해서 한 결정이고 잘할 거예요."

"에미가 돈을 벌고 네가 애를 본다니……."

우리가 돌아간 후 두 분은 "그래도 아들이 돈을 벌어 가장 노릇을 해야 하는데"라며 깊은 한숨을 쉬셨겠지. 며느리가 돈을 벌어 가족을 먹여 살린다는 생각에 밤잠을 설치셨겠지. 하지만 차차 이해해 주시리라 믿는다.

처가에는 마침 서령이를 데리고 친정에 가 있던 아내가 말씀을 드렸다. 부모님께 말씀을 드릴 때보다 더 궁금해 귀를 쫑긋 세웠다. "귀한 딸 시집보냈더니 고생시키려고 작정하는구나"라는 드라마 대사가 어른거리기도 했다.

"제가 복직을 하면 서령이 아빠가 서령이를 보려고요. 박물관은 그만두고요. 서령이를 1년쯤 보고 문화재 쪽으로 글을 쓰려고 계획하고 있어요."

"잘했다. 글을 쓰는 일은 평생 할 수 있잖아. 서령이는 좋겠다, 아빠가 봐주고."

예상치 못한 반응이었다. 멀쩡한 직장 때려치우고 아이를 보겠다는 사위가 걱정스러우셨겠지만 책망 대신 격려를 해주셨다. 평소에도 긍정적인 분들이셨지만 정작 이 말을 전해 들으니 오히려 내가 깜짝 놀랐다.

부모님께 말씀을 드린 후 주위 사람들에게 퇴직과 육아에 대한 결심을 알렸다. 어떤 반응을 보일지도 궁금했다. 함께 근무했던 동료들은 대부분 "잘하실 거예요. 아이와 함께 지낸다니 부러워요"라며 격려해 주었다.

하지만 직장 상사 한 분은 "아이가 예뻐서 직접 키우려고 직장을 그만둔다는 말은 들어봤지만 내 옆에 이런 일이 생길 줄은 몰랐네"라며 의아스러워했고 다른 남자 동료는 "저는 한 달 동안 아이 보다가 도저히 안 되겠다 싶어 바로 취직했어요"라며 경험담을 들려줬다. 아내의 직장 동료 가운데 "잘 됐다. 좋겠다"라고 말한 사람들은 대부분 여자들이었다.

친구들 반응은 의외였다. "직장 그만두고 1년간 서령이 볼까 해"라고 말하자 대부분 "그러냐?"라며 무덤덤하게 넘겼다. 농담으로 "그건 자연을 거스르는 일이지"라는 친구도 있었다. "왜 그랬냐?"라고 말하기도 어색하고 "잘했다"라고 말하기는 더 어색한 모양이었다. 격려해 주면 어디 덧나나. 어쩔 수 없이 직장을 나와 육아를 한다고 생각하는 건가? 아무튼 내 세대 남자들의 머릿속에 '애 키우는 아빠'란 자연스러운 존재는 아니었다.

시간은 흘러 퇴직할 날이 가까워왔다. 동시에 아이를 봐야 할 날도 코앞으로 다가왔다. 새로 시작될 삶에 설레고 아이를 봐야 한다는 사실에 긴장했다. 아내는 "잘할 수 있을 거예요"라며 격려해 주었지만 슬며시 다가오는 두려움은 어쩔 수 없었다. '내가 잘할 수 있을까?' 태어나서 처음으로 누군가를 전적으로 책임져야 하는, 한 번도 경험해 보지 못한 생활이 기다린다.

드디어 7월 31일, 마지막으로 출근하는 날 아침 핸드폰으로 문자가 들어왔다.

"11년 동안 수고하셨어요. 오늘 출근길 가벼운 발걸음으로 하세요. 당신을 사랑하는 두 여자가."

사진 속 두 여자는 "아빠 힘내세요, 우리가 있잖아요!"를 외치는 듯 웃고 있었다. 이제 두 여자와 손잡고 상상하지 못했던 길을 걸어가 보자. 힘차게 팔을 흔들면서.

아빠 연습

 2010년 8월 1일, 이날부터 나는 사회적으로는 실업자였고 집에서는 예비 살림꾼이자 서령이 주 양육자였다. 한 달 후에는 아내가 복직하기 때문에 내게 주어진 시간 동안 아내에게 열심히 가르침을 받아야 했다.
 하지만 아내는 친절한 스승이 아니었다. 이것저것 알려주는 대신 서령이와 함께 생활하는 모습을 보여주었다. 아침부터 잠자리에 들기까지 겪는, 모유 수유를 뺀 대부분의 일을 함께 겪었다. 9월부터는 혼자 해야 할 일들이었다. 옷이나 기저귀를 갈아입히고 밥을 먹이고 잠을 재우고 아이와 이야기하고 놀고, 해야 할 일도 신경을 써야 할 일도 무척 많았다. 구경꾼 입장과 당사자 입장은 달랐다. 아이의 감정을 헤아리며 말하는 법이 그랬다. 내 감정도 모를 때가 많은데, 아이 입장에서 감정을 알아채고 이해하는 일은 쉽지 않았다.
 아내는 내가 걱정됐는지 특별히 두 가지 기술을 가르쳐주었다. 먼저 기저귀에서 똥을 떨어내는 법. 아내는 천 기저귀를 쓰다 일회용 기저귀로 바꾸면서 기저귀에 묻은 똥을 떼어내 변기에 버렸다. 똥이 묻은 채 기저귀를 버리면 안 된다고 했다. 똥이 잘 떨어지지 않으면 휴지로 깨끗이 닦았다. 세상의 아기 똥은 기저귀에서 잘 떨어지는 똥과 비에 젖은 낙엽 같은 똥으로 구분되었다. 다음은 기저귀 앞뒤 구분법. 기저귀는 앞뒤가 비슷하기 때문에 헷갈리기 쉬운데 그럴 때는 front라고 쓰인 쪽을 찾으라고 했다. 그쪽이 앞이었다. 사실 나도 이 정도는 알았다.

이어지는 아내의 당부. 첫째, 기저귀를 자주 들여다봐서 똥을 쌌는지 확인할 것.

"어른도 팬티에 똥을 싼 채로 있으면 기분 나쁘잖아. 아이도 마찬가지야. 발진이 일어날 수도 있어."

이쯤이야. 다음은 서령이가 자꾸 가구를 잡고 일어서려고 하는 때여서 가구에 주의하기. 마지막은 한시라도 서령이에게서 눈 떼지 말기. 사고는 한순간에 벌어지기 때문에 늘 신경을 써야 한다는 게 아내의 지론이었다. "그래 알았어. 그렇게 해야지"라고 큰소리치기는 했지만 한눈팔지 않기는 어쩐지…….

내가 가장 걱정하는 일은 두 가지였다. 하나는 똥 냄새. 비위가 약한 탓에 어떻게 똥 냄새를 견디느냐 하는 걱정이 앞섰다. 서령이 똥을 보고 토하지는 않을까, 숨을 참으면 되겠지, 그러다 숨을 참지 못해 냄새를 들이마시면 어떻게 되지. 별별 생각이 다 들었다. 한편으로는 아내가 한 말을 믿고 싶었다.

"다른 사람 똥은 좀 그런데 서령이 똥은 구수하다니까."

한 달 동안 몇 번이나 기저귀 똥을 털었지만 아내의 말은 경지에 오른 사람이나 하는 말처럼 들렸다. 그래도 견디다 보면 구수할 날이 올 거야.

다른 하나는 아내가 출근한 사이 서령이가 엄마를 찾으며 자지러지게 울면 어떻게 하나라는 걱정. 엄마하고 1년 동안 같이 지내다 헤어지는데 찾지 않을 리가 있나. 울음을 그치게 하는 방법이 있기는 있을 거야. 우리는 틈만 나면 서령이에게 말했다.

"서령아, 조금 있으면 엄마는 직장에 나가고 아빠가 서령이를 돌볼 거야. 엄마는 아침에 나가도 저녁에는 서령이에게 꼭 돌아올 거야. 언제나 서령이 곁에는 엄마하고 아빠가 있지."

아이에게 앞으로 벌어질 일을 미리 말해 주면 아이는 그 상황이 닥쳐도 크게 놀라지 않는다. 병원에 주사를 맞으러 간다거나 멀리 집을 떠날 때면 곧잘 이런 말을 해주었는데, 서령이는 놀라지 않고 자연스럽게 받아들였다. 아이를 위한다고 아예 말을 해주지 않으면 아이가 더 큰 충격을 받을 수도 있다.

아내와 집안일을 어떻게 나눌지도 중요한 문제였다. 아내가 말했다.

"당신은 육아에만 신경 써. 나머지 살림은 내가 알아서 할게."

야호(속으로)! 하지만 실제로 이렇게 하기는 힘들겠지.

"집안 살림 가운데 당신은 음식을 맡아. 나머지는 내가 할게."

사실 집안 살림 가운데 음식은 시간과 노력이 가장 많이 들어간다. 다행히 우리들은 음식에 큰 욕심이 없어서 몇 가지만으로 충분했다. 서령이 음식은 아내가 조금 더 신경을 쓰기로 했다. 이렇게 역할 분담을 마쳤다. 참, 하나 더.

"근무시간 안에 일을 처리하고 일찍 들어오도록 할게."

당연하지.

이 기간 중에 아내는 뜻밖의 선물을 주었다. 이 선물은 나에게도, 결과적으로 서령이에게도 큰 도움이 되었다. 아내는 내가 퇴직하기 전에 '아바타 코스'라는 자기 개발 프로그램을 신청해 놓았다. 몇 년 전 먼저 교육을 받은 아내가 몇 번 참여하기를 권했지만 그때마다 바쁘다는 핑계를 댔다. 아내에게 다시 코스 이야기를 들은 후 '뭔가 건질 게 있겠지'라는 마음으로 참여하기로 했다. 물론 아내와 서령이도 함께였다.

코스는 자신도 몰랐던 자기 마음과 감정을 제대로 살펴보고 다룰 수 있도록 했다. 생전 처음 해보는 작업이어서 낯설고 생소했지만 과정 하나하나를 거치면서 내 안에 있던 또 다른 나를 만났고 마음의 상처를 들여다보았다. 많은 사람들이 같은 문제를 겪는다는 사실에 위안을 받기도 했다. 마음의 상처에 눈물을 흘리고 소리를 지르면서 억눌린 감정을 드러냈고 그러면서 무거웠던 마음이 한결 가벼워졌다. 또한 자기감정을 다루는 법을 익히면서 막연하게 보이던, 아이와 눈높이를 맞추고 아이의 감정을 헤아리는 일도 가능한 것처럼 보였다. 어느 때보다도 마음이 편했고 서령이를 잘 돌볼 수 있다는 자신감도 솟았다.

"그래, 이제 서령이는 내가 키운다."

아내가 복직하기 전 한 달은 육아의 원칙을 다시 정리하는 시간이기도 했다. 원칙이라고 하니 거창한 것 같지만, 이렇게 키우고 싶다는 바람 정도였다. 엄마와 아빠가 비슷한 마음이면 서로 의지하기 쉽고 힘이 된다.

"우리는 성격은 판이하게 다른데, 육아 원칙은 참 비슷해. 아이 키우면서 다툰 적이 거의 없잖아."

아내나 나나 무엇보다 서령이가 행복한 사람으로 자라면 좋겠다고 생각했다. 돈도, 학력도, 명예도 모두 중요하지만 서령이가 자신을 있는 그대로 사랑해야 진짜 행복한 삶이라고 믿었다. 서령이뿐만 아니라 나 자신에게도 마찬가지였다. 자기 삶의 주인이 자기일 때, 결정과 행동의 주인이 자기일 때 삶은 온전히 자기 것이 될 수 있다는 점을 늘 염두에 두어야지.

서령이가 자연스럽게 자랐으면 하는 바람도 컸다. 자연스럽게 크려면 억지로 뭘 해야 한다는 생각을 버려야 했다. 될 수 있으면 아이가 하고 싶은 대로 하도록 하고 명령과 통제 대신 선택을 할 수 있도록 도와줘야지. 또한 오감을 열어 자연을 느끼는 일도 중요했다. 시골에서 자란 나는 자연과 호흡하는 일이 삶을 얼마나 풍요롭게 만드는지 잘 알았다. 지금은 시골에서 살지 않지만 서령이가 태어날 때부터 기회가 닿을 때마다 하늘과 바람과 구름과 나무와 풀 이야기를 보는 대로, 느끼는 대로 전해 주었다. 아내 역시 그랬다.

"서령이는 겪어야 할 모든 성장 단계를 거쳐서 좋아."

가끔 아내가 하는 말이다. 그런데 종종 다른 부모들을 만날 때면 "우리 아이는 돌 되기 전에 걸었어요. 바로 일어서서 걷더라고요!"라는 자랑을 듣는다. 그러면 "아 그래요. 벌써 걸어요?"라고 답하곤 하지만 일찍 걷는다고 더 좋은 것도 아니고 할 때가 되면 다 한다는 생각이었다. '때 되면 하겠지'라는 게 우리 부부의 신념이었다 (하지만 이 신념은 종종 시련에 부딪혔다. 주로 내가 그랬다).

잘 노는 아이로 자랐으면 하는 것도 우리의 바람이었다. 정작 나는 잘 노는 방법을 몰랐지만 놀아야 할 때 마음껏 놀아야 잘 큰다는 말은 공감하였다. 이런 말을 하면 종종 "아이가 학교에 들어가 봐라, 사교육 안 시키겠다고 하다가도 옆집 아이보다 뒤떨어진다 싶으면 그날부터 학원에 보내지"라며 철모르는 사람 취급을 당하기도 했지만 어쨌든 그렇다.

더위를 피해 처가에 머물다 아빠타 코스를 마치고 집으로 돌아오니 8월 말이었다. 어느새 9월이 코앞으로 달려왔다. 아내 없이 서령이를 본다는 일이 도무지 실감 나지 않았다. 하지만 나는 아빠다. 아자, 아자, 아자!

서령이와 함께한 두 달

서령이와 함께 지낸 두 달은 울고 웃고 놀라는 나날이었다. 또한 그동안 누려왔던 여유롭고 우아한 생활과 이별하는 과정이었으며 서령이라는 놀라운 우주로 들어가는 여정이었다.

"출근할 테니까 서령이 잘 보고 무슨 일 생기면 전화 줘. 서령아, 엄마 한살림 다녀올 테니까 아빠하고 재미있게 놀아. 엄마는 늘 서령이에게 돌아오지."

아내는 엄마에게 눈을 떼지 못하는 서령이를 뒤로 하고 1년 만에 출근했다.

"엄마아! 엄마아!"

서령이는 출근하는 엄마를 보자 몸을 뒤틀며 울기 시작했다. 하지만 눈물겹던 이별은 문을 닫고 아내가 몇 발자국 걸어가기도 전에 끝났다. 서령이가 울음을 그치고 내 얼굴을 보더니 헤헤거리며 웃었다. 서령이 눈을 들여다보고 있으면 신나고 셀레였지만 어떤 일이 벌어질지 몰라 불안하기도 했다. "아빠가 보는데 뭐가 걱정이야"라는 아내와 달리 나는 낮에 서령이가 엄마를 애타게 찾으면 어떻게 하나 걱정되었다.

저녁 어스름이 깔릴 무렵 복도에서 발자국 소리가 들리는가 싶더니 문이 열렸다.

"서령아, 엄마 왔다."

"엄마! 엄마! 엄마!"

내 품에 안겨 있던 서령이는 현관으로 들어선 엄마 품에 꼭 안겨 어쩔 줄 모르는 반가움을 온몸으로 표현했다. 이 순간이면 하루가 잘 마무리되었다는 안도감과 함께 하루 종일 같이 지낸 아빠는 제쳐두고 엄마만 찾는 서령이에게 묘한 배신감을 느꼈다.

하루하루 시간이 지나면서 일과는 단순하게 정리되었다. 10여 년 동안 직장에 맞춰졌던 몸과 마음은 서서히 서령이의 시간에 적응해 갔다. 오전에는 아침 먹고 책 읽고 놀다 청소하기. 오후에는 점심 먹고 낮잠 자고 공원 산책하고 저녁 먹기. 직장을 다니면서 복잡해진 머리도 단순한 생활에 맞춰져 점차 맑아졌다. 세상 소식과도 멀어졌고 사람들과 연락도 줄어들었다. 그러면서 서울 한복판에 외로운 섬 하나가 생긴 듯한 느낌마저 들었는데, 주민은 딱 두 사람, 서령이와 나였다.

세상이 좌우 균형을 이루며 움직이듯 아이를 돌보는 일도 그만큼의 즐거움과 그만큼의 어려움이 아슬아슬한 균형을 맞추며 지나갔다. 가장 즐거운 일은 서령이와 함께 생활한다는 그 자체였다. 얼굴을 마주하며 말하고 안고 들고 메고 업는 모든 순간순간이 그랬고 찬찬히 서령이 얼굴을 들여다볼수록 더 많은 것이 보였다. 낮잠에서 깨어나 "아빠 아빠"라고 부르는 외침을 따라 방에 들어갔다 마주치는 서령이 눈빛을 볼 때면 말할 수 없는 행복감이 밀려들었다. 나와 서령이를 잇는 보이지 않는 끈이 느껴지면서 "네가 내 딸이구나"라는 말이 절로 나왔다.

하루가 다르게 자라는 아이들. 때문에 경이롭지 않은 순간이 없지만 그중에서도 서령이가 스스로 일어선 날은 잊을 수가 없다. 잠에서 깬 서령이가 마치 역기를 드는 장미란 선수처럼 엉거주춤 일어나 엉덩이를 빼더니 잠시 후 허리를 펴고 곧바로 일어섰다. 그리고 씩 웃으며 '나 드디어 섰어. 대단하죠?!'라는 표정으로 나를 쳐다보며 박수까지 쳤다. 서서 본 세계는 기어서 보던 세계와는 전혀 다른지 놀라는 표정을 짓기도 했다. 서령이가 두 발로 직립한 순간 아내에게 소식을 전했다.

"서령이가 방금 두 발로 섰어. 대단하지 않아?!"

"정말이야? 서령이가 섰어?!"

인간으로서의 독립을 선언한 그 순간, 그 현장에 내가 있었다.

웃지 않을 수 없는 일도 많았다. 어느 날 점심, 시금치를 먹던 서령이가 눈이 조금씩 감기더니 몸이 옆으로 기울어져 잠이 들었다. 입 안에 든 시금치를 어떻게 꺼내야 하나 고민하고 있었는데, 갑자기 땅에서 새싹이 올라오듯 입에서 시금치 한 줄기가 솟아났다. 시금치를 물고 자는 서령이를 보고 한참을 웃었다. 만약 곁에 없었더라면 볼 수 없는 장면이었다. 사진을 본 아내도 깔깔대며 웃어댔다.

"가시나 이것 좀 보래."

나의 세상도 서령이를 기준으로 바뀌어갔다. 집안 물건은 서령이에게 안전한 것과 위험한 것으로 구분하였다. 만져도 되는 것은 그대로 두었지만 위험한 것은 즉시 치웠다. 음식도 마찬가지. 안전하게 먹을 수 있는 것과 먹을 수는 있지만 좋지 않은 것으로 자연스레 나누었다. 집 밖에서도 그렇다. 길에서는 혹시라도 위험이 있는지 좌우를 살펴보았다.

지나가는 아이들에게 저절로 눈길이 갔다. 특히 여자아이의 머리 장식을 유심히 살펴보다, 더디 자라는 서령이 머리카락이 어서 자라서 예쁘게 꾸몄으면 하는 마음도 들었다. 박물관으로 나들이 갈 때는 박물관 안에 기저귀를 교환하는 방은 있는지, 유모차를 대여해 주는지, 나와 직접 관련은 없지만 수유실이 있는지도 살펴보았다.

점차 아이의 울음소리도 구분할 줄 알고 작은 소리라도 예민하게 감지하였다. 가끔 아이가 잠 든 틈에 책을 읽다가 아이가 일어난 것 같은 느낌이 들 때 가 보면 서령이는 이제 막 잠에서 깨고 있었다. 이런 행동은 공감 능력이 뛰어난 엄마들이 잘한다지만 아빠라도 아이에게 마음을 쏟다 보면 자연스럽게 높아지는 것 같다.

아이를 기르면서 색다른 경험을 많이 하지만 특히 포대기로 서령이를 업거나 아기 띠로 서령이를 감싸 안고 나선 바깥나들이는 특별했다. 처음 서령이를 포대기로 업어본 날이 기억난다. 곱게 접은 포대기를 보자 장모님 등에 업히기만 하면 곤히 잠들던 서령이가 떠올랐다. 먼저 서령이를 업고 포대기를 두른 다음 혹시 느슨해질까 봐 끈을 꽉 감아 당겼다. 서령이와 내가 하나로 이어진 것 같았다. 업고 흔들다 보니 어느새 서령이가 잠들었다. 거울에 비친 모습을 카메라로 찍고 이제는 내려야 할 차례. 포대기는 풀었지만 서령이를 내릴 엄두가 나지 않았다. '아내에게 전화를 할까, 그러다 깰 텐데, 어쩌지.' 이러지도 저러지도 못한 채 서령이가 잠에서 깰 때까지 그렇게 있어야 했다.

세상을 바라보는 나의 시선뿐만 아니라 나를 바라보는 세상의 시선도 새로웠다. 혼자일 때는 그냥 동네 아저씨지만 아이와 함께 있을 때는 아이 아빠였다. 산책을 하면서 몇몇 동네 엄마들과 이야기를 나누기도 하고 지나가던 사람들로부터 이런 이야기를 듣기도 한다.

"아기가 몇 개월이에요, 말을 잘하네요, 얼굴이 예뻐요, 눈빛이 예뻐요."

말 잘한다는 이야기를 들을 때나 예쁘다는 말을 들을 때는 그 말이 공치사라 해도 기쁘고 가끔 어깨가 으쓱해졌다. 어디 나 혼자라면 이런 관심을 받을 수 있겠는가, 엄마들과 이야기를 나눌 수 있겠는가.

하지만 평일 낮에 아이를 데리고 다닌다는 이유로 불편한 시선을 받기도 하였다.

"어머, 아이 예쁘네. 그런데 엄마는 어디 가고 아빠가 유모차를 밀고 있네. 아가, 엄마는 어디 갔어?"

뭐야, 내게 묻지 않고 말 못하는 아기에게 묻는 저 저의는?

맛있는 음식을 먹으며 여유롭게 이야기를 나누거나 차를 마시는 여유는 아이 키우는 아빠의 몫이 아니었다. 아이 곁에서 눈을 떼지 않아야 하기 때문에 다른 일은 엄두도 내지 못했다. 밥도 후루룩 먹고 화장실도 마음대로 가지 못한 채 이 일 저 일 하다 보면 어느새 저녁이었다. 유일한 자유 시간은 서령이가 잠을 자는 시간. 서령이가 낮잠을 잘 때 인터넷을 보거나 글을 쓰고 혹은 책을 보는데, 1시간 반 정도인 그 시간이 그렇게 짧고 빠른지 미처 몰랐다. 안방에서 "아빠, 아빠" 하는 소리가 들리면 짧던 자유 시간도 끝이었다. 가끔 택배 아저씨가 누르는 초인종 소리나 전화벨 소리에 서령이가 깰 때는 절로 한숨이 나왔다. 그래서 서령이가 잠이 들면 가장 먼저 전화기 코드를 뽑았다.

해도 티 나지 않고 하지 않으면 금방 티가 나는, 마술 같지 않은 마술이 집안 살림이었다. 아이를 보기 전까지는 집안일이 그렇게 많은지 몰랐다. 돌이켜보면 어머니나 장모님이 자리에 앉아 계신 모습을 본 적이 없다. 그 덕에 집안 살림이 돌아갔다는 것을 이제야 알겠다. 흔히 남자들은 애 키우고 살림하는 게 뭐가 힘드냐고 말하지만 이 일을 딱 일주일만 해보면 더 이상 그런 말은 하지 못하리라. 티도 나지 않는 일을 날마다 하면서 '도대체 뭐하고 있나'라는 자괴감이 들기도 했다.

나는 외로웠다. 대부분의 엄마들은 친정 엄마나 친구들, 동네 엄마들과 이런저런 이야기를 나누면서 화를 풀고 정보를 얻고 격려와 지지를 받는다. 하지만 아이 키우는 아빠들은 이런 통로가 없다. 이 길을 갔던 친구도 없고 어머니에게 격려와 지지를 받기도 쉽지 않다. 그렇다고 동네 엄마들과 안면을 익히고 어려움을 토로하는 일도 낯설다. 아내와 많은 이야기를 나누지만 아내도 이해하기 어려운 아빠만의 어려움은 어쩔 수 없었다. 아이 키우는 아빠에게 무엇보다 절실한 말은 "그래 힘들지, 네 마음 알아"라는 한 마디였다.

시간이 지나면서 극복하는 것 같았지만 오히려 커지는 감정이 사회적 단절감이었다. 텔레비전을 보는 일도 없어지고 인터넷과도 멀어져 세상 돌아가는 소식을 알지 못했다. 간혹 듣는다고 해도 무슨 이야기인지 감을 잡기 어려웠다. 친구들을 만나려고 해도 평일은 내가 힘들고 주말은 친구들이 어려워 점차 소외되는 느낌마저 들었다. 여자도 엄마가 되면 10년 동안 친구들 사이에서 사라진다고 한 것처럼 아빠도 마찬가지였다. 내가 선택한 일이라는 신념으로 단절감을 극복하려 했지만 그럴수록 사회적인 연결에 대한 갈증도 커 갔다.

지난 두 달은 초보 아빠가 천천히 아이를 알아가는 시간이었고 또한 내가 몰랐던 나를 발견하는 기회였다. 엄마들이 살았던 삶을 체험하는 과정이었으며 소수자의 어려움을 깨닫는 시간이었다. 아이를 키우는 아빠는 이리저리 흔들린다. 하지만 아빠는 아이가 뒤집고 기고 앉고 서고 마침내 걸었던 일을 기억한다. 지금 초보 아빠는 서령이가 간 길을 따라가고 있다.

육아 일기를 쓰다

"《여성신문》에 서령이 키우는 이야기 쓰고 싶은 생각 있어?"
"난데없이 무슨 말이야?"
"아는 분이 《여성신문》 기자인데, 나한테 육아 일기 쓸 마음이 있냐고 그러더라고. 그래서 차라리 나보다는 남편이 지금 아이를 보고 있으니까 남편이 쓰는 게 더 나을 것 같다고 했지. 어때?"
"육아 일기를 쓰려고 마음을 먹기는 했는데. 아무튼 생각 좀 해보고."
서령이를 전적으로 돌본 지 두 달 반. 날마다 자라는 서령이를 보면서 순간순간을 놓치지 않고 오래도록 기억하고 싶었다. 나중에 서령이가 자라 아빠와 함께 했던 순간들을 볼 수 있다면 좋을 텐데. "아빠가 너 이렇게 키웠어. 너 그때 이랬어"라고 이야기를 나눌 수 있다면……. 일기를 써야 할 이유도, 목적도 분명했지만 선뜻 손은 움직이지 않았다.
'신문사와 약속하면 어떤 일이 있어도 지켜야 하는 거잖아. 약속하고 나서 못 쓴다고 할 수는 없으니까.' 그렇게 이참에 한번 써 볼까 하는 마음이 들었다가도 불현듯 다른 생각이 몰려들었다. '아니지. 지금 내가 아이를 키운 지 세 달도 채 되지 않았는데, 짧은 경험을 쓰는 건 내공이 부족하지 않을까. 글 솜씨도 신문에 싣기에는 부족한데. 아, 부모님이 내가 아이 키우는 거 달가워하시지도 않는데 아예 신문에 "나 아이 키워요!"라고 쓰면 뭐 자랑스러운 일이라고 사방에 광고까지 하냐며 타박하실지도 모르지.'

고민을 달고 다니는 성격 탓에 걱정이 꼬리에 꼬리를 물고 커졌지만 다른 때와 달리 결정은 빨랐다.

"그래 쓸게. 좋은 기회고 경험이지. 딸 덕분에 신문에 글도 쓰게 생겼네."

"글을 쓰기 전에 먼저 인터뷰를 하는 게 좋을 듯해요. 글에 대한 부담도 있으실 테고."

"좋아요, 먼저 인터뷰하지요."

막상 글을 쓴다고는 했지만 선뜻 어떤 이야기를 어떻게 써야 할지 막막했다. 그동안 문화재 해설이나 문화재 에세이를 써 보긴 했지만 나의 내밀한 이야기를 글로 쓴 적은 없었다. 머리가 멍할 무렵 담당자인 조혜영 기자가 제안을 해왔다. 기자라서 감이 다르긴 다르군.

인터뷰를 한 그날은 초겨울 바람이 매섭게 몰아쳤다.

"서령이 감기 걸리기 딱 좋은 날씨네. 단단히 둘러야지."

버스에서 내려 서령이 옷을 단단히 여미고 약속 장소로 걸어갔다. 조혜영 기자도 딸아이 서연이와 함께 나왔다. 서연이는 서령이보다 한 달 빨랐는데 벌써 의젓한 모습이었다. 아이들은 같은 나이라도 개월 수에 따라 눈에 보일 정도로 성장 속도가 달랐다. 얼마 전 아는 분이 서령이 나이를 물어보았을 때 "서령이 15개월인데요"라고 대답했더니 "아이 키우는 아빠라 대답이 다르네. 아빠들은 보통 몇 살이라고 대답하는데"라며 놀라워했다.

아이들이 편하게 앉을 수 있는 식당으로 가서 이야기를 나누었다. 이맘때 아이들이 다 그렇듯 서연이는 식당 안을 이리저리 탐색하기 시작하였고 서령이도 테이블에 놓인 휴지통에서 휴지를 뽑느라 애를 썼다.

"예전에 주말 행사에 아이들을 데리고 나오는 선배들을 보면 부러웠어요. 그래서 기회가 되면 서연이와 함께 다니려고요."

아이를 키우는 조혜영 기자의 말에 공감하였다. 우리 부부도 기회가 닿는 대로 서령이를 데리고 이곳저곳 다녔다. 물론 여러 가지 제약도 있었다.

"나, 꼭 스님 말씀 들어야겠어."

우리 부부가 회원으로 있는 생명평화결사라는 모임에서 지율 스님을 연사로 모셨다는 소식을 듣고 아내에게 말했다. 도롱뇽 소송으로 유명한 스님이 천성산 내원사 산지기로 있을 때 "나무들이 살려달라는 외침을 들었다"는 말이 귀에 생생했다. 저녁 무렵 서령이를 데리고 퇴근한 아내와 만나 모임 장소로 갔다. 처음에는 조용히 있던 서령이가 슬슬 지겨워

하자 아내는 서령이를 데리고 밖으로 나갔고 나는 강당에 남아 스님 말씀을 들었다. 아내는 2시간 동안 복도에서 서령이와 놀 수밖에 없었지만 고맙게도 서령이는 잘 놀았고 강의를 듣지 못한 아내도 언짢은 기색을 보이지 않았다.

자연스레 아이 키우는 이야기를 시작했다. 이야기는 예상한 질문 즉 어떻게 아이를 키우기로 결정했는지, 주위 반응은 어땠는지, 어려운 점은 무엇인지, 생활이 어떻게 바뀌었는지, 재미있는 에피소드는 무엇인지로 이어지다 예전에 아이들을 만났던 내 경험에 이르렀다.

"옛날에 자연학교라는 곳에서 답사 동아리를 맡은 적이 있어요. 한 달에 한 번 아이들과 답사도 다니고 야외 캠프도 참여했지요. 그때 아이들을 많이 만났어요. 자연학교에서 모토로 삼은 '스스로 저절로 다함께'라는 말을 지금도 좋아해요. 자연학교는 처음에 이곳저곳으로 떠돌다가 가평에 있는 두밀리에 터를 잡았어요. 지금은 사라졌지만요."

"아, 저도 알아요. 두밀분교 폐교 문제가 이슈로 떠오를 무렵 저도 두밀리에서 살았거든요. 자연학교도 알죠."

조혜영 기자가 자연학교를 안다고 하니 분위기는 더 편안해졌다. 조혜영 기자가 말했다.

"저도 아이를 키우면서 내가 성장했다는 것을 느껴요."

"저도 아이를 통해 나를 돌아보게 되고 그러면서 조금씩 성장하는 것을 느껴요."

나의 말이자 아내의 말이었다.

"제가 살림과 육아를 하겠다고 결심했지만 어느 순간에 보면 아내가 할 일을 도와주는 것이라 생각할 때가 있어요. 이건 어디까지나 아내의 일이라는 거죠. 그러니까 짜증 날 때도 있고 지금 뭐하고 있나 하는 자괴감이 들기도 하죠. 웃기지만 아내가 퇴근하고 집에 들어올 때면 나는 퇴근한다는 느낌이 드는 걸요. 그러니까 아내가 늦으면 잔소리를 하죠. 내 퇴근 시간이 늦어지는 셈이니까. 하지만 내가 직장에 다닐 때는 야근을 당연한 거라고 여겼어요."

나도 내 또래 친구들처럼 돈벌이하는 아빠로 자랐고 얼마 전까지도 어디까지나 살림과 육아는 엄마의 몫이라고 믿었다. 아직 초보 아빠는 네 일과 내 일 사이에서 방황하였다. 네 일이라고 여길수록 하기 싫고 변명과 이유와 짜증이 늘어난다. 하지만 내 일이라고 여기면 내가 하는 게 당연하기에 이유를 달지 않고 그냥 한다. 살림과 육아도 마찬가지다.

인터뷰가 끝날 무렵이었다.

"아빠들도 육아에 참여해야 해요. 육아휴직이 있다면 꼭 활용해서 아이 돌보기를 권해요. 짧은 시간이라도 아이를 돌보면 아이와 친밀감도 높아지고 아내의 어려움을 확실하게 깨달을 거예요. 그러면 부부가 싸움 대신 협력을 하겠죠."

얼마 후 《여성신문》에 "육아는 '돕는 일' 아닌 '내 일'"이라는 제목으로 인터뷰 기사가 실렸다. 함께 실린 사진 속에는 '육아를 전담하는 박찬희 씨'가 웃으며 토끼 모자를 쓴 서령이를 안고 있었다. 기사 끝에는 "※다음 호부터 '마흔하나 초보 아빠의 육아 일기'가 연재됩니다"라고 예고하였다. 예고를 지키기 위해 "전업주부 되셨나 봐요"라는 첫 번째 원고를 보냈다.

전업주부 되셨나 봐요?

종종 듣지 않았으면 하는 말을 들을 때가 있다. 예를 들면 이런 말이다.

"전업주부 되셨나 봐요?"

평소 인사하며 지내는 경비 아저씨가 웃으며 말씀하셨다.

"네."

짧게 대답하고 천천히 유모차를 밀면서 경사로를 내려갔다. 보지 않은 척하면서 슬쩍 아저씨 표정을 본 듯도 했다. 이날따라 경사로는 돌고 돌아도 제자리로 오는 미로 같았다.

내게 직접적으로 "전업주부 되셨나 봐요?"라고 물어본 건 아저씨가 처음이었다. 매일 아침저녁으로만 얼굴을 보던 사람이 어느 날부터 한낮에 유모차를 끌고 왔다 갔다 하니 무슨 일인가 궁금하셨을 게다. 하루 이틀은 그렇다 치고 벌써 세 달째니 더 이상 참을 수가 없으셨겠지.

서령이도 나도 산책을 좋아한다. 서령이를 돌보기 전에도 주말에는 유모차에 서령이를 태우고 산책을 나가곤 했다. 하지만 그때의 산책과 지금은 다르다. 지금은 낯선 시선을 만날 때마다 불편한 감정들이 조금씩 마음을 비집고 올라왔다. 날마다 한낮 비슷한 시간에 아이를 유모차에 태우고 산책하는 아빠의 모습은 아무래도 공원 풍경으로는 낯설다. 그래서 그런지 아주머니나 할머니들은 안 보는 척하면서도 재빨리 내 얼굴을 쳐다보고 서령이를 보다가 다시 나를 훑어보았다. 그러다가 나와 눈길이 마주치기라도 하면 재빨리 외면했다. "아기가 예쁘네"라며 지나치는 사람이 대부분이지만 한마디 해야 직성이 풀리는 분들도 만난다.

"엄마는 어디 가고 아빠가 너를 보냐?"

내가 아닌 서령이를 보고 그랬지만 서령이는 대답할 수 없는 질문이었다. 이럴 때는 썩 좋지 않은 기분을 미소로 감추며 지나갔다. 때때로 이런 시선들이 산책을 불편하게 만들기도 했지만 누구도 "전업주부 되셨나 봐요?"라고 대놓고 묻지는 않았다.

내가 나를 전업주부라고 생각한 적이 있었나? 아마도 없었을 거다. 살림은 아내와 나눠하는 반 살림꾼이고 아이를 보는 비중이 높은 주 양육자라는 말로 나를 생각했다.

유모차를 밀고 산책을 하면서도 전업주부라는 말이 걸음마다 따라다녔다. '아까는 왜 그렇게 당황했을까? 전업주부라고 불러도 상관없지 않은가, 아저씨는 그냥 내 상황을 물어본 것뿐일 텐데, 왜 그 말에 찰싹 붙들려 있는 거지.' 순간 유모차를 밀고 있다는 것도, 서령이가 아빠를 찾고 있다는 것도 잊었다. 힘이 빠졌다.

"내가 전업주부야?"

"아니, 나는 당신이 전업주부라고 생각해 본 적이 없는데. 당신이 전업주부라니까 어색하네."

퇴근한 아내에게 낮에 겪은 일을 말해 주었다. 아내는 나를 육아 비중이 높은 사람 정도로 이해했다. 아내와 서령이가 잠든 후에도 책상에 앉아 있었다. 나는 전업주부를 어떤 가치로 판단하는 것일까? 인터넷에 전업주부를 검색했다. '다른 직업에 종사하지 않고 집안일만 전문으로 하는 주부.' 다시 주부를 검색했다. '한 가정의 살림살이를 맡아 꾸려가는 안주인.' 내가 안주인인가?

"서령아, 산책 나가자."

이제 막 초겨울로 접어든 공원은 스산했지만 바람은 차갑고도 시원했다. 간간이 산책로를 지나가는 아주머니들과 눈이 마주쳤다. 이날따라 그 시선이 더욱 불편했다. 내게 '당신은 전업주부구나'라고 말하는 듯했다. 애써 담담한 척했지만 그 시선 뒤에 보이지 않는 꼬리표가 만화의 말풍선처럼 따라다니는 느낌이었다. 꼬리표에는 뭐라고 쓰여 있을까. 공원을 몇 바퀴 돌고 마음이 가라앉자 꼬리표가 점차 선명하게 드러났다.

처음에는 내가 남자인데 주부라고 이름을 붙이는 것에 대한 반발 정도로 여겼다. '나는 여자가 아니고 남자인데 왜 나를 주부라고 부르지?' 나 스스로를 설득하기 위한 그럴듯한 이유였다. 하지만 그것이 전부였을까.

"당신은 무능력해. 그러니 애나 보고 있지."

실은 이런 타인의 시선이 두려웠다. 경비 아저씨가 한 말을 '당신은 무능력하군요'라는 말로 바꾸어 들었다. 어쩔 수 없이 떠맡은 것이 아니라 주체적으로 아이를 보겠다고 결정했기에 남자 전업주부라는 말에 깔린 무능력자라는 부정적인 인식에서 자유로울 것이라고 믿었다. 한마디로 '나는 그 부류가 아니야'라고 말하고 싶었다. 하지만 마음 저 밑바탕에 전업주부는 여자들이 해야 할 일이라는 고정관념이 뿌리 깊게 자리 잡고 있었다. 이런 마음 때문에 전업주부라는 말을 애써 피하려 했던 것 같다.

의식과 마음은 불협화음을 냈다. 의식은 '남자가 아이를 보면 어때, 내가 결정해서 한 일이야'라며 당당할 것을 주문했지만 마음 한편으로는 '그래도 아이는 여자가 봐야지, 이거 모양 빠지는 일인데'라며 의식적인 당위성을 눌러댔다. 경비 아저씨가 한 말이나 아주머니들이 보낸 시선은 엄밀히 말하면 내가 나에게 보낸, 숨기고 싶었던 시선이었다. 육아를 둘러싼 나의 이중성은 이렇게 드러났다. 그러나 마음 한구석에 불편함을 가지고 살기는 싫었다. 어떻게 하면 다른 사람의 시선에서 편안해질까, 마음 놓고 산책할 수 있을까.

그렇게 하기 위해서는 넘어야 할 고개가 여럿이었다. 먼저 육아를 둘러싼 마음의 갈등을 솔직하게 인정하는 일이 필요했다. 문제를 감추고 아닌 척하려면 그보다 몇 배 많은 에너지가 들어가기 마련이다. 이런 데 헛힘을 쓰고 싶지는 않았다. 지금 마음 한편에서는 아이 돌보는 일을 흔쾌히 받아들이고 있지 않지만 점차 괜찮아질 것이라 믿었다. 수십 년간 의심의 여지가 없던 생각을 바꾸려면 그만큼의 갈등과 고민과 노력이 필요했다.

다른 하나는 다른 사람의 시선을 바라보는 내 관점이다. 곰곰이 생각해 보면 다른 사람의 시선은 단지 그 사람의 관점일 뿐이다. 지지하는 시선, 낮추어보는 시선, 관심 없는 시선, 호기심 어린 시선 등 다양한 시선이 있다는 점을 부정하지 말고 그대로 받아들이자. 왜 그동안 우호적인 시선만을 기대하고 있었을까. 좋은 말만 기다리다 보니 다른 말을 들으면 불편했다. 타자의 평판에 기대어 육아에 대한 결정을 인정받으려던 태도 때문이 아니었을까.

오늘도 갈등하고 고민하면서 하루를 산다. 나는 그냥 나일 뿐.

음치 아빠, 노래꾼 되기

서령이를 돌보면서 내심 큰 걱정이 생겼다. 노래와 춤, 내가 제일 자신 없는 것이었다. 몸과 마음을 흥겹게 만든다는 노래와 춤이지만 내게는 남의 나라 일이었다. 다른 일은 어떻게라도 하겠는데 이것만은 도무지 엄두가 나지 않았다.

"금강산 찾아가자 일만 이천 봉, 볼수록 아름답고 신기하구나……."

"음정 박자 다 엉망이네. 그만 부르고 들어가!"

초등학교 5학년 때인가, 6학년 때인가 한 명씩 교실 앞에 나가 노래 부르는 시험을 보았는데, 내 노래를 참지 못한 선생님이 큰소리를 치셨다. 친구들의 눈길을 피해 얼굴을 푹 숙이고 들어간 이후 내 인생에서 노래는 사라졌다. 그 후 대학원 다닐 때, 노래방만 가면 기가 죽는 음치 3인방끼리 원풀이를 하러 노래방에 갔다가 오죽하면 이때조차 "못 들어주겠네"라는 평을 받았다.

그런 내가 서령이가 태어나자마자 제일 먼저 작은 CD플레이어를 샀다. 딸에게는 좋은 음악을 들려주고 싶었다. 내가 들려준 노래는 주로 아이들이 즐겨 부르는 동요, 아이들 시로 만든 노래, 예부터 전해오는 노래들이었다. 서령이는 노래를 들으며 이리저리 몸을 흔들었다. 이런 서령이를 보면서 '나하고는 다르겠지'라며 흐뭇해했다.

그러던 어느 날 서령이가 노래 책을 읽어달라고 졸랐다. 마침 그날 아이들은 선천적으로 흥을 타고 나지만 자라면서 흥이 억압되는 것 같다는 이야기를 아내와 나누었다. 서령이는 읽어달라고 했지만 오선지에 그려진 노래를 책처럼 읽을 수는 없는 노릇이었다. 순간 멍해졌고 입도 떨어지지 않았다. '올 것이 왔구나, 노래는 정말 싫은데.' 하지만 노래를 못한다고 버틸 수도 없었다. '그래도 아빠인데, 딸이 원하니까 해보지 뭐. 내가 노래를 잘하는지 못하는지 서령이는 모를 거야.' 용기를 내서 노래를 부르기 시작했다.

"정글 숲을 지나서 가자 엉금엉금 기어서 가자."

"으앙!"

짧디 짧은 이 노래가 끝나기도 전에 서령이는 울음으로 노래 평을 대신했다. 내 얼굴이 벌게졌다. '이제는 딸마저도…….' 노래 평은 이것으로 끝나지 않았다.

"서령이 음치 되겠네!"

주방에서 음식을 만들던 아내가 걱정이 됐는지 큰 소리로 외쳤다. 하지만 서령이는 매일 노래를 불러달라고 졸랐다. '뭐 어때 딸이 불러달라고 하는데, 잘 부르든 못 부르든 무슨 상관이야, 내 목소리로 들려주는 게 중요하지.' 그래, 어쩌면 노래하고 친하게 지내라는 하늘의 뜻일지도 모른다는 생각이 들어 마음을 고쳐먹었다. 어느새 나는 동요 책을 집어 들었다. 심호흡을 한 뒤 듣는 사람이 아무도 없는 곳이라 생각하고 불렀다. 음정 박자도 신경 쓰지 않은 채 의도적으로 '신난다'라고 자기 최면도 걸었다. 음반을 틀어놓고 한 곡 한 곡 부르고 또 부르며 익혀 나갔다. 음정 박자를 제대로 맞추지는 못했지만 노래할 때면 생기던 긴장과 불안은 조금씩 사라졌다. '나는 노래를 못할 수밖에 없어'라는 괴상한 신념도 '못해도 괜찮아'로 바뀌기 시작했다.

서령이는 노래 잘하는 아빠가 아니라 신나게 노래를 불러줄 아빠를 원했다. 서령이에게 한 곡 한 곡 불러주다 보니 2주가 지나자 동요 책에 실린 서른 곡을 모두 불렀다. 노래하는 동안 서령이는 울지 않았고 "또, 또"라며 아빠의 앵콜을 간절하게 원했다. 엄마 아빠의 목소리는 슈베르트의 음악보다 가깝게 느껴진 탓인지, 음정은 불안해도 우리가 노래를 불러줄 때면 서령이의 눈빛과 몸이 덩달아 들썩였다.

노래 부르기 다음 도전 과제는 춤이었다. 춤도 노래처럼 남의 나라 이야기 듣는 듯했고 어쩌다가 몸짓이라도 할 일이 생기면 녹슨 기계가 삐걱거리는 듯한 착각마저 들었다. 춤에 대해 고민하던 어느 날 안성으로 답사를 갔다. 그곳에서 유명한 남사당패 공연을 본 이후 춤에 대한 편견이 바뀌었다. '몸을 감정에 맡기면 되는 거네!' 그날 집으로 돌아와 먼지 쌓인 국악 CD를 틀어놓고 가락에 맞춰 느낌대로 춤을 추었다. 덩실덩실 막춤을 추는 나를 지켜보던 서령이가 울먹울먹하더니 울음을 터뜨렸다. 이날의 춤은 여기에서 멈추었다.

다음 날에는 다음 날의 춤을 췄다. 뻑뻑하다고만 느꼈던 몸도 풀리는 기분이었다. 아내가 "나나나나" 흥얼거리며 서령이를 안고 춤을 췄던 것처럼 나도 그랬다. 나아가 아빠의 장기를 살려 목마를 태우고 춤을 추기도 했다. 때로는 서령이도 질세라 머리를 좌우로 흔들고 엉덩이까지 들썩였다. 서령이와 나의 즐거워하는 눈빛과 눈빛이 만날 때, 한바탕 땀을 흘린 뒤 서령이 얼굴을 볼 때, 서령이와 내 살갗이 스칠 때, 서로의 모습을 보고 까르르 웃을 때는 이전에 느끼지 못했던 희열이 솟구쳤다. 서령이는 이때를 기억하지 못하겠지만 무의식에는 남겠지.

"서령아, 아빠 좀 봐라. 허리가 돌아가지. 서령이 덕분에 허리도 저렇게 움직이게 됐다."

어느 날 아바의 〈맘마미아〉에 맞춰 서령이 앞에서 몸을 흔드는 나를 보던 아내가 놀라며 말했다. 아내 말대로 나도 신기했다. 막대기 같았던 내 허리가 리듬에 맞춰 빙글빙글 돌아갈 수 있다니!

내게는 오랫동안 잊힌 노래와 춤. 돌이켜보면 노래와 춤은 나를 긴장시키고 내가 멀리해야 할 대상이었다. 어쩌면 노래와 춤으로 발산해야 할 감정의 찌꺼기들이 적당한 출구를 찾지 못한 채 내 몸 어딘가를 떠돌았을 거다. 아이들은 각 발달 단계를 충분히 누리고 즐겨야 감정의 찌꺼기들이 남지 않고 다음 단계로 건강하게 넘어간다고 한다. 오랫동안 미해결 과제로 남아 몸속을 떠돌던 노래와 춤은 서령이를 키우면서 서서히 몸 밖으로 나오기 시작했다.

나의 첫 요리 도전

우리 집 식단은 늘 간결하고 명쾌하다. 365일 식탁 풍경도 크게 변하지 않아 사진을 찍어 겹쳐놓아도 그대로 포개질 정도다. '있는 음식 맛있게 먹자' 주의라서 신 메뉴 개발에는 별 관심이 없다. 음식이 매번 그대로다, 맛이 없다, 음식이 왜 이러느냐로 싸워 본 적이 거의 없다. 다만 고기를 먹지 못하는 아내의 식성 때문에 종종 헛헛하기는 했다. 어느 날 아내가 병원에서 건강 상담을 하며 주고받은 이야기를 들려주었다.

"저는 채식을 해요."

"어떤 야채를 주로 먹지요?"

순간 아내는 멈칫했단다. 육식을 하지 않아 채식을 한다고 말하기는 했는데, 정작 어떤 야채를 먹느냐고 물어보자 갸우뚱했다.

"주로 김치를 먹는데요."

이런 아내도 서령이가 이유식을 할 무렵 엄청난 정성을 기울였다. 다른 엄마들처럼 야채를 다듬고 끓이고 온갖 정성을 들여 이유식을 만들었다. 엄마들은 아이가 먹을 것이라면 더 꼼꼼하고 예민하게 살펴본다. 아이 입에 들어갈 거니까, 이왕이면 안전한 먹을거리를 먹는 게 좋으니까. 본인은 되는 대로 먹더라도 아이들에게는 안 되는 게 엄마들 마음이다.

게다가 아내는 유기농산물을 취급하는 생활협동조합 '한살림'에서 오랫동안 일했다. 덕분에 결혼하고서부터 나도 유기농산물을 먹었고 서령이도 마찬가지였다. 음식에 무딘 편인 나조차 서령이를 키우면서 아이가 먹는 음식에는 신경이 예민해졌다. 아이들 먹을거리를 가지고 장난을 치는 사람들을 보면 분노가 치밀었고 예전 미국산 소고기 파동 때 유모차 부대가 등장한 이유를 피부로 실감했다. 안심하고 먹을 수 있는 제철 음식이 좋은 먹을거리라는 게 내 지론이 되었다.

아내가 복직을 한 후에도 우리 식탁은 그대로였지만 아내는 여전히 서령이 먹을 것은 세세하게 신경을 썼다. 반찬은 여러 종류로 정성 들여 만들었다. 그럼에도 고기가 아쉬웠다. 아내는 고기를 먹지 못하고 나도 즐겨 먹지 않아 서령이가 고기 먹을 기회는 많지 않았다. 우리는 이 상황은 생각하지 못하고 서령이가 우리를 닮아 채식을 좋아하는 편이라고 착각했다. 가끔 본가나 처가에 갔을 때 서령이는 반가운 친구를 만난 듯 고기를 맛있게 먹었고 그 모습을 볼 때마다 집에 가면 고기를 자주 해주겠다고 다짐했지만 그때뿐이었다.

한번은 소아과에서 서령이 정기검진을 받을 때 의사 선생님이 각설탕만 한 소고기 모형을 집어 들고 하루에 이 정도는 먹어야 건강하다고 강조했을 때는 죄를 짓는 기분마저 들었다. 그러다가 "우리 어렸을 때 1년에 소고기 두 번 먹고도 잘 자랐어"라는 말로 위안을 삼았다.

 아내의 업무가 늘어나고 야근이 잦아지면서 문제가 생겼다. 우리 음식은 물론이고 서령이 음식마저 부실해졌다. 나야 아무거나 대충 먹는다 해도 서령이는 제대로 먹어야 하는데. 아내도 그렇게 생각했지만 몸이 따라주지 않는 날이 많아졌다.
 "바쁜 건 알지만 서령이 음식은 신경 써 줬으면 좋겠어."
 "알았어. 근데 피곤하니까 자꾸 신경을 못 쓰네."
 하지만 아내는 계속 피곤했다. 음식은 아내 몫이라는 내 생각을 바꾸지 않으면 안 될 시점에 이르렀다. 어떻게 하면 좋을까 고민하다가 좋은 생각이 떠올랐다.
 "나도 음식을 만들어볼까. 국 열 가지하고 반찬 서른 가지 정도를 만들 수 있으면 그런대로 괜찮지 않을까."
 처음으로 이런 마음을 먹었다. 예전에 말린 호박이나 취나물로 반찬을 해본 적이 있기는 하지만 어디까지나 심심풀이였다. 나도 아내만큼만 음식 솜씨가 있어도 여러모로 편할 것 같았다. 때마침 감자가 한 상자나 있었다.
 "그래, 이번 주에는 감자 반찬을 집중적으로 해보자. 질릴 때까지 해보면 뭔가 되지 않을까."

감자 하면 감자조림이 떠오른다. 어머니가 해주신 매운 감자조림은 생각만 해도 입에 침이 고인다. 그 감자조림을 내 손으로 할 수 있겠구나. 언제나 차려놓은 음식을 먹기만 했는데 막상 그 음식을 만든다니 설레었다.

집에 있는 요리책들을 살펴보았다. 놀랍게도 세 권이나 있었지만 어찌된 일인지 감자조림은 보이지 않았다. 누구나 할 수 있어서 싣지 않았을까. 그렇다면 인터넷으로 검색해 봐야지. 감자조림을 검색했더니 근사한 사진들과 함께 레시피들이 쏟아져 나왔다. 그중에 제일 먹음직스러운 사진과 함께 오른 레시피를 적었다. 재료는 감자 중간 것 네 개, 물 4컵, 간장 5술, 물엿 1.5술, 설탕 1술, 들깨 1술, 당근 약간이었다. 요리법을 따라 적으니 이미 감자조림을 다한 기분이 들었다. 냉장고와 찬장을 뒤져 재료를 준비했다.

그런데 감자 중간 것은 무엇을 기준으로 삼은 거지? 지름이 3~4센티미터 정도인 것인가? 감자 박스를 뒤져 그중에서 중간쯤 되는 감자 네 개를 찾았다. 간장은 어떤 간장이지? 찬장을 열어보니 한두 가지가 아니었다. 내가 알고 있는 간장은 미역국을 끓일 때 쓰는 집간장 정도였다. 맛간장, 진간장, 국간장, 몽고간장 등등 종류도 많지만 어떤 간장을 언제 쓰는지 알 턱이 없었다. 그러다가 '맛'자가 붙은 맛간장으로 결정했다. 괜히 '맛'자가 붙은 건 아니겠지. 아내를 깜짝 놀라게 해줄 거니까 전화로 물어보지 말자. 물엿은 없으니 조청으로 대신하면 되겠고. 1.5술은 얼마만큼이야? 어른 밥숟가락 기준인가, 아니면 찻숟가락인가. 에라, 모르겠다 밥숟가락이겠지. 모든 재료 준비 끝.

감자를 씻고 감자깎이로 껍질을 스르륵 벗기면서 '나도 할 수 있구나'라는 작은 자신감이 생겼다. 도마에 감자를 올려놓고 깍둑썰기를 시도하였다. 날 선 칼에 긴장해서인지 감자는 사진처럼 고르지 않고 저마다 제멋대로 잘라졌다. 칼질을 하다 보면 언젠가는 요리사처럼 아름답게 칼질을 하는 날도 오겠지. 자른 감자는 설명대로 물에 담가 두었다.

다음은 냄비에 물을 넣고 양념 만들기. 물 4컵을 냄비에 부으니 양이 너무 많은 것 같다. 레시피가 맞긴 맞나 갑자기 의심이 들었다. 레시피대로 하고 물을 저으니 냄비는 이내 검게 물들었다. 감자에서 전분을 빼고 냄비에 넣고 졸이기. 아무래도 물이 너무 많다. 역시 시간이 많이 걸렸고 너무 열을 받은 감자는 여기저기 으깨졌다. 주방을 왔다 갔다 하며 냄비를 들여다보다 거의 다 졸 무렵 불을 껐다. 냄비 안에는 검게 물든 감자들이 피라미드처럼 소복하게 쌓여 나를 보고 있었다. 가마에서 도자기를 꺼내는 도공의 심정으로 감자를 집어 들었다.

"음 맛 좋다. 제대로인걸."

짭조름하고 쫀득한 맛이 입안을 감돌았다. 나도 할 수 있었군. 서령이도, 아내도 맛있게 먹겠지. 저녁 식탁에 오른 감자조림을 두고 서령이에게 말했다.

"서령아, 아빠 첫 작품이야. 맛있겠지?"

"아빠, 맛있다."

"하하. 아빠 대단하지."

감자조림을 맛있게 먹는 서령이를 보는 것만으로도 배가 불렀다. 내 입이 짧다고 말씀하시던 어머니가 생각났다. 기껏 음식을 해놔도 손도 대지 않거나 끼적거리며 먹었을 때 어머니 기분이 어떠셨을까.

퇴근한 아내 앞에 자랑스레 감자조림을 내놓았다. 아내는 감자조림을 물끄러미 바라보았다.

"숨겨진 재능을 발견한 것 아냐!"

그러고 나서는 잠시 뜸을 들이다 말을 이었다.

"정말 미안해지네. 해야 할 일을 못한 것 같은 기분도 들고."

아내는 잠시 자존심이 상한 듯 보였지만 다시 감자조림을 집어 들었다.

다음 날부터 며칠 동안 쭉 감자 음식을 만들고 노트에 소감을 적었다. '두부감자탕—담백하니 맛있다. 감자국—간장이 많이 들어가 짰다. 매운 감자 조림—어머니가 해주시는 것과 사뭇 달랐다. 아주 매웠다.' 그리고 감자 음식을 만든 기념으로 지인들에게 사진을 보냈다. 간장 감자조림, 두부감자탕, 감자국, 매운 감자조림. 그리고 이런 글을 덧붙였다.

'지난 주 이런 생각이 들었다. 아내뿐만 아니라 나도 음식을 할 수 있다면 더 즐겁지 않을까. 마침 집에는 감자가 제법 있었다. 그래서 시험 삼아 몇 가지 음식을 만들어보았다. 아래 사진이 그 결과물. 맛은? 물론 맛있다. 아내도 전적으로까지는 아니지만 대체로 맛있다고 했다. 하하하. 서령이 반응은 글쎄……. 다음은 두부다. 우선 두부조림부터!'

그러자 친하게 지내는 현애로부터 답장이 왔다.

'감자 사진이 살짝 보여 카레에 도전하나 싶었더니……, 조림일세. 감자탕, 감자국, 뭐……, 맛이 썩, 좋아 보이질 않아. 미안^^; 다시 도전해서 보여줘.^^'

아기 안고 박물관 나들이

"서령아, 오늘은 박물관에 가 볼까!"

햇살이 따사로운 평일 아침에 그냥 집에만 있기에는 뭔가 손해를 보는 것 같았다. 무엇을 준비해야 할까. 책과 노트 대신 기저귀, 물티슈, 수건, 간식, 여벌의 옷으로 가방을 채웠다. 카메라를 넣을까 말까. 늘 박물관에 갈 때면 빠지지 않던 카메라가 이제는 애물단지.

"서령아, 여기에 누워. 아기띠 해줄게."

어느 날 아내가 사은품으로 아기띠를 받아왔다. 작고 아담했지만 이리저리 끼워야 할 고리가 많고 복잡했다. "뭐 그래도 고리가 많으니까 안전해 보이기는 하네"라는 긍정적인 아내와 달리 나는 무턱대고 좋아하기 힘들었다.

"이것은 여기에 끼고, 저것은 저기에 끼고. 다 끼웠는데 왜 비뚤지? 서령아, 왜 그럴까?"

다시 고리를 풀었다. '뭐가 문제지.' 약간 복잡하다 싶으면 허둥지둥하는 터라 아기띠를 고리에 끼우는 데도 두 번은 다시 해야 했다. 그래도 처음보다는 많이 나아졌다. 그때는 거꾸로 끼우고도 몰랐으니까. 서령이는 바깥바람 쐴 생각에 들떠 몸을 이리저리 비틀었다.

"알았어, 알았다니까. 아빠가 좀 늦어. 다 됐다. 이제 나가 볼까."

아기띠를 다 매고 나니 온몸에 땀이 흘렀다. 그래도 오늘은 두 번 만에 끝냈다. 캥거루 새끼처럼 아기띠에 쏙 들어간 서령이를 안고 밖으로 나갔다. 온전히 다가오는 서령이의 숨결과 체온이 느껴지면서 더없이 행복했다. 내 즐거움도 서령이에게 전해지겠지.

자가용이 없는 터라 바깥나들이는 늘 대중교통을 이용한다. 주로 버스다. 집 근처에 국립중앙박물관으로 한 번에 가는 버스가 있어 다행이었다. 버스와 지하철을 이용하는 방법이 빠르지만 지하철 역 안에서 서령이를 안고 계단을 오르내리는 일을 반복하는 건 생각만으로도 끔찍하다. 갈아타지 않고 한 번에 가는 게 최선이다. 가끔 서령이를 안는 것도 모자라 가방과 유모차를 가지고 버스에 탈 때는 자가용 없는 현실을 실감한다. 아이 하나 데리고 외출하기도 힘든데 둘 셋이라면 도무지 엄두가 나지 않을 것 같다. 외출 준비를 마쳤다가도 비가 내리거나 아이가 떼를 쓸라치면 외출을 포기하는 부모 마음을 알겠다.

버스 정류장으로 가는 사이 땀이 식었다. 서령이는 지나가는 사람들을 쳐다보느라 정신이 없었다. 흔들거리는 서령이 다리가 내 다리에 닿을 때의 기분은 언제나 좋다. 평일 낮에 가고 싶은 곳을 아이와 함께 갈 수 있다는 게 믿기지 않는다. 지금쯤 친구들은 회사 일로 정신이 없겠지. 친구들아, 이 기분을 알겠니?!

버스 정류장에는 서너 살쯤 되어 보이는 아이와 유모차에 아이를 태운 엄마가 서 있었다. '어떻게 저 유모차를 실을까'라는 남 걱정을 하고 있는 사이 버스가 섰다. 아이가 먼저 타고 엄마는 "뒷문 좀 열어주세요"라고 소리친 후 뒷문으로 달려가 유모차를 실었다. 높이가 낮고 뒷문이 넓은 저상 버스라 가능한 일이었다. 전에는 보이지 않던 것들이 보이기 시작했다. 높이를 조금만 낮출 수 있어도 많은 것이 바뀐다.

서령이는 버스 창문에서 눈을 떼지 못했다. 지나가는 차를 보며 "빠방, 빠방" 하고 소리치다 가로수 앞에서 넋을 잃고 쳐다보았다. 단 둘이 처음 버스를 타던 날 서령이가 자지러지게 울까 봐 걱정을 많이 했다. 물론 나의 쓸데없는 걱정이었다. 서령이를 아기띠에 안고 버스에 오르면 쏟아지던 시선도 제법 익숙해졌다. 그날도 서령이를 안고 홍대입구에서 버스를 타고서는 노약자 보호석 앞에 섰는데, 그 자리에 앉아 있던 아주머니가 내 얼굴을 흘깃 보셨다. 하지만 아주머니는 내릴 때까지 창문에서 코를 떼지 않았다.

"서령아, 지금 박물관으로 가는 버스를 탔어. 오늘 박물관에 간다고 얘기했지?!"

이렇게 말해 주면 서령이는 버스 타는 시간이 길어도 심하게 보채지 않는다. 모든 일에 긍정적인 면과 부정적인 면이 있듯 버스 타기 역시 그렇다. 운전을 하지 않은 덕분에 서령이에게 집중할 수 있고 이야기를 나눌 수 있고 서령이의 체온을 느낄 수 있으니 참 좋다.

    잠든 서령이가 깰 때쯤 정류장에 내렸다. 지하역으로 들어가는 엘리베이터를 타고 이촌역으로 내려갔다 다시 엘리베이터를 타고 땅 밖으로 올라왔다. 요즘은 지하철마다 엘리베이터가 설치되어 이동하기가 편하다. 경제성이라는 논리로만 따질 수 없는 권리가 이동권이다. 그가 누구든지 가고 싶은 곳을 쉽게 갈 수 있는 권리이다. 예전에 한 장애인이 가스통을 메고 이동권을 주장하는 시위를 벌인 기사를 본 적이 있다. 아무나 넘는 낮은 턱 하나도 어떤 사람들에게는 넘지 못하는 큰 장벽일 수 있구나 싶었다. 한 사회의 건강한 힘은 이 낮은 턱이 장벽이 될 수 있다는 각성에서 출발하는 것은 아닐까.

    박물관 전시실에 들어섰다. 먼저 유모차를 빌릴까 하다가 그냥 안고 보기로 했다. 서령이와 가슴을 맞대고 보고 싶었다. 나들이를 할 때면 유모차 때문에 고민이다. 아이를 태울 때는 편하지만 정작 먼 곳을 갈 때 가지고 다니려면 여간 번거롭고 무거운 게 아니다. 나들이용 유모차를 살 때 가장 가벼운 것을 골랐지만 그래도 들고 다니기에는 무겁다. 그래서 어떤 곳을 갈 때 그곳에서 유모차를 빌려주는지 꼭 확인하는 버릇이 생겼다. 이런 어려움 때문에 차가 없던 사람도 아이가 생기면 자동차를 사나 보다.

박물관 나들이는 내 취향이다. 박물관에 오면 마음이 편하고 설렌다. 덕분에 서령이는 이미 여러 번 이곳을 다녀갔다. 평일인데도 로비에는 제법 많은 엄마들이 유모차를 밀고 있었다. 예전 같았다면 조기 교육이나 시키려는 극성 엄마들로 여겼겠지만 지금은 내가 그런 것처럼 그냥 바람이나 쐬러 나온 보통 엄마들로 보였다. 나도 그들처럼 전시실을 방랑하다 백제금동대향로 앞에서 발걸음을 멈추었다.

"서령아, 아빠가 꼭 보고 싶었던 거야. 정말 멋지지!"

처음에는 관심이 없던 서령이가 몸을 돌려 향로를 보더니 눈을 반짝거렸다. 16개월인 딸과 마흔두 살인 아빠가 같은 공간에서 같은 작품을 바라보고 있었다.

서령이가 슬슬 배고플 시간이다. 편하게 앉을 만한 의자를 찾다가 여성 전용 모유수유실, 가족 모유수유실을 보았다. 남자 화장실에는 기저귀 교환대가 설치되어 있었다. 최근 설치된 것인지, 이제야 눈에 들어온 것인지 모르겠지만 박물관에 와서도 이런 시설에 눈길이 간다. 의자에 앉아 서령이 기저귀를 살펴보고 간식을 먹였다. 이제 내 시선은 아이를 기준으로 바라본다. 사랑하면 세상이 달라 보이는 것처럼 아이를 직접 돌봐도 그렇다. 지금 서령이라는 키워드가 내 머리에 새로운 프로그램을 설치하는 중이다. 다시 서령이를 안고 길을 나섰다. 벌써 땀이 흐르기 시작했다.

엘리베이터에서 긴장하는 아빠

　내가 사는 아파트에는 아이들이 많다. 아파트 단지 안에는 다른 곳에서 볼 수 없는, 잘 가꾸어진 공원도 있고 학교 가는 길에 차도 많지 않아 아이들이 자라기에 좋은 환경이다. 그래서인지 대부분 이곳에 자리를 잡으면 아이가 중학교에 갈 때까지 눌러 산다. 언제나 놀이터에서 공원에서 운동장에서 아이들이 뛰어 노는 소리가 들리는, 서울치고는 좀 특별한 곳이기도 하다.

　이런 곳에서도 아이들이 유난히 신경을 쓰는 곳이 있으니 바로 엘리베이터다. 좀 더 정확히 말하면 엘리베이터에 탄 사람이겠지만. 서령이를 돌본 지 1년 후 서령이를 어린이집에 맡기면서 낮에 혼자 엘리베이터를 타는 일이 많아졌다. 그러면서 서령이와 함께 다닐 때는 겪지 못한 일들을 경험하곤 한다.

　엘리베이터를 타려고 1층 현관으로 들어섰을 때다. 어른도 나 혼자,

아이도 혼자라면 아이가 타지 않을 확률은 80퍼센트. 아이는 '저 아저씨 뭐야'라는 눈빛으로 내 얼굴을 살피다가 엘리베이터 앞 의자에 털썩 앉고 결국 나 혼자 탄다. 만약 남자 아이라면 약간 다르다. 나머지 20퍼센트의 경우다. 계단으로 뛰어 올라가거나 엘리베이터를 같이 탄다. 그러면서 버튼 옆에 바짝 붙어 내 얼굴을 보지 않는 척하면서 본다. 때로는 자기가 가는 층의 버튼을 누르지 않고 내가 내릴 때까지 기다리기도 한다. 나보다 먼저 내릴 때는 문이 열리는 순간부터 출발 준비를 하고 문이 열리자마자 냅다 내달린다.

엘리베이터에서 아이를 만나는 순간 나는 낯선 아저씨가 된다. 낯선 아저씨는 아이들을 '얼음땡'으로 만드는 마법을 부린다. 이에 대처하는 낯선 아저씨의 방법. 아쉽게도 얼음땡을 풀어줄 특별한 방법이 없다. 일단 1층 현관에 들어섰는데 혼자 있는 아이를 만났을 때 걸어서 9층까지 올라가고 싶기도 하지만 그러지 않는다. 다리가 아프니까. 일단 엘리베이터에 타면 최대한 문 쪽으로 가까이 서고 서령이가 "노란색 아저씨가 넘어졌어"라고 말하는 '기대지 마시오' 경고장을 뚫어지게 본다. 그리고 나도 얼음땡이 된다.

아이 입장에서는 대낮에 혼자 엘리베이터를 타는 아저씨가 수상쩍어 보이겠고 내 입장에서는 잠재적인 범죄자라도 된, 씁쓸한 기분이다. 아래위로 훑어보는 아이 눈빛을 보는 순간, 아이가 후다닥 줄달음치는 순간 그렇다. 두려운 것은 아이뿐만이 아니다. 낯선 아저씨도 기분이 나쁘고 두렵다. 뭐가 두렵냐고? 그 사람이 어떤 사람인지도 모르는 채 일단 사람을 믿지 못하게 만드는 현실이 그렇다. 현관 입구에도, 엘리베이터 안에도 CCTV를 설치했지만 아이들이나 엄마들의 불안을 잠재우기에는 역부족이다.

낯선 아저씨와 엘리베이터. 어째서 이 둘이 만나면 두려움을 일으키는 것일까? 너무나 당연한 일이겠지. 무슨 일이 생길지 어떻게 알아. 혹시 못된 짓이라도 한다면. 그런 것은 상상하고 싶지도 않아. 일어날 확률이 0.01퍼센트라도 그 일이 내 아이에게 생긴다면. 휴.

아이 키우는 사람이 아니더라도 많은 사람들이 2008년 3월 일산에서 일어난 사건을 기억한다. 아파트 엘리베이터에서 초등학생에게 못된 짓을 하려던 사건 말이다. 텔레비전에서는 CCTV로 촬영된 동영상을 연이어 틀어댔고 그 장면을 본 엄마 아빠들은 경악을 금치 못했다. 대부분 '저 아이가 내 아이였다면'이라는 상상을 했을 것이다. '세상 정말 험해졌네'라고 생각하며 그날 당장 아이에게 경고했을 것이다.

"엘리베이터 탈 때 낯선 아저씨, 특히 모자나 마스크로 얼굴을 가린 아저씨가 있으면 절대 타지 마, 알겠니?!"

이 사건이 일어난 직후 우리 아파트에도 달 수 있는 모든 곳에 CCTV를 설치했다. 물론 엘리베이터 안을 포함해서. 엘리베이터는 연일 범죄의 사각지대로 보도되었다. 잠재적 범죄자는 특별한 누군가가 아니라 모든 아빠와 오빠였다. 기묘한 현실이었다. 한 아이에게는 다정한 아빠지만 다른 집 아이에게는 낯선 아저씨이고 그래서 경계의 눈길을 거두어서는 안 되는 존재였다.

한 지방경찰청에서 진행한 유괴 예방을 위한 연극에는 남자 어른과 엘리베이터를 같이 탔을 때의 대처법을 포함했다. 일단 엘리베이터 방향으로 서지 말고 반대 방향으로 서 있어 누가 오는지 알 수 있도록 해라, 모르는 사람만 있으면 타지 마라, 만약 "안 타니?"라고 물어보면 "엄마 기다려요"라고 자연스럽게 대답해라, 엘리베이터를 탔으면 버튼 바로 옆에 서고 무슨 일이 있을 때는 바로 내릴 수 있도록 버튼을 누르거나 비상 버튼을 눌러라. 엘리베이터는 사고가 자주 일어나는 곳이니 항상 긴장을 늦추지 마라. 그러고 보니 내가 만난 아이들은 이런 대처 매뉴얼에 충실한 편이었다.

부모들은 아이들이 100퍼센트 항균 환경에서 자라길 바란다. 99.9퍼센트 항균이라도 0.1퍼센트가 부족하기에 불안하다. 0.1퍼센트에 드는 불안 요인 중에 엘리베이터라는 공간이 포함된다. 그래서 경계하고 긴장을 늦추지 말라고 가르친다. 사람을 믿기보다는 의심부터 해야 한다는 논리가 거침없이 관철되는 공간이다. 아이들은 믿음보다는 불신을, 웃음보다는 긴장을, 연결보다는 단절을 배운다. 불신에 기초한 관계다. 낯선 사람은 잠재적 공포와 동의어로 기억한다.

부모들의 100퍼센트 항균 환경에 대한 믿음은 안타깝게도 실현할 수 없는 꿈이다. 한 비누 회사 광고도 99.9퍼센트의 항균이라고 광고하지 않던가. 부모가 아무리 애를 써도 그렇다. 부모의 두려움과 경계는 아이에게 이어질 가능성이 많다. 또한 부모가 아이에게 가하는 수많은 통제와 제약에 대한 부모 나름의 합리적인 근거가 되기도 한다.

"세상이 얼마나 험한데, 세상에 믿을 사람 하나 없는데, 이 험한 세상을 어떻게 살아가려고, 다 내 말대로 해."

두려워할수록 통제는 늘어나고 아이는 통제에 익숙해진다. 이런 아이가 은연중에 꿈꾸게 되는 세상은 더 많은 안전장치로 무장한 세상이 아닐까.

한 가지 확실한 건 살기 좋아졌다는 요즘이지만 집 안이나 집 밖이나 안전한 곳은 줄어들고 온통 주의해야 할 것들로 넘쳐난다는 사실이다. 이제 아이들은 마음 놓고 집 밖으로 나가지 못한다. 학교에 일찍 가서도 안 된다. 안전하다는 말이 강조될수록 세상은 위험하게 느껴지고 TV와 인터넷에서는 세상이 절대 안전하지 못하다는 증거들을 날마다 들이댄다.

엘리베이터의 두려움은 아파트라는 공간의 특성이기도 하다. 외관상 같은 공간에 살면서도 이웃이라는 유대감이 어울리지 않는 곳이다. 우리 집은 복도식이라 같은 층에 사는 사람들은 대부분 알지만 계단식에서는 특별한 경우가 아니면 이웃을 잘 모른다. 굳이 알려고도 하지 않는다. 유일하게 관심을 보일 때는 윗집에서 견딜 수 없는 소음이 나거나 배관이 터져 아랫집으로 물이 샐 때, 아이가 같은 반이거나 같은 유치원을 다닐 때 정도가 아닐까. 머물러 살기보다 때가 되면 떠날 곳, 아파트에서 낯선 아저씨에게 줄 것은 웃음보다는 경계다.

그나저나 어떻게 하면 좋지. 엘리베이터를 타지 않을 수도 없고, 그냥 해오던 대로 할까, 아니면 먼저 "아저씨가 몇 호에 살아, 안심해"라고 할까. 나중에 서령이에게는 뭐라고 이야기를 하지. "낯선 아저씨 꼭 조심해"라고 말해야 할까. 하지만 서령이에게 낯선 사람을 경계하라고 말하기 전에 그래도 세상은 믿을 만하다고 말해 주고 싶다.

그런데 이렇게 자못 심각한 나와 달리 아내의 해결책은 간단했다.
"엘리베이터 없는 곳에서 살아."

조급증 내려놓기

입대와 취직 그리고 결혼은 어쩌면 평범한 일이었다. 다른 생명을 온전하게 돌보는 일은 예상보다 힘들었고 기대보다 감동적이었다. 전에는 경험해 보지 못한 갈등과 좌절을 겪으며 조금씩 조금씩 아이를 키우는 아빠로 자랐다.

"아유, 이게 뭐야! 오늘 같은 날 술이나 한잔하면 얼마나 좋을까. 퇴근 후에 술 한잔하는 일도 당분간 내 인생에서 안녕이네."

서령이가 낮잠을 자는 동안 베란다에서 서령이 옷을 널다 나도 모르게 푸념이 나왔다. 서령이 바지가 찢어질 정도로 털어댔지만 퇴근 후 술 한잔의 소망은 이루어질 수 없다는 것을 잘 알았다. 아주 가끔이지만 도저히 빠져나올 수 없는 수렁으로 빠진 듯한 절망감으로 힘이 쭉 빠졌다. 빨래 바구니를 밀어 두고 뒷산을 바라보았다. 멍했다. '나도 우울증을 겪나 봐. 내가 선택하고 결정한 일인데.' 이런 날은 신경이 예민해진다. 서령이에게 화가 미치지 않도록 더욱 신경을 쓰고 틈틈이 명상을 해서 마음을 가라앉힌다. 하지만 사라지지 않고 남아 있을 때는 그 화가 아내에게 고스란히 전해진다.

"뭐 오늘 야근한다고! 6시 땡 하면 퇴근해야지!"라고 하거나 아내가 제때 퇴근해서 집에 들어오더라도 입을 다물고 시위를 한다. 속으로는 '내가 오늘 얼마나 힘들었는지 당신이 알기나 해'라고 투덜거리면서. 그러면 아내는 이렇게 말한다.

"오늘 서령이 보느라 많이 힘들었구나."

다른 말은 한 마디도 하지 않는다. 이러면 내 마음도 스르르 풀린다. 아내는 '나도 직장에서 얼마나 힘들었는데, 아이 돌보는 일을 가지고 이렇게 유난하기는'이라는 말을 한 적이 없어 싸움으로 번진 일이 없었다. 그러던 어느 날 자기 경험담을 들려주었다.

"나도 서령이를 낳고 2주 정도 산후 우울증이 왔어. 내 마음대로 할 수 있는 게 아무것도 없더라고. 하다못해 화장실도 마음대로 못 가고. 이게 뭔가 싶었지. 그때 이런 생각이 들었어. 아이하고 있을 때는 아이만 생각하자. 아이하고 있는데 다른 것을 하려고 욕심을 부리면 갈등이 생기잖아. 포기할 건 포기하고 나니 마음이 편안해지는 거야. 그러면서 우울증이 사라졌어. 한 생명을 온전하게 키우는 일은 이런 것 같아."

"나는 내 마음대로 어디를 갈 수 없다는 게 힘들어. 내 자유를 빼앗긴 기분이라고 할까. 술 한잔 먹으려고 해도 쉽지 않잖아. 저녁 약속하려면 번거로운 일들이 너무 많고. 당신 말대로 포기할 건 포기하려고 마음을 먹었는데, 어느 날 갑자기 화가 튀어나오는 거야."

서령이를 키운다는 말은 지금까지 자연스럽고 편안하게 누려왔던 것을 의식적으로 포기하는 일과 같았다. 그래도 마음 깊은 곳에는 포기하지 못하고 누리고 싶은 것들이 남아 꿈틀댔다. 아내 말대로 서령이와 있을 때는 내 욕구를 낮추고 서령이에게 집중하자.

이렇게 마음의 평화를 찾아가던 어느 날 작은 사건이 터졌다. 서령이 윗니가 발단이었다. 아무리 봐도 대각선으로 나오는 것 같았다. 이가 삐뚤어졌다고 단정을 짓는 순간 온갖 상상으로 마음이 심란해져 아내에게 말했다.

"서령이 윗니가 삐뚤어져 나오는데, 어떻게 하지?!"

"영구치도 아닌 유치고 설사 나중에라도 문제가 되면 교정하면 되지 뭐가 걱정이에요!"

"병원에 가서 검사를 받고 문제가 있으면 조치를 받아야 하지 않을까? 혹시 이가 삐뚤어져 발음이라도 새면 어떻게 해!"

아내는 어이가 없는 듯 "서령이 발음이 이상해요? 정 걱정되면 네이버에 물어볼게요!"라며 컴퓨터 자판을 두드렸다. 나는 갑자기 쑥스러워졌.

"유치가 삐뚤어져도 아무 문제가 없다고 하잖아요!"라고 외치자 후다닥 달려가서 글을 확인했다.

"정말이네."

뭔가 큰일이라도 난 것 같은 마음을 가라앉히고 잠든 서령이를 가만히 들여다보았다. 왜 삐뚤어진 이를 그대로 두고 볼 수 없었을까? 삐뚤어진 것은 문제가 있다는 고정관념과 당장이라도 검사를 받아 봐야 한다는 조급증과 잘못되면 어쩌나 하는 두려움이 한꺼번에 뒤섞였다. 이러다 보니 한동안 서령이 웃니만, 그것도 삐뚤어진 모습만 보였다.

이가 삐뚤어진 것은 사실이지만 그것이 문제라는 판단은 누구도 아닌 내 마음이 만들어냈다. 정작 서령이는 제쳐두고 책이나 인터넷 혹은 이웃 사람을 기준 삼아 서령이를 바라보지는 않았을까. 그래서 아이가 모자라거나 잘못하고 있는 것은 없는지 끊임없이 확인하는 것은 아닐까. 아이 키우기는 가치판단을 그쳐야 할 때 그칠 줄 알고 불안감과 조급증을 내려놓아야 할 때 내려놓을 수 있는 용기가 필요한 일인 것 같다.

'어떻게 하면 아이 마음속으로 들어갈 수 있을까?' 서령이를 키우면서 늘 고민이 되는 문제였다. 일반적으로 아빠들은 엄마들에 비해 공감 능력이 떨어진다고 하지만 그렇다고 그런가 보다 할 문제가 아니었다. 아이 마음을 공감하는 일은 육아의 핵심이라고 믿으면서도 정작 나도 내 마음을 잘 모르는데 아이 마음을 공감하는 일은 다른 행성 사람들이나 가능한 일이 아닐까라는 의구심을 품기도 했다.

이런 의구심이 들 때마다 몇 달 전에 연습한 아봐타 코스가 큰 도움이 되었다. 판단이나 결론을 내리지 않고 나와 다른 사람을 바라보는 연습을 했다. 이 연습을 바탕으로 서령이를 바라보려고 하였다. 처음에는 어색하고 낯설었다. 서령이에게 화라도 날 때면 그 노력들이 말짱 도루묵처럼 보이기도 했다.

"다른 사람 입장을 헤아려보는 일은 성인군자나 가능한 일이지. 화가 나는데 화도 내지 말라는 말이야!"

회의하고 주저앉으면서도 한 발씩 나아가려 했다. 다른 일이었다면 일찌감치 포기했을지 모른다. 하지만 나는 아이를 키우는 아빠였다. 그러다 어느 순간 아이의 마음이 보이기 시작했다.

"서령아, 책 더 보고 싶었는데 아빠가 그냥 덮어버렸구나. 그래서 울었구나."

아이에게 집중하면 할수록 아이로부터 자유로워지는 독특한 느낌마저 들었다.

이러한 갈등과 좌절은 내가 누구인지, 어떤 사람인지 다시 바라볼 수 있도록 이끌어주었다. 서령이에게 하는 말과 행동이 나를 만족시키려 하거나 내가 편하고자 하는 것은 아닌지, 나의 고정관념으로 아이를 보거나 무의식적으로 고정관념을 강요하는 것은 아닌지, 실제로는 나 때문에 화가 났으면서 아이나 아내를 핑계 삼지는 않는지, 긴 호흡으로 지켜봐야 할 일에 성급한 처방을 내리려 하지 않는지 등등. 이러한 것들을 외면하거나 얼버무리지 않고 의식적으로 살펴볼수록 나라고 여겼던 내 모습과 옳다고 믿었던 믿음들을 다시 생각하게 되었다.

아내의 야근

요즘 아내에게 가장 듣고 싶은 말은 "사랑해요"가 아니다. "오늘 제때 퇴근해요"다. 퇴근 무렵 아내가 "오늘 야근해야 해요"라고 말하면 그 말이 딱따구리처럼 머리를 쪼아대며 순식간에 멍해진다. 이런 날은 아내만 야근하는 게 아니다. 나도 야근이다.

보통 아침 7시 반에 서령이가 깨면서 본격적인 하루 일과가 시작된다. 밥 먹고 놀고 청소하면 오전이 지나가고 서령이가 낮잠을 자면 비로소 휴식 시간이다. 짧은 휴식 시간이 끝나고 서령이와 놀다 보면 시계는 5시를 가리키고 있다. 하루의 분기점이다. '1시간만 있으면 아내가 퇴근할 거고 아내가 집에 오면 나도 퇴근한다'라는 부푼 희망에 가슴마저 따뜻해질 정도다. 드디어 시계가 6시를 넘어갈 즈음 기대하던 전화가 온다.

"지금 퇴근해요."

전화기를 따라 이 말이 들려오면 목소리가 두 배쯤 커지고 서령이도 더 예뻐 보인다.

"서령아, 엄마 퇴근하신대."

하지만 늘 그렇지는 않다.

"오늘 갑자기 일이 생겨 야근해야 해요."

침통한 소식이 들려오면 목소리가 낮아지면서 급격히 우울해진다. 처음에는 대담한 척 씩씩하게 괜찮다고 말했지만 이런 일이 되풀이되다 보니 얄팍한 대담함도 순식간에 거덜 났다.

"그래, 할 수 없지. 회사 일이니까. 천천히 와."

하지만 감정이 상한 날은 여기서 그치지 않는다.

"아니 생명살림 한다는 한살림에서 야근하면 안 되지. 정시 퇴근을 해야 집안이 살 거 아냐."

그러면 아내는 묵묵히 듣고 있다가 말한다.

"회사 일이 마음대로 돼? 일이나 회의가 갑자기 생기는데 어떻게 해!"

내가 아내의 야근을 못마땅해하는 데에는 내가 다녔던 박물관의 영향도 크다. 그곳에서는 6시면 칼 퇴근했고 야근도 1년에 한두 번 할까 말까 했다. 때문에 새로 박물관이 생겨 바쁘기 전까지 세상 사람들은 6시 땡 하면 모두 퇴근하는 줄 알았다.

그나저나 아내의 퇴근이 늦어지면 고대하던 나의 퇴근도 늦어지고 서령이가 잠들 때까지 꼬박 14시간을 근무해야 한다. 대개 엄마들은 차라리 마음 편하게 아빠의 귀가 시간을 포기하는 사람이 많다고 한다. 오늘 안으로 들어오면 다행이고 아니면 할 수 없고.

하지만 나는 그렇지 못하다. 서령이를 돌보기 시작하면서 정시 퇴근이 점점 중요해졌다. 남편들이 정시 퇴근해서 살림이나 육아의 일정 부분을 맡기만 해도 전업주부나 워킹맘의 얼굴은 활짝 펴질 것이다. 세계 최장 시간 노동국인 한국의 실정에서는 맞벌이라 해도 엄마가 살림과 육아의 책임을 떠맡는 게 현실이다.

아내와 정시 퇴근에 대한 의견을 주고받다 말했다.

"나는 미국이나 일본에 출장 갔을 때 이 나라는 참 살기가 퍽퍽하구나 생각했어. 술을 먹으려고 술집을 찾는데 찾을 수도 없고 찾더라도 일찍 닫고. 이 나라 사람들은 도대체 무슨 낙으로 사나 했지. 그런데 요즘에는 생각이 바뀌었어. 가게를 일찍 닫으니까 남편들이 집으로 일찍 돌아가 살림도 할 수 있고 아이도 볼 수 있구나 하고 말이야. 우리나라는 집에 가지 않아도 밤새도록 놀 수 있는 시스템이잖아. 어떤 외국 사람은 우리나라의 매력으로 이것을 꼽는다지만 집은 누가 지키지?!"

오늘은 월요일이다. 직장에 출근하는 사람도 그렇지만 집에 있는 사람도 월요병을 겪는다. 주말에는 서령이가 아내에게 딱 달라붙어 있기 때문에 나는 우아하게 시간을 보낼 수 있다. 하지만 월요일이 되는 순간 우아함은 사라지고 다시 현실 속으로 들어간다. 이런 날은 자꾸 시계를 보기 마련이다.

서령이가 잠에서 깨어 산책을 다녀오니 이제 5시다. 긴장이 슬슬 풀어질 즈음 아내가 출근하면서 한 말이 떠올랐다.

"오늘부터 3일간 늦어요. 전산 시스템 최종 점검해야 해요."

아, 참 그랬지. 한껏 부풀었던 마음이 거품처럼 꺼지며 금방이라도 한숨이 나올 것 같았다. 이 순간 '그래, 회사 일이니까 어쩔 수 없지'라는 말로도 위안이 되지 않았다. 시계는 5시에서 더 이상 돌아가지 않았다. 나도 아내처럼 저녁 늦게까지 야근하는 날이다. 중간에 서령이가 낮잠 자는 시간을 빼더라도 길고 힘든 하루다.

아빠는 씩씩거리고 있었지만 딸은 아랑곳하지 않고 책을 들고서 떡하니 내 앞에 앉았다.

"아빠 이거."

그래 책이나 보자. 때마침 들고 온 책이 《돼지책》이다. 표지에는 엄마가 남편과 아이들을 모두 업고 있는 그림이 실렸는데, 활짝 웃는 아빠와 달리 엄마는 시무룩했다. 꼭 지금 내 얼굴 같다. 남편과 아이들은 하루 종일 손 하나 까딱 하지 않고 입으로만 사는데 엄마는 집안일에 치여 얼굴을 들 시간조차 없다. 입만 산 식구들에게 화가 난 엄마가 가출을 감행하자 아빠와 아이들은 돼지로 변했다. 금세 집안은 난장판이 되었고 남은 찌꺼기라도 먹으려고 꿀꿀대는 순간 엄마가 돌아왔다. 집안일을 서로 나누어 하면서 엄마는 처음으로 웃었다.

서령이와 수없이 본 책이 오늘따라 새로웠다. 엄마가 사라지고 나서야 엄마의 어려움을 깨닫게 되는 아빠와 아이들. 아마도 직장에 계속 다녔더라면 이 책을 봐도 머릿속으로만 아내의 어려움을 알았겠지. 직접 경험하는 것과 그저 눈으로 보고 머리로 이해하는 것과는 하늘과 땅 차이다.

내가 직장에 다니고 아내가 육아휴직을 해서 서령이를 돌보고 있을 때 나도 몇 번 야근을 한 적이 있다. 새로 문을 연 박물관 전시일이 바빴다. 야근할 일이 생기면 아무 거리낌 없이 아내에게 야근을 한다고 말했다. 그때 야근은 당연하고 당당한 일이었으며 다른 생각을 할 여지가 없는 일이기도 했다. 돌이켜보면 아내도 내가 퇴근하고 집에 와야 한숨을 돌릴 수 있었을 텐데.

생각이 여기에 미치자 아내에게 미안해졌다. 아내는 집에만 있는 사람에게 퇴근이 어떤 의미인지 잘 알고 있을 텐데 너무 내 입장만 내세운 게 아니었을까. 아내는 내가 야근한다는 말에 한 번도 감정적으로 대하지 않았다는 사실이 새삼스러웠다. 어떻게 그럴 수 있었을까? 아내가 늦는다고 하면 겉으로는 "늦어도 괜찮아"라면서도 속으로는 '그렇다고 늦게 오기만 해봐'라고 날을 세웠던 날들이 떠올랐다.

며칠 후 아내에게 물어보았다.

"내가 박물관 다닐 때 야근한다고 하면 화나지 않았어?"

"가끔 화도 났는데, 내가 화를 낸다고 야근이 없어지는 것도 아니고 그럴 때는 그냥 그런가 보다 하고 포기해. 요즘 당신이 '정시 퇴근, 정시 퇴근' 하면서 민감하게 구니까 나도 회의에 집중을 못 하고 그러면 마음만 급해져. 저녁 약속을 잡기도 부담스럽고. 내가 다른 일 하다가 늦는 것도 아니고 해야 할 일 하다가 늦는 건데 억울하다는 생각도 들고."

"당신이 퇴근하고 집에 와야 그나마 내가 여유가 생기니까. 그만큼 아이 보는 일이 힘들어서 그래. 그리고 내가 시간에 좀 예민하잖아. 나도 시간에 여유로워졌으면 좋겠다."

언제쯤 집에서 아이를 보는 아빠는 직장에서 일하는 아내의 퇴근에 연연해하지 않을까. 언제쯤이면 우리 사회에서 야근이 아주 특별한 일이 되는 날이 올까.

2/ 놀기 위해 세상에 온 아이

"아빠, 똥은 어디로 가?"
"이제 똥은 바다로 여행을 갈 거야."
서령이가 똥이나 오줌을 누면
서령이와 함께 작품을 감상하듯
말했다. 서령이에게는 자기가
만든 작품을 떠나보내는
일이었고 내게는 서령이에게
똥이나 오줌은 빨리 버려야 할
더러운 것이 아니라
자연스러운 결과물이란 것을
알려주는 일이었다.

모유 수유를 하는 기분은 어떤 걸까?

어렸을 때 성모자 그림을 본 적이 있다. 성모 마리아가 아기 예수를 안고 젖을 먹이던 장면이었는데, 시간이 오래 지나도 고요하고 평화로웠던 느낌은 기억 속에 그대로 남았다. 대학에 다닐 무렵 엄마가 아이에게 젖을 먹이는 사진을 보았다. 다큐멘터리 사진의 대가 최민식 선생이 1969년에 찍은 사진이었는데, 생선 장수인 엄마가 비린내 나는 손을 뒤로 돌린 채 소녀의 등에 업힌 아이에게 젖을 물리고 있었다. 숭고했다. 서령이가 태어난 후 서령이에게 젖을 먹이는 아내를 보면서 그 그림과 사진이 오랫동안 마음을 사로잡았던 이유를 알았다. 한없는 사랑으로 젖 먹는 아이를 바라보는 엄마의 눈 때문이었다.

"켁켁"

"서령이가 왜 이러지?!"

"켁켁"

"어떻게 하지?"

산후조리원을 나와 본가로 간 첫날, 젖을 물었던 서령이가 갑자기 목에 뭔가 걸린 소리를 내기 시작했다. 서령이는 "켁켁" 소리를 멈추지 못하였고 얼굴은 붉게 물들었지만 우리들은 그 이유를 몰라 공황 상태에 빠졌다. 잠시 후 "켁켁" 소리를 멈추며 안정을 되찾았는데, 나중에 알고 보니 아내 젖이 너무 잘 돌아 젖이 한꺼번에 입에 들어갔기 때문이었다. 그 뒤로 매일 성모자 같은 장면을 보았다.

남자가 할 수 없는 일이 임신과 모유 수유다. 행복에 충만한 아내 얼굴과 젖을 먹으며 꼼지락거리는 서령이를 볼 때면 수유하는 기분이 어떨지 궁금해지곤 했다. 모유 수유를 하는 동안 엄마와 아이가 느끼는 평화로움과 유대감은 어떤 느낌일까. 수유를 할 수 없는 아빠는 그저 상상으로 만족해야 했다.

"서령아! 엄마 왔다."

"엄마, 엄마."

아내는 복직을 했지만 모유 수유를 그만두지 않았다. 퇴근한 아내가 집으로 들어서자마자 서령이는 엄마에게 달려갔다. 격한 해후를 마친 서령이는 젖을 먹으려고 엄마 품으로 덤벼들었다. 아내는 옷도 갈아입지 못한 채 수유를 해야 했지만 얼굴은 어느 때보다도 평온했다. 모유 수유를 하면서 서령이와 떨어졌던 시간을 만회하려는 듯 보였다. 낮에 젖이 불어도, 젖을 먹이려고 새벽잠을 깨도 행복해했다.

그렇게 7개월이 흐른 어느 날이었다.

"슬슬 젖을 떼야 할 것 같아. 젖을 먹으니까 밥도 잘 먹지 않으려고 하잖아. 아는 사람 중에 24개월 이상 먹인 사람도 많고 아이가 먹고 싶을 때까지 먹인 사람도 있어. 나도 그러고 싶은 마음은 굴뚝같은데 어차피 젖은 떼야 하잖아."

"젖을 오랫동안 먹이면 아이가 바보 된다는 말도 있던데?"

"그건 거짓말이야. 바보가 된 사람 있으면 나와 보라 그래."

아이에게 젖을 뗀다는 건 어떤 의미가 있을까. 젖떼기에 대해 주위 사람들에게 이것저것 물어보던 아내가 말했다.

"아이에게 젖떼기는 파라다이스를 잃는 것과 같대. 서령이가 파라다이스를 잃을 날이 얼마 남지 않았네."

그 정도였나. 파라다이스를 잃을 때 저항이 만만치 않을 텐데.

나도 서령이가 쉽게 젖을 뗄 수 있도록 돕고 싶었지만 뾰족한 방법이 떠오르지 않았다. 인터넷으로 검색해 보니 엄마들은 예상치 못한 방법으로 젖을 뗐다. 흔한 방법은 밴드를 붙이고 아이에게 "찌찌 아야 해"라고 말하는 것이다. 밴드 대신에 고춧가루나 생강가루를 바르면 아이가 입을 댔다가 놀라서 다시는 입을 대지 않는다고 한다. 더한 방법으로 매니큐어를 바르기도 한단다. 장모님은 옛날 만병통치약이었던 아까징끼(머큐로크롬)를 바르셨단다. 하지만 아이에게 "조금 있으면 찌찌 먹지 않을 거야"라는 말하기 방법을 쓴 엄마들도 더러 있었다. 이 방법이 통하겠냐 싶었던 사람도 아이가 자연스럽게 젖을 떼는 모습을 보고 신기했다고 한다.

우리는 서령이가 충격을 받지 않고 자연스럽게 젖을 떼었으면 했다. 젖떼기는 엄마의 일방적인 결정과 행동인 것 같지만 사실은 아이와 함께 하는 일이다. 엄마 배 속에서는 탯줄로, 태어나서는 젖으로 영양분을 얻으며 엄마와 든든한 유대감을 이어온 서령이. 이제 태어나서 처음으로 상실감을 견뎌야 한다. 또한 전적으로 외부에서 음식을 얻어야 한다.

배려라고 해서 특별한 것은 없다. 다만 어느 날 갑자기 생이별한다는 느낌이 들지 않도록 얼마 후에 젖을 뗀다고 말해 주는 게 전부였다. 아내는 젖을 떼기 한 달 전부터 젖을 먹일 때마다 이야기했다.

"서령아, 조금 있으면 쮸쮸 안녕할 거야."

그러면 서령이도 따라 한다.

"쮸쮸 안녕."

처음에는 말만 따라 하는 것 같더니 나중에는 그 말뜻을 어렴풋이 아는 것 같았다.

젖을 떼기로 한 날은 원래 계획보다 늦어졌다. 아내는 막상 젖을 떼려고 보니 서령이 젖 먹는 모습이 눈에 밟혀 결행하지 못했다. 오늘까지만 먹이고, 오늘까지만 먹이고. 엄마도 마음의 준비가 필요했다.

"사실 서령이가 젖을 먹을 때 얼마나 기분이 좋은지 몰라. 그래서 차일피일 미루었어. 하지만 내일은 젖을 떼야지."

결행의 날은 월요일 새벽이었다. 잠결에 서령이는 엄마를 찾아 몸을 돌렸다. 세상에 태어나고서 20개월 동안 한 번도 거르지 않은 일이었다.

"엄마 쮸쮸."

"오늘부터 쮸쮸 안녕이라고 했지."

부드럽지만 단호했다. 서령이가 다시 몸을 들이밀며 말했다.

"쮸쮸."

"오늘부터 쮸쮸 안녕이라고 했지."

몇 번 더 이런 말이 오가더니 서령이는 서럽게 울기 시작했다. 더 이상 젖을 먹을 수 없다는 상실감 때문이었을까, 배가 고팠기 때문이었을까, '엄마가 왜 이러지'라는 놀라움 때문이었을까. 울음소리는 더욱 자지러져 엄마의 결심을 무너뜨리고 있었다.

"한 일주일 동안 참으면 될 거야. 그 시간이 지나가면 아이도 더 이상 젖을 찾지 않아. 그런데 울음소리는 자지러질 거야."

젖떼기 선배들은 젖떼기를 일주일 동안의 싸움이라고 했다. 하지만 모두가 이 싸움에서 이기지는 못했다.

"젖 떼려고 했다가 아이가 너무 서럽게 울어서 그냥 포기하고 젖 주고 있어요. 이렇게 되면 젖을 떼기가 더 어렵다고 하지만요."

울음소리가 더 절박해지자 아내는 '젖을 주면 안 될까' 하는 마음이 들기도 했지만 끝내 젖을 주지 않았다. 서령이는 그렇게 한참을 울다 지쳐 내 팔베개에 머리를 기대고 잠들었다. 서령이 얼굴 위에 눈물과 땀이 섞여 흘렀다. 아내에게는 미안하지만 내심 잠을 설칠까 봐 걱정했는데, 다행이었다. 서령아! 이제 쮸쮸 안녕이 시작된 거야.

하루 이틀이 지나면서 서령이 울음이 짧아졌다. 예상보다 빨랐고 다행이었다. 며칠이 지나자 울음이 사라졌다. 잠자리에 든 서령이는 떼굴떼굴 굴러 엄마에게 다가와 약간은 희망 섞인 목소리로 외쳤다.

"엄마 쮸쮸."

"쮸쮸 안녕이라고 했지. 이제 쮸쮸 없어. 쮸쮸 아야 해."

밑져야 본전이라는 듯 서령이는 몇 차례 더 "쮸쮸"를 외치기는 했다. 하지만 더 이상 젖을 먹을 수 없는 현실을 받아들이기로 한 듯 이리저리 떼굴거리다 잠들었다. 다음 날 새벽 다시 쮸쮸 실랑이를 벌이던 서령이는 쮸쮸를 포기하고 엄마와 놀기를 택했다. 덕분에 아내는 졸린 눈을 비벼가며 2시간을 놀아야 했다.

젖을 포기한 서령이는 혼잣말을 시작했다.

"쮸쮸 없다, 쮸쮸 없다, 쮸쮸 없다, 쮸쮸 없다."

'쮸쮸 없다'를 끝냈지만 여전히 아쉬운 듯 혼잣말을 이어갔다.

"쮸쮸 없네, 쮸쮸 없네, 쮸쮸 없네, 쮸쮸 없네."

그래도 미련이 남았는지 다음 날은 장난감 전화기를 들고 엄마에게 큰 소리로 외쳤다.

"엄마! 쮸쮸 없네."

항의라도 하는 기세였다.

서령이와 아내는 "쮸쮸 쮸쮸"와 "쮸쮸 없다"는 말로 아침저녁 인사를 대신했다. 서령이 말에는 아직도 아쉬움이 묻어 있기는 했지만 실랑이가 점점 짧아질수록 나는 잠을 못 자리라는 걱정을 하지 않아서 좋았고 아내는 서령이와 가슴 아픈 실랑이를 하지 않아서 좋았다. 그래도 가끔씩 서령이는 엄마 옷 속을 들춰보았다. 떠나온 고향을 확인하려는 듯. 우리 가족의 봄날은 서령이 젖떼기와 함께 지나가고 있었다.

하나만 더 주세요

"지금이 제일 힘든 거 같지? 조금 있으면 자기 고집대로만 하려고 할 걸. 그때는 '옛날이 좋았어'라고 말할 거야. 그러고 보면 배 속에 있을 때가 제일 좋았는데."

가끔 선배들을 만나서 푸념을 늘어놓을 때면 선배들은 이렇게 말하곤 한다. 요즘은 내가 그렇다.

"걷기 전이 좋았는데……."

서령이가 걷기 시작하면서 많은 것이 달라졌다. 서령이는 잠시도 가만히 있지 않고 만져보고 해보고 싶은 것은 곧바로 해야 하고 이것이 여의치 않으면 아빠를 부른다. 이 시기의 아이가 그렇듯 탐구심과 행동력으로 똘똘 뭉쳤다. 하지만 아빠는 아직도 서령이를 젖먹이 아기로 생각했다.

"딴 거!"

"서령아, 다른 책 읽어달라고?"

"딴 거!"

"서령아, 딴 거가 뭐야?"

"딴 거!"

이맘 때 아이들은 같은 말만 반복한다더니 그 말이 딱 맞다. 영화 〈황산벌〉에서 백제군이 말하는 '거시기'의 뜻을 어떻게든 알아내야 하는 신라군이 된 심정이다. 서령아, 도대체 '딴 거'가 뭐야. 혹시 노래를 말하는 건가?

"서령아 다른 노래 틀어줄까?"

환한 표정으로 바뀌는 서령이. 그전까지는 일단 CD플레이어에 들어간 노래는 하루 종일 들었는데 이제는 바꾸어 달라고 요구하였다.

'딴 거'뿐만이 아니다. '빼'는 더 많은 상황에서 쓰는 범용 동사다. 식탁에서 내려오고 싶을 때에도, 물 컵 뚜껑을 열어달라고 할 때에도, 안거나 업었는데 내려오고 싶을 때에도, 모자나 옷을 벗겨달라고 할 때에도 모두 같은 단어다.

"빼."

서령이에게 '빼'처럼 요긴한 말이 또 있을까.

'빼'에서 한 발 나가 나를 자기 놀이의 세계로 끌어들이기도 한다. 주로 내가 설거지를 하거나 빨래를 널거나 할 때다. 아빠와 같이 놀고 싶은 서령이는 고도의 심리전을 시작했다. 그날 나는 설거지를 하고 있었다.

"아야!"

책을 읽어 달라고 조르다가 "아빠가 설거지 끝나면 읽어줄게"라는 말을 듣자마자 냉장고 앞으로 달려가 냉장고에 자기 머리를 박고는 고함을 질렀다. 영화 〈투캅스〉에서 본 자해 공갈 장면 같았다. 자기의 굳건한 의지와 과감한 행동력을 아빠 앞에서 유감없이 발휘한 이 사건을 통해 서령이가 전과 분명히 달라졌다는 것을 알았다.

"아야"가 더 이상 소용이 없자 "안아"가 등장했다. 다른 일을 하다가도 서령이가 "안아"를 외치면 주저 없이 다가가 안아 주었는데, 어느 날부터 안으러 간 나를 잡아끌고 자기와 놀자고 졸랐다. "안아"는 서령이가 던진 미끼였다. 어느 순간 "안아"도 소용이 없자 "어부"가 시작되었다. 서령이가 "어부"라고 외치면 업어주려고 등을 내밀곤 했는데, 어느 날부터 서령이는 내 손을 휙 잡더니 장난감 쪽으로 데려갔다. 며칠 전에는 "물"까지 등장해서 물을 주면 역시 물은 먹지 않고 나를 잡고서 놀자고 한다. "아야"에서 "물"까지 서령이는 아빠와 심리전을 펼치며 자기 뜻을 관철시키려 했다.

말만 그런 것이 아니다. 얼굴 표정도 훨씬 풍부하고 섬세해졌다. 특히 먹을 것을 더 달라며 던지는 미소를 보고 있으면 절로 웃음이 터져 나온다. 대부분 더 이상 먹으면 안 된다는 것을 알고 있을 때 나오는 작전이다. 가만히 그 미소를 들여다보고 있으면 '그래, 먹을 것 하나 더 준다고 뭐가 문제냐' 하고 넘어가다가 퍼뜩 정신이 들어 "안 돼"라고 말하면 서령이는 언제 그랬냐는 듯이 쏙 가버린다. 최근에는 한 가지 방법이 더 생겼다. '미소 짓고 두 손 모아 말하기'다.

"하나만 더 주세요."

이럴 때는 어떻게 하지?

이런 방법도 통하지 않을 때는 최후의 방법으로 방바닥에 납작 엎드려 서럽게 운다. 이 모습을 처음 보았을 때는 '어떻게 해야 하나' 하고 고민했다. 금세 벌게진 얼굴은 눈물범벅이었다. 마음이 흔들렸다. 대형 마트에서 장난감을 사 달라며 엎드려 울던 아이와 어쩔 줄 몰라 하던 엄마가 떠올랐다. '서령이가 저렇게 우는데 하나 더 줄까' 하다가도 '안 돼. 약속은 약속인데 저렇게 운다고 어기면 안 되지' 사이를 왔다 갔다 하다 마음을 정했다.

"서령아, 서령이가 더 먹고 싶은 마음은 알겠지만 더 이상은 안 돼."

내가 단호하게 말하면 서령이는 언제 그랬냐는 듯이 울음을 그치고 벌떡 일어나 놀러갔다. 그 후로도 몇 번 방바닥에 엎드려 떼를 썼지만 그것이 전부였다. 이 방법으로는 내 마음을 돌릴 수 없다는 것을 알았겠지, 또 지켜야 할 규칙이 있다는 것도 느꼈겠지.

사람 사이에 생기는 문제들은 대부분 상대방의 마음을 몰라서 그렇다. 서령이는 두 발로 걸으며 독립을 외치는데 나는 자꾸 품 안의 갓난쟁이로만 보니 서령이 마음이 제대로 보이지 않았다.

서령이가 놀자고 할 때는 대부분 같이 논다. 이 시기 아이들은 온몸을 움직여 세상을 탐험하고 생각을 키워나가고 그러면서 말이 는다고 한다. 굳이 이 말이 아니더라도 신나게 놀았을 때 느끼는 즐거움이란 이루 말할 수 없다. 서령이게만 해당하지 않는다. 나도 그렇다. 하지만 집안일을 해야 하는데도 놀자고 떼를 쓸 때면 하던 일을 먼저 해야 할까, 먼저 놀아야 할까. 여러 번의 경험 끝에 서령이와 먼저 놀고 나중에 일을 하는 쪽으로 정리했다. 내가 귀찮을 뿐이지 지금 당장 하지 않으면 세상이 무너질 일은 없었다. 아이들의 욕구는 즉각적이지만 욕구가 충족되면 아빠를 놓아준다는 것을 알았다.

서령이 행동반경이 넓어지고 그 종류도 다양해지면서 경계를 어떻게 설정하는가도 큰 고민이었다. 어디까지 허용해야 하고 어디서부터 하지 못하도록 해야 하는가. 대부분의 책에서는 경계에 대한 원칙은 일관성 있게 지키라고 조언한다. 어디가 경계인지는 사람마다 다르겠지만 원칙을 지키는 일에 목을 맬 필요까지는 없는 것 같다. 절대적으로, 혹은 무조건이라는 말에 얽매이면 더 큰 스트레스를 받는다.

세상이 자기를 중심으로 움직인다고 믿는 서령이에게 경계를 알려주기 전에 스스로에게 묻는다.

"이게 최선입니까?"

서령이는 놀기 위해 세상에 왔다

벌써 5년 전 일이다.

"원고 보낼 테니까 소감 좀 말해 줘."

평소에 알고 지내던 소나무 출판사에서 원고 한 편을 보내왔다. 아시아 여러 나라 아이들의 놀이를 다룬 책이었다. 원고를 보면서 한밤중에 마을 오동나무 아래 모여 숨바꼭질하던 어릴 적 기억이 떠올랐다. 시골 마을 오동나무는 아직도 그대로지만 왁자지껄하며 숨바꼭질하던 아이들은 더 이상 그곳에 없다.

"저는 좋은데요. 이런 책 없잖아요."

서령이는 그 책을 꺼내 언니 오빠들이 신나게 노는 사진을 한 장 한 장 넘겨보았다. 《아이들은 놀기 위해 세상에 온다》는 2대에 걸쳐 우리와 인연을 맺었다.

요즘 서령이를 보면 책 제목으로 그만한 게 없다는 생각이 든다. 어떻게 잘 때 빼고는 한순간도 가만히 있지 않고 쉴 새 없이 움직이며 온몸으로 세상을 탐색하는지, 서령이가 있는 곳은 어디라도 곧 놀이터가 되고 어떤 물건이라도 손에 잡히면 장난감이 된다. 이렇게 놀고서도 아이들은 잠자리에 들 때면 아쉬운 얼굴로 이렇게 말한다지.

"오늘 조금밖에 못 놀았어."

나도 이런 말을 했을까? 서령이도 이렇게 말하고 싶겠지. 그때나 지금이나 변하지 않는 건 아이들은 놀면서 자란다는 것. 변한 것은 아이들이 마음 놓고 뛰어놀 수 있는 골목, 마당, 마을이 사라졌다는 것. 골목길에서 함께 놀던 언니 오빠들 대신에 엄마 아빠가 놀이 친구가 되었다는 것.

아이들의 본능이자 권리인 놀이는 주위에 무엇이 있는지 살펴보는 것으로 시작된다. 서령이가 걷기 시작하면서 보일 듯 말 듯한 신세계가 생겼다. 내가 공부하는 책상 위다. 열렬한 꼬마 탐험가를 책상 위에 올려주니 두 눈을 반짝거리며 필통에 꽂힌 펜을 전부 꺼내 살펴보고 메모지에 낙서를 하다 스탠드를 켜고 끄는 것으로 마무리한다. 나는 책상 앞에서 서령이가 떨어지지 않도록 서령이를 잡아주고 서령이가 낙서를 할 때마다 맞장구를 쳐준다.

"와! 서령아, 지렁이처럼 기어가네."

하지만 탐색이 길어지면 길어질수록 나는 벌 받는 아이처럼 몸이 비비 틀리고 급기야 애원한다.

"서령아, 책상 위가 신기하지. 그런데 마루에 가면 더 재미있는 것이 많아. 같이 가 볼까?"

이건 아빠의 마음일 뿐 서령이는 흐트러진 펜들을 하나하나 필통에 다 꽂을 때까지 탐색을 멈추지 않는다.

책상에 맞먹는 신세계는 주방이다. 설거지를 할 때면 어김없이 주방으로 들어와 씽크대 문을 활짝 연다. 그곳에는 갖은 양념과 장이 든 병들이 볼링 핀처럼 서 있다. 서령이 손은 볼링공이 되어 핀을 하나하나 꺼내 늘어놓는다. 소금 항아리도 어김없이 바깥나들이를 한다. 문을 열면 보이고 닫으면 보이지 않던 미지의 세계를 자기 눈과 손으로 확인하고는 필통의 펜을 그랬던 것처럼 하나하나 다시 집어넣는다. 병들은 날마다 이사를 가고 엄마 아빠는 소금이 쏟아지지 않은 것을 다행으로 생각한다.

아이의 놀이가 여기에서 그쳤다면 아이가 놀기 위해 세상에 온다는 말도 나오지 않았겠지. 통에 물건 집어넣기와 벽 틈에 베개 끼워넣기, 노래를 계속 바꾸어 달라고 조르기—일명 '딴 거' 놀이를 할 때는 CD를 열 개쯤 준비해야 한다—책 읽기, 꺼진 텔레비전 앞에서 온갖 폼을 잡아가며 깔깔거리는 텔레비전 거울 놀이가 항목에 추가된다. 이 가운데 내가 좋아하는 것은 "서령이 멋진데"라는 추임새만 필요한 텔레비전 거울 놀이이고 서령이가 제일 좋아하는 것은 내 목이 쉬는 책 읽기인데, 텔레비전 거울 놀이는 찰나이지만 책 읽기는 네버 엔딩이다.

얼마 전부터 놀이 목록이 더 화려해졌다. 엄마 아빠를 따라 하는 놀이가 대거 등장했다. 화장품을 들고는 얼굴에 바르는 것처럼 톡톡 치는 '아,

예쁘다 놀이', 양치질할 때 곁에 서서 손가락을 입에 넣는 '치카치카 놀이', 빨래를 널 때 옷을 탁탁 터는 시늉을 하는 '털기 놀이'가 그렇다. 그중에서도 가장 적극적인 놀이는 '청소 놀이'다. 내가 걸레질을 할 때면 놀다가도 재빨리 걸레를 집고 달려와 방을 닦는다. 걸레 대신 아기 손수건으로 냉장고와 벽까지 닦는데, 그 모습이 소리 내서 웃을 수 없을 정도로 진지하다.

물이 100도에 다다르면 수증기로 변하듯 놀이도 어느 순간 질적인 변화가 일어난다. 서령이도 다른 사람과 같이 놀면 더 재미있다는 놀이의 비밀을 알아내고 말았다. 팔짱 끼고 박수 치던 구경꾼 노릇도 "아빠~아" 소리와 함께 끝났다.

그날은 일요일이었다. 오랜만에 텔레비전을 보며 게으름을 피우는 아빠를 가만히 두지 못한 서령이는 내 손을 잡고 안방으로 끌고 갔다. 이미 그곳에서 아내가 나를 기다리고 있었다. 두 명의 관객을 뒤로 한 채 서령이는 두 손으로 창틀을 잡고 있는 힘껏 허리를 뒤로 젖혔다. 이때 필요한 건 우레와 같은 함성 소리와 칭찬.

"와~서령아, 잘하는데."

신난 서령이는 이번에는 엄마와 아빠 손을 잡고 창틀로 갔다. 어느새 세 명은 나란히 창틀을 잡고 '창틀 잡은 채 있는 힘껏 허리 젖히고 씽긋 웃기'를 하고 있었다.

"승언 씨, 우리 지금 뭐 하는 거지!"

나는 쑥스러워 소리를 질렀지만 아내와 서령이는 아랑곳하지 않고 까르르 깔깔거리며 웃었다.

창틀 잡기로부터 시작된 놀이 참여는 소꿉놀이로 이어졌다.

"서령아, 아~"

숟가락으로 한 입 넣어주는 척하면 서령이도 입을 벌려 쩝쩝거리며 맛있게 먹는 흉내를 낸다.

"아빠도 한 입 줄래?"

이번에는 서령이가 숟가락으로 내 입에 넣어주는 척한다. 이렇게 서로 먹여주기부터 시작해 나중에는 내가 밥을 할 때면 서령이도 쌀을 달라고 해서 밥을 짓는 시늉까지 했다. 어른이라는 체면을 내려놓고, 아빠라는 입장을 떼어놓고 서령이와 소꿉놀이를 하다 보면 문득 수십 년 전 어린 시절로 돌아가는 기분이 들곤 한다. 과거의 기억을 일깨우는 소꿉놀이는 무의식에 쌓였던 나의 놀이에 대한 목마름에 시원한 물을 주는 것 같다.

서령이는 하루하루를 놀이로 채웠다. 모든 것이 처음인 서령이는 세상에 대한 고정관념 없이 모든 것을 호기심 어린 눈으로 바라보고 어른들은 전혀 생각하지 못하는 방식으로 일상을 즐거운 놀이로 채운다. 이것저것 가리지 않고 온몸으로 부딪쳐보고 오감으로 체험하며 생각을 넓히고 언어를 확장시킨다. 서령이는 늘 분주하고 부산하다. 이 시기 아이들은 말이 아니라 온몸의 경험을 통해 세상을 알아 나간다.

내게 필요한 것은 쑥스러워 말고 서령이의 놀이에 참여하는 것이다. '지금 이 나이에'라는 쑥스러움을 내려놓고 몸과 마음을 다해 놀면 그것은 곧 서령이의 놀이이며 나의 놀이이고 우리의 놀이가 된다. 놀아 주지 말고 같이 놀아야 한다. 놀아 주기는 금방 싫증이 나지만 같이 놀기는 오래 해도 즐겁다. 놀아 주기는 억지로 하지만 같이 놀기는 내가 좋아해서 한다. 놀아 주기는 끝나는 시간을 기다리지만 같이 놀기는 그 시간이 끝나가는 게 아쉽다. 같이 놀다 보면 절로 이런 말이 나온다.

"정말 재미있다. 신난다."

유년시절에 했던 바로 그 말이다. 근사한 놀이터나 멋있는 장난감도 필요 없다. 놀이 천재인 아이와 열렬히 놀 준비가 된 아빠만 있다면 세상에서 가장 즐거운 놀이의 세계로 빠져들 수 있다. 최근 아빠와 적극적으로 같이 논 아이가 사회성, 진취성, 위기 극복 능력, 리더십이 뛰어나다는 연구 결과가 속속 발표되었다. 그만큼 놀이에서 아빠의 역할이 중요하다는 것이다. 하지만 이런 연구 결과 때문이 아니더라도 아이와 놀기는 그냥 재미있다.

서령이와 아이처럼 놀면서, 놀이는 아이의 본능이자 권리이기도 하지만 어른의 본능이고 권리라는 것도 알았다. 대부분의 어른들은 이 사실을 잊고 지낸다.

두려운 순간도 받아들여야 비로소 부모가 된다

"여기 발가락 보이시죠? 아이는 산소포화도가 낮아 빨리 인큐베이터로 가야 해요."

서령이는 세상에 태어나자마자 폐에 똥이 들어가 인큐베이터로 들어갔다. 그 전에 잠깐 담당 간호사가 서령이를 보여주었는데, 오른발 검지 발가락 끝에 두 개의 발톱이 있었다. 그러나 당시에는 폐 감염이 더 심각한 문제여서 이 정도는 눈에 들어오지 않았다. 서령이가 완쾌되어 퇴원할 무렵, 만 한 살이 지나면 적당한 때에 발톱 수술을 하라고 의사가 일러주었다.

우리 부부는 서령이가 만 한 살이 지나면서 발톱 수술을 해야 할지 망설였다. 수술을 하려면 전신 마취를 해야 했기 때문이다. 우리는 누구도 입에 올리지 않았지만 마취에서 깨어나지 못할까 봐 두려웠다. 꼭 수술을 해야 하나. 하지 않아도 될 것 같은데. 하지 않아도 사는 데 지장이 없는데……. 어머니도 "어린 것을 어떻게 수술하냐, 하지 않으면 안 되니?"

라고 말씀하셨다.

나는 서령이가 더 큰 다음에 했으면 싶었지만 아내는 수술을 하는 쪽으로 마음을 굳혔다. 아내는 서령이가 주위 시선 때문에 불편해하기 전에 하는 편이 낫다고 했다. 아내 의견을 따라 서령이가 20개월 되는 때 수술을 하기로 결정했다. 결정을 하고 나서도 걱정은 남았지만 언제고 겪을 일이었다. 수술 날짜가 가까워오자 우리는 덤이라고 부르는 서령이 발톱을 들여다보는 날이 많아졌다.

"서령아, 다음 주에 서령이 발가락 예쁘게 하려고 병원에 갈 거야. 엄마하고 아빠하고 같이 병원에 갈 거야"라고 말해 주면 서령이는 자기 발가락을 이상한 듯 쳐다보았다. 이 말을 해주면서도 눈물이 찔끔찔끔 나왔다. 그때 할 수 있는 일은 틈날 때마다 서령이에게 이 말을 해줘서 놀라지 않도록 하는 것이었다.

수술을 며칠 앞두고 나도 예민해졌다. 수술 전날 답사를 간 강화도 어느 돌부처님께 '서령이 수술 잘되게 해주세요'라며 태어나서 처음으로 기도도 했다. 걸레를 꽈배기처럼 비비 짜면 잘되는 일이 없다는 어머니 말씀이 떠올라 걸레도 가지런히 펴놓았다. 이렇게라도 해야 마음이 편했다.

수술 날, 새벽 4시부터 10분 간격으로 깼다. 6시쯤 집에서 나와 버스를 탔다. 서령이와 아내는 병원에서 잘 잤을까? 떠오르는 걱정을 잊으려고 버스에서 《아프리카 초원학교》를 읽다가 갑자기 시선이 멈췄다.

"한순간 온갖 생각들이 머릿속을 맴돌았다. 혹시나 마취 부작용으로 아이가 깨어나지 않거나 혼수상태에 빠지면 어떻게 한다! 하지만 지금 당장 필요한 건 마취제를 놓고 뼈를 맞추는 것이다."

이 순간에 이 구절을 읽다니. 하지만 여기는 아프리카 오지가 아니라 서울 한복판이잖아. 그래도…….

병실에 들어서니 이미 수술 준비가 시작되었다. 주삿바늘을 꽂은 서령이는 육중한 수술대를 보더니 울기 시작했고, 할 수 없이 아내가 서령이를 안고 수술대에 올랐다. 수술대가 수술실로 향하는 동안 서령이 얼굴 외에는 아무것도 보이지 않았다. 서령이는 무슨 일이 일어날지 모르는 채 엄마 품에 안겼다. 수술실 앞에 디디르가 간호사가 말했다.

"아빠는 여기까지만 올 수 있어요. 엄마는 아기가 잠들 때까지 같이 계시구요."

"서령아, 조금 있다 보자."

눈물이 나오기 전에 재빨리 서령이에게 말했지만 서령이가 시야에서 사라지자마자 눈물이 흘렀다. 대기실 모니터에는 서령이가 1시간 째 수술 준비 중임을 알렸다. 다른 아이들보다 늦었다. '혹시 무슨 일이 일어난 걸까?' 점점 초조해졌다. 옆 자리에서 목청 높여 이야기하는 아주머니가 눈에 거슬렸다. '제발 조용히 좀 하시지.' 혼자 열을 내는 사이 아내가 곁에 와서 앉았다.

"서령이가 수면제를 맞고 졸리면서도 잠이 들지 않았어. 나중에는 간호사가 머리를 잘 받쳐주라고 하고는 수면제 양을 늘리니까 정말 머리가 툭, 하고 떨어지는 거야. 어찌나 눈물이 나던지."

아내의 눈은 아직도 붉었고 툭 떨어지는 장면을 떠올리는 나도 툭하고 눈물을 떨구었다.

의사 말처럼 수술은 채 20분도 걸리지 않아 끝났고 수술실 모니터 알림 글은 어느새 '회복 중'으로 바뀌었다. 그 사이 손녀가 걱정되셨던 할아버지와 할머니가 먼 길을 달려오셨다. "아무개 환우 보호자께서는 환자 엘리베이터 앞으로 오시기 바랍니다"라는 방송이 계속해서 흘러나왔다. 하지만 30분이 지나도, 1시간이 지나도 서령이 이름은 불리지 않았다. 긴장할 때면 커지는 이명은 더욱 심해져 사이렌이 울려대는 듯했고 회복 중이라고 쓰인 모니터는 정지한 것처럼 보였다. '설마 무슨 일이 생긴 건 아니겠지.' 다행히도 잠시 화장실에 다녀온 사이 서령이가 수술대에 실려 복도로 나오고 있었다.

"서령아!"

내 생애 가장 길었던 2시간 반이었다. 곁에 선 아내가 말했다.

"서령이가 울지도 않고 '엄마 어디 갔어' 하는 표정으로 엄마를 부르는 거야."

서령이는 어른들의 걱정과는 달리 씩씩했다. 병실로 돌아오는 길은 2시간 반 전의 길과 달라 지나는 사람들 모두 행복해 보이기까지 했다. 병실로 돌아오자 간호사는 무슨 일이 있어도 2시간 동안 재우지 말고 등을 두들겨주란다. 폐에 찬 불순물이 빠져야 한단다. 그렇지 않으면 수술한 거 '도로 아미타불'이라고 경고했다. 아내와 나는 자꾸 잠이 들려고 하는 서령이를 안고 복도로 나와 정신없이 서령이 등을 두들겼다.

"서령아 저기 빠방 보이지? 서령아 지금 잠들면 안 돼."

필사적이었다. 그리고 드디어 서령이가 트림을 하더니 입에서 불순물을 뱉기 시작했다. 이러는 사이 2시간이 지났고 서령이는 잠들었다. 그때서야 아내도 나도 안도의 한숨을 내쉬었다.

서령이 팔에는 수액 주삿바늘이 꽂혔고 발에는 작은 깁스가 대어졌다. 하지만 이 두 가지만 없다면 조금 전 수술을 받았다고 하기에는 믿기지 않을 정도로 너무 쌩쌩했다. 하기야 이 정도는 여기서 병으로 치지도 않았지. 손에 주사 바늘을 꽂아 움직이기 불편한 서령이는 엄마를 꼭 붙잡고 잠이 들었다. 마치 어디라도 가면 안 된다는 듯.

"서령이가 내 목을 꼭 끌어안고 자면서 '안 돼, 안 돼'라고 잠꼬대까지 했어. 힘들기는 힘들었나 봐."

다음 날 아침 병실에 들어서자 아내가 말했다. 주삿바늘을 뺀 서령이는 마냥 신이 났고 지난 밤 수액 줄을 확인하느라 잠을 설친 아내도, 주삿바늘 꽂힌 서령이 팔이 안쓰러웠던 나도 홀가분했다. 수술도 무사히 끝났고 조금 있으면 퇴원을 하니 더 이상 바랄 게 없었다. 유모차를 타고 복도 탐색에 나선 서령이는 수술대에 실려 가는 언니 오빠들을 보고는 "언니 아파? 오빠 아파?"라며 쉴 새 없이 물어보았다. 퇴원 수속을 마치고 퇴원 요약이란 서류를 보았다. '병명-다발성 유합지, 치료결과-경쾌.' 나도 경쾌하고 엄마도 경쾌하고 서령이도 경쾌했다.

"서령이 발가락은 아무것도 아니야. 같은 병실에 있던 아이 엄마도 여기에 오면 위안이 된대. 더 심각한 아이들을 보면."

길거리에서, 공원에서 만나는 아이들 가운데는 아픈 아이가 없는 것 같았는데, 여기 와 보니 아픈 아이들이 참 많았다. 무릎에 물이 차서 온 아이, 맹장이 터진 아이, 다리가 휘어진 아이, 교통사고로 머리를 다친 아이······. 서령이 발가락은 아무것도 아니었다. 이 아이들을 어떻게 하나 하고 마음이 쓰이면서도 서령이는 이 정도라서 다행이라는 이중적인 감정을 느꼈다. 사람 마음이 그랬다.

"아! 발 냄새야."

퇴원한 지 2주 후, 실밥을 풀기 위해 붕대를 풀고 거즈를 걷어내자 발 냄새가 피어올랐다. 의사는 수술이 잘되었다는 이야기를 한 후 실밥을 자르기 시작했다. 간호사가 서령이에게 "이제 못된 개미 잡자"라고 말한 것처럼 발가락에는 개미 모양의 자국이 생겼다. 칼을 본 서령이가 움찔하자 젊은 의사도 움찔하여 잠시 칼을 뗐다. '저 젊은 의사, 아무래도 불안한데' 하고 염려하는 사이 실밥은 잘렸고 순식간에 모든 일이 끝났다.

방에서 나와 의자에 앉은 서령이는 자기 발을 뚫어지게 쳐다보았다.

눈빛을 보니 발가락이 달라진 것을 알고 있는 눈치였다. 오랜만에 양말과 신발을 신고 엄마와 복도를 왔다 갔다 했다. 잠시 후 아내는 직장으로 돌아가기 위해 지하철을 탔고 나와 서령이는 집으로 향하는 버스를 탔다.

"나 전철 거꾸로 탔어."

"왜 거기로 갔어! 긴장이 다 풀렸구나. 나도 그런데."

실밥까지 풀고 나니 긴장이 완전히 사라진 아내는 지하철을 거꾸로 탄 채 졸았다. 이번에는 졸지 말고 잘 타고 가라며 아내와 통화하고 나니 나도 잠이 몰려왔다. 어느새 잠든 서령이 이마에 땀이 송글송글 맺혔다.

서령이 수술은 모두 끝났고 내 생애 가장 길었던 순간도 지나갔다. 어릴 적 광고에서 들었던 "개구쟁이라도 좋다. 건강하게만 자라다오"라는 말이 다시 떠오른 시간이었다. 우리는 초조하고 불안하고 두려웠던 순간들을 받아들이고 견디며 비로소 부모가 된다. 서령이의 '발가락 개미'는 커가면서 희미해지겠지만 그때의 기억들은 잊지 못할 것 같다.

한 가지만 담아도 충분한 걸

문화유산 답사는 내 오래된 취미이자 본업이며 꿈이다. 중학교 1학년 여름방학 때 집 근처 절터를 찾아 나선 후부터 나는 문화유산에 빠져들었다. 문화유산이 숨 쉬는 현장을 보면 가슴이 벅차올랐고 사람들에게 그 감동을 전하고 싶었다. 서령이가 태어나면서는 아이와 답사를 다닐 꿈에 부풀어 걸음마도 하기 전부터 박물관에 데리고 다녔다. 한 친구는 "자꾸 그러면 커서 박물관 싫어할 수도 있어"라고 충고해 주었지만 서령이와 함께 박물관을 어슬렁거리기만 해도 행복해지던 그 시간을 포기할 수 없었다.

얼마 전에는 바람도 쐴 겸 서울역사박물관에 다녀왔고 야간 개장을 하는 경복궁에도 다녀왔다. 이번에는 아예 지방으로 답사를 가려고 계획했다. 1995년부터 시작한 답사 모임 '아우라지'를 이끄는 윤식 형에게서 전화가 왔다.

"이번에는 어디로 가면 좋을까?"

"형, 해남 강진으로 가죠?"

"알았어. 교통편은 어떻게 하지?"

"기차로 갔다가 현지에서 버스를 이용하는 게 어떨까요?"

해남 강진은 여러 번 다녀왔지만 이번에는 서령이와 함께 가 보고 싶었다. 다산 초당에서 백련사로 넘어가는 아름다운 산길을 서령이와 같이 걷는 상상만으로도 즐거웠다. 업고서라도 꼭 가야지!

그러나 답사 신청 인원이 줄면서 기차 대신 버스를 이용하기로 했다.

"서령이 생각은 안 한 거지."

기차에서 버스로 바뀌자 아내가 언짢은 기색으로 말했다. 서령이에게는 버스보다 기차가 편했고 우리도 마찬가지였다. 화장실 이용도 편하고 이리저리 왔다 갔다 할 수 있으니까. 서령이와 함께 가려니 이것저것 따져야 할 일이 많았.

답사는 순탄치 않아 떠나기 전날 또다시 계획이 바뀌었다. 답사 인원이 더 줄어 큰 버스를 이용하기 어려웠고 윤식 형은 작은 버스로 갈 생각이었다. 아무래도 작은 버스로 아이들을 태우고 그 먼 거리를 가기는 어려웠다. 아내도 작은 버스로 서령이를 데리고 가다가는 탈이 날 것이라며 차라리 답사를 가지 않겠다고 완강하게 말했다.

"형, 작은 버스는 어른들도 힘들어요. 꼭 그렇게까지 해서 갈 필요가 있어요?"

"그래, 취소할 수는 없고 아예 답사 지역을 가까운 서산으로 바꾸자."

서령이와 함께 가는 첫 답사는 출발 전부터 우여곡절이 많았다. 숙소를 취소하고 새로운 답사 지역에 대해 공부를 하고 나자 답사 설명도 해야 하고 서령이도 챙겨야 한다는 부담감이 생기기 시작했다. '서령이와 천천히 걸으며 이것저것 이야기하고 놀고 싶은데……'

"걱정 마. 당신은 설명 열심히 해. 나는 서령이하고 놀면서 갈게."

걱정하는 내게 아내가 말했다. 이번 답사는 서령이와 교감을 나누는 일이 중요하다고 여겼지만 어쩔 수 없었다.

다음 날 25인승 버스는 서산으로 출발했다. 우리 가족만 빼고 모두 1박 2일로 다녀올 예정이었다. 가장 나이 어린 멤버 서령이는 열렬한 환영을 받으며 자리에 앉았다. 서령이를 답사에 데리고 온 데는 같은 답사 멤버인 정수 형의 영향도 컸다. 정수 형 부부는 아이들이 어렸을 때부터 답사뿐만 아니라 거의 모든 일에 가족이 함께 참여했다. 온 가족이 함께 답사도 가고 뮤지컬도 보고 때로는 집회도 갔다. 십수 년 동안 그 모습을 보면서 나도 아이가 생기면 그렇게 해야지 하고 마음먹었다.

늘 버스를 타고 다녀서인지 서령이는 보채지 않고 잘 놀았다. 아내 말대로 양 옆에 엄마 아빠가 있는데, 뭐가 걱정이겠는가. 이런 분위기라면 서령이 첫 답사도 괜찮을 것 같았다.

첫 번째 답사 코스인 안국사지에 내렸다. 일행은 우르르 절터로 올라갔다. 하지만 서령이는 절터가 바로 위인데도 올라갈 생각은 없고 그 자리에서 놀기 시작하였다. 서령이를 챙겨야 한다는 책임감과 아빠가 설명하는 모습을 보여주고 싶은 욕심 사이에서 갈등이 생겼다. '이제 그만 놀고 올라갔으면 좋겠는데.' 하지만 어디까지나 내 생각일 뿐. 지금 서령이에게 절터가 무슨 의미가 있겠는가!

"내가 서령이하고 놀 테니까 먼저 올라가서 설명해."

아내의 말을 듣고 빨리 올라가 먼저 모인 사람들에게 절터를 소개했다. 설명을 하면서도 눈은 서령이가 오는지 살펴보고 있었다. 마음이 부산했다. 다음은 서산마애삼존불. 저 아름다운 백제의 미소를 함께 볼 수 있다니. 하지만 그곳에 이르는 계단은 끝이 보이지 않았고 나는 절로 한숨이 나왔다. 우리 가족만이라면 천천히 가도 될 텐데. 설명을 하는 일이 점점 더 부담스러웠다. 이런 내 마음을 알기라도 한 듯 이번에도 아내가 걱정 말고 올라가라며 서령이 손을 잡았다. 아내도 서산마애삼존불을 무척 보고 싶어 했던 터라 마음이 쓰였다. 설명을 마치고 헤어진 곳으로 다시 와서 보니 아내는 여전히 그 자리에서 서령이와 술래잡기를 하며 놀고 있었다. '백제의 미소'가 그곳에 있었다.

서령이와 외나무다리를 건너고 싶었던 개심사에서도 마찬가지였다. 아내와 서령이는 우리가 절에 올라갔다 내려올 때까지도 절 입구에서 놀고 있었다. 아내에게 미안하고 고마웠다. 어린 딸과 손잡고 놀며, 쉬엄쉬엄 쉬어가면서 답사를 하려던 계획은 꿈으로 돌아갔다. 앞으로 답사를 갈 때는 마음을 비워야겠지.

　마지막 목적지인 천리포 수목원으로 출발했다. 서령이는 내 자리에서 나를 밀어내고 벌렁 눕더니 힘차게 외쳤다.

　"신난다!"

　그 소리에 일행들이 깔깔 웃었다. 아빠 자리를 차지해서 신나는지, 바람을 쐬어서 신나는지, 평소에도 좋아하는 버스를 타서 신나는지 알 수 없었지만 이 말을 듣자 축 쳐졌던 기분이 다시 좋아졌. '나도 신난다.' 때로 아이들은 어른들의 걱정과는 전혀 상관없이 놀라운 적응력을 보여줄 때가 있는데, 이때가 그랬다. 서령이가 "신난다"를 외치는 사이 수목원에 도착했다.

　여기서부터 진짜 나의 답사가 시작되었다. 가이드 역할은 개심사에서 끝났고 이곳에서는 자유 관람이었다. 바닷바람도 시원하고 바다도 싱그러웠다. 일행은 벌써 수목원 안쪽으로 사라졌지만 우리는 아직도 그 자리였다. 예쁜 꽃들이 늘어선 길 초입에서 서령이는 꽃보다 땅바닥에 관심을 기울였다. 돌을 하나하나 살펴보고 만져보니 걸어간다는 표현보다는 주저앉았다는 표현이 어울릴 정도였다. 그때서야 나는 욕심을 버리고 아내에게 말을 건넸다.

　"전부터 이 수목원에 꼭 와 보고 싶었는데 오늘은 입구 정도만 볼 수 있을 것 같네. 그래, 뭐 꼭 다 볼 필요 없잖아? 서령이랑 재미있게 놀다 가면 되지."

겨우 수목원 입구에 들어왔지만 서령이의 땅바닥 사랑은 식을 줄 몰랐다. 서령이와 땅바닥 탐험, 막대기 놀이, 술래잡기를 하다 보니 떠나야 할 시간이 돌아왔다. 아쉬운 마음은 없었다. 덤으로 평소에 관심이 많았던 모란꽃을 사진으로 남겼으니 남는 장사를 한 셈이었다.

서령이와 함께 간 첫 답사. 박물관에서 일할 때 아이들에게 "수많은 것 가운데 한 가지만 가슴에 담아도 충분히 즐겁고 알찬 답사"라는 얘기를 종종 했었다. 그 진정한 의미를 새삼 오늘 확인했다. 서령이와 백제의 미소를 보는 대신 그 미소를 머금고 뛰노는 서령이를 보았다. 아이와 함께 가는 답사는 혼자 가는 답사와는 달랐다. 아이와 함께한다는 것은 아이의 눈높이에 맞춰 세상을 바라보려는 노력에서 시작되는 것 같다.

"서령아, 이번 답사 재미있었니? 아빠는 처음에는 좀 힘들었지만 나중에는 네 덕분에 정말 재미있었어. 막대기 놀이도 하고 그림도 그리고 돌도 줍고 신나게 뛰어보고. 고맙다 서령아."

'싫어'와 '내가'

　서령이가 질풍노도의 시기를 맞았다. 엄마들은 보통 이 시기를 일춘기라고 말하는데, 이 말에는 엄마들의 한숨과 당혹감이 함께 서려 있다. 그래서인지 육아서에서는 '아이와의 주도권 싸움에서 승리하라'는 호전적인 표현을 쓰기도 한다. 우리 부부는 이런 푸념을 하곤 했다.
"좋은 시절 다 갔네."
　서령이 인생의 유난스러운 첫 번째 봄날은 "싫어"로 시작되었다.
"밥 먹자."
"싫어, 싫어."
"세수하자."
"싫어, 싫어."
　말뿐만이 아니었다. 붉어지는 얼굴과 자지러지는 울음은 기본이고 몸까지 있는 대로 틀어대 보는 사람을 당황스럽게 만들었다. '서령이가 갑자기 왜 이러지. 일춘기가 왔나?' 머리를 감기려고 머리에 물을 붓는 순간 서령이는 울음을 터트리고 몸을 비비 틀고 발버둥 쳤다. 머리에서 김이 모락모락 피어오르던 나는 드디어 폭발하고 말았다.

"서령아, 도대체 왜 이러니!"

순간적으로 화가 났다. 서령이 역시 아빠에게 처음 듣는 고함에 놀라 잠시 울음을 멈추었지만 이내 곧 더 자지러지게 울어댔다. '이건 아닌데'라는 후회가 밀려왔지만 전에는 한 번도 겪지 못한 강력한 저항 앞에 당황스러웠다. 마냥 귀엽기만 하던 서령이는 사라지고 어느 날 갑자기 반항 소녀가 나타났다. 전에는 자연스럽던 일을 왜 싫다고 할까. 서령이에게 어떤 변화가 일어난 걸까.

"서령아, 옷 갈아입자."

"싫어, 싫어."

이번에도 그랬다. 옷을 갈아입히려고 하자 또 울음이 터졌다.

"서령이가, 서령이가."

아하, 그렇구나. "싫어"의 정체가 이것이었구나.

"그러면 서령이가 입어볼까."

서령이가 직접 옷을 입을 수 있도록 도와주자 서령이 입이 헤 벌어졌다. 서툰 손이지만 제법 진지하게 옷을 입었다. "싫어"는 "이제는 내가 스스로 할 수 있어요"라는 서령이의 독립선언이었다. 서령이가 "싫어"라고 말할 수 있다는 사실에 놀랐다. 예상치 못한 곳에서 날아온 돌에 맞은 기분이었다. 동시에 서령이의 마음을 받아들이고 서령이 스스로 할 수 있도록 기다려주라는 신호이기도 했다. "싫어"와 "내가, 내가"는 다 같은 말이었다. 막상 "내가, 내가"라고 말해도 당연히 서툰 일이 많아 마음대로 되지 않을 때는 자기 성에 못 이겨 울거나 물건을 집어 던지기도 했다. 아빠처럼 엄마처럼 하고 싶었던 모양이다. 이제 서령이도 시행착오를 겪으며 자랄 때가 되었다.

대화 가운데 절반을 "싫어, 싫어"로 채우던 어느 날. 공원 놀이터에서 미끄럼틀과 시소를 타던 서령이가 갑자기 놀이터를 뛰쳐나와 차도 쪽으로 돌진했다.
"서령아, 그쪽은 차가 많아 위험해!"
"아빠, 혼자 갈게요. 아빠는 오지 마세요."
서령이는 뒤도 돌아보지 않고 말했다. 아이는 아빠의 울타리를 벗어나 세상 속으로 뛰어들어 갈 기세였다. 대견하기도 했지만 왠지 모를 허전함도 밀려들었다. 그 뒤로도 자주 "혼자 갈게요"라고 말하더니 나중에는 아빠가 따라오나 감시라도 하듯 몇 발자국 걷고 뒤를 돌아보는 통에 나는 '무궁화 꽃이 피었습니다'처럼 도둑 걸음으로 뒤따라가는 신세가 되고 말았다. 이 일을 들은 아내 직장 동료들은 "초등학교 가면 혼자 살겠는데요!"라고 했단다.
"혼자 갈게요"를 시작하면서 "이게 뭐야"도 시작됐다. 호기심 덩어리 서령이는 보이는 모든 것에 이름이 있다는 사실을 안 모양이다. 마루 청소를 하고 있는데, 어느 틈엔가 다가와 동물도감과 식물도감을 꺼내려고 애썼다.

"아빠, 읽어줘. 아빠, 이게 뭐야?"

"거위벌레."

"이건 뭔데?"

"게아재비."

"이게 뭐야"는 식물도감으로 이어져 감나무, 대추나무 등 온갖 나무 이름을 대고 나서야 끝날 수 있었다. 질문은 공원을 산책하면서 정점을 이루었다.

"이게 뭐야?"

"하수구."

"이게 뭐야?"

"빨간 자동차."

한 걸음 옮길 때마다 "이게 뭐야"라고 묻는다. 이러는 사이 나도 서령이 걸음으로 세상을 바라보았다. 매일 봐서 잘 알 것 같지만 자세히 들여다보니 이제껏 본 적 없는 새로운 세상이다. 나는 "이게 뭐야"라는 질문을 멈춘 지 얼마나 되었을까. "이게 뭐야"라는 질문을 멈추는 순간 세상도 함께 멈춰버리는 것이 아닐까.

'이게 뭐야'는 '이게 무슨 소리지'로 이어졌다. 눈뿐만 아니라 귀로 세상을 탐색하기 시작했다. 아내가 서령이와 함께 공원을 걸어가고 있는데 어디선가 개구리 울음소리가 들려 아내가 "이게 무슨 소리지?"라고 말했다. 그러더니 서령이가 한쪽 귀에 두 손을 동그랗게 말아 귀를 기울이는 모양을 하더니 "개굴개굴, 개굴개굴" 소리를 냈다.

며칠 후 집 밖에서 새 소리가 들려와 내가 물었다.

"서령아, 무슨 소리지?"

"새가 짹짹 하고 노래 부르는 소리지."

이후로 서령이는 특이한 소리만 들리면 어김없이 "이게 무슨 소리지?" 하며 내게 물어보았다. 나는 세상의 소리들에 일일이 대답하느라 정신이 없었고 이후에는 "소리 없는 세상에서 살고 싶어요!"라는 심정이 되었다.

"이게 뭐지"와 "이게 무슨 소리지"라는 질문으로 세상을 탐색하던 서령이는 '내가 하고자 하면 한다'는 주의로 나갔다. 이것저것 생각하지 않고 온몸으로 부딪치려는 서령이와 온갖 위험으로부터 아이를 지키고자 하는 아빠 사이의 긴장감도 그만큼 높아졌다. 내게 제일 손쉬운 방법은 "이것은 이래서 안 돼, 저것은 저래서 안 돼"라고 하는 것이다. 하지만 위험한 일이 아니라면 되도록 "안 돼"라는 말은 하지 않기로 했다. 서령이가 세상을 마음껏 탐색하도록 도와주고 싶었기 때문이다.

계단 오르내리기에서 시작된 '한다면 한다' 주의는 공원에서 절정을 이루었다. 공원 숲에서 운동장 쪽으로 가는가 싶더니 휙 돌아 작은 언덕을 넘고, 그런가 싶으면 벤치가 있는 길로 걸어가다 다시 숲을 가로질러 놀이터로 갔다. 돌멩이를 만나면 돌멩이를 줍고 나뭇가지를 만나면 나뭇가지로 그림을 그리고, 비둘기가 날아오면 비둘기를 빤히 쳐다보다 "비둘기야 안녕!" 인사하고, 개미가 지나가면 개미를 뚫어지게 쳐다보다 "개미야, 어디로 가니?"라고 묻기도 하고, 지나가는 언니 오빠들을 보면 무슨 이야기를 하는지 귀를 쫑긋 세우고, 할머니가 서령이를 보고 이야기를 하면 "할머니가 서령이 보고 뭐라고 했어?"라며 물었다. 나는 꼬마 탐험가가 자기의 세상을 만들어가는 모습을 지켜보았다.

종종 서령이와 나의 선택은 갈등을 빚기도 했다. 그날은 문래동에서 여는 옥상 텃밭 강연을 듣기 위해 서령이와 외출 준비를 하고 있었다.

"아빠, 신발장 열어줘."

신발장을 열어주니 냉큼 빨간색 부츠를 꺼냈다. 안에는 털이 촘촘하게 붙어 있어 보기만 해도 더웠다. '혹시 저거 신겠다고 하는 건 아니겠지'라고 생각한 순간 서령이가 말했다.

"아빠, 이거 신을래."

"그래, 한번 신어 봐."

한번 신겨줬더니 이번에는 자기가 지퍼를 열어 신을 벗고 다시 신었다. 아내와 약속한 시간이 가까워 마음은 급한데 서령이는 그 부츠를 신고 나가겠다고 고집을 부렸다.

"서령아, 그 신발 더워. 샌들이나 운동화 신고 가자."

서령이는 꿈쩍도 하지 않았다. 이게 뭐야. 세 살 된 딸과 실랑이를 벌이다가 '내가 말리는 이유가 뭐지, 여름에 부츠를 신기는 칠칠치 못한 아빠라는 시선 때문인가'라는 생각이 들자 마음을 돌렸다.
"그래, 신고 가."

　내가 어떤 판단을 내리든 서령이는 이 순간에도 끊임없이 세상을 탐색하고 경험하며 세상을 넓혀가고 있다. 그 세상은 나의 세상이 아니라 서령이의 세상이다. 무엇이든 알고 싶고, 보고 싶고, 하고 싶은 꼬마에게서 세상을 배운다. "싫어"와 "내가"는 어른인 내게도 여전히 중요하다는 것을.

전부 다 내 거야

사람의 본능이란 이런 것인가. 세상을 부지런히 탐색하던 서령이가 어느 순간부터 "누구 거야? 내 거야?"를 묻고 주장하며 소유 욕구를 드러내기 시작했다. 그날은 《울지 말고 말하렴》이라는 책을 보고 있었다.

"아빠, 이 인형 누구 거야?"

"곰돌이 거야."

"(놀이터에 놓인 작은 삽을 가리키며) 그럼 이건 누구 거야?"

"그것도 곰돌이 거야."

"아니야, 서령이 거야(그 삽은 곰돌이가 잡고 있지 않았다)."

《울지 말고 말하렴》에서 시작된 "누구 거야?"는 주차장을 지날 때 가장 심했다. 차 한 대를 지날 때마다 멈춰 서서 "저 차 누구 거야?"라고 물어보았다. 그러면 내가 '아저씨, 아주머니, 할머니, 할아버지, 언니, 오빠'를 비롯해 사돈에 팔촌까지 말하고 나서야 질문을 그쳤다. 그래서 한때는 주차장을 지날 때마다 마음의 준비를 하곤 했다.

이 무렵 어린이집에서 보내준 주간 보육안을 보았다. 보육안에는 〈영아, 소유에 관한 그들만의 법칙〉이라는 글이 실렸다. '내 맘에 들면 그건 내 것, 내가 가지고 있으면 그건 내 것, 네 손에 있는 걸 가져오면 그건 내 것, 조금 전에 가지고 있었다면 그건 내 것, 어제 가지고 놀았던 것도 그건 내 것, 내가 보고 있었다면 그건 내 것, 내가 잠시 내려놓았다면 그건 내 것, 내 것은 어떤 방법으로든 네 것이 될 수 없어, 내 눈에 단지 내 것처럼 보인다면 그 모든 것은 내 것.' 우리 어른들도 이러지 않았던가. '네 돈도 내 돈, 내 돈도 내 돈.'

서령이의 '내 거야'도 그랬다. 서령이는 놀이터에 있는 세 개의 그네 가운데 초록 그네를 좋아해서 그 그네를 볼 때마다 이렇게 말했다.

"초록 그네 내 거야."

혹시라도 누군가 초록색 그네를 타고 있으면 어김없이 다가가 소리쳤다.

"내 거야!"

먹을 것이 보여도 일단 서령이 것이라고 우겼다. 그러면서 "다 먹어 버릴 거야"라며 굳은 각오까지 밝혔다. 그네나 먹을 것뿐만 아니라 처음 보는 것이나 서령이 흥미를 끌 만한 것도 보기만 하면 "내 것"이었다. 돌멩이나 나뭇잎도 "내 거야"라고 외치는 순간 서령이 보물로 변신했다.

아이들의 '내 거야'는 종종 아이들 사이에 소유권 분쟁을 일으켰다. 흥미로운 것을 보면 다 자기 것이고 자기 것은 누구도 손을 대면 안 된다고 믿는 아이들은 밀치고 때리고 깨물고 울었다. 이럴 때 엄마들은 대부분 "착한 어린이는 친구하고 사이좋게 나누는 거야"라며 너그러운 아이가 되기를 요구했다. 이 방법이 성공할 때도 있지만 격렬한 저항을 불러일으킬 때도 많다.

"너 자꾸 이럴 거면 지금 집에 들어갈 거야!"

달래는 방법이 통하지 않으면 결국 윽박지르기로 끝난다. 이렇게 하면 너그러운 아이가 될까. 아니지 싶다. 나누기를 요구하기 전에 그것이 아이에게 소중하다는 것을 인정하고 나누고 싶지 않다는 마음을 알아주어야 하지 않을까. 그런 후에야 너그럽게 나눌 수 있는 것 같다.

세상을 탐색하던 서령이는 어느 순간부터 스펀지가 되었다. 스펀지를 누르면 아빠가 튀어나오기도 하고 엄마가 튀어나오기도 한다.

"아우, 힘들어."

내가 한 말이 아니다. 나와 함께 책을 정리하던 서령이가 한 말이다. 처음에는 웃기기도 하고 어이없기도 했다. 도대체 이 말은 누구에게 배웠을까? 바로 나였다. 얼마 전에도 서령이를 안고 자전거를 밀고 가다 "서령아, 아빠 힘들어, 자전거 타고 가자"라고 말한 기억이 났다. 다른 때에도 서령이 앞에서 아무렇지 않게 "힘들어"라고 말했다. 서령이 말투는 영락없는 아내의 말투였다. 아내는 이 사실을 잘 몰랐는데, 어느 날 다른 사람들과 말하다가 순간적으로 깨달았다고 한다.

한번은 아내가 장난으로 내 엉덩이를 치며 "떼찌"라고 말하자 곁에 있던 서령이도 "떼찌"라며 내 엉덩이를 쳤다. 그때 아내가 말했다.

"애들 앞에서는 냉수도 못 마신다니까."

그래, 냉수도 못 마실 때가 왔다. 부모들은 초록불일 때 횡단보도를 건너야 한다고 아이들에게 강조하면서도, 정작 빨간불일 때 그냥 건너는 경우가 있다. 그때 아이들은 "빨간불인데 왜 건너?"라고 묻는다. 이런 일이 되풀이되면 아이는 이렇게 믿을지 모른다. '세상은 눈치껏 살아야 하는 거야.'

따지고 보면 이런 일이 한두 가지가 아니다. 아이들에게 독서는 마음의 양식이라며 책 좀 읽으라고 닦달하면서도 1년 내내 마음의 양식 한 번 채우지 않는 엄마 아빠도 있고······.

텔레비전도 엄마 아빠 못지않은 따라 하기 대상이다. 얼마 전 서령이와 버스를 구경하러 가는데 갑자기 서령이가 외쳤다.

"언니 대박!"

"대박" 특유의 억양까지 비슷해서 깜짝 놀랐다.

"서령아, 어디에서 들었어?"

"텔레비전에서 언니가 말했어."

이래서 아이에게 텔레비전은 보여주지 말라고 하고 그중에서도 좋지 않은 세상 소식만 알려주는 뉴스만큼은 꼭 피하라고 충고하는 사람들도 많다.

서령이는 놀이터에 가면 눈이 반짝거린다. 그네를 타면서도 얼굴을 이리저리 돌려 언니 오빠들이 하는 이야기를 빼놓지 않고 따라 한다. 옆에서 그네를 타던 아이가 한 말을 서령이가 계속 따라 하자 그 아이가 물었다.
"아이들은 이렇게 다 따라 해요?"
"응, 어린아이들은 따라 하면서 크는 거야."
말뿐만이 아니다. 그네를 타다가도 다른 아이들이 미끄럼틀이나 평균대를 타면 얼른 따라 한다. 얼마 전 병원에 다녀온 후였다. 그날 저녁 엄마에게 누우라고 하더니 이곳저곳 진찰하는 흉내를 내고 주사기로 찌르는 척하고서는 엄마에게 말했다.
"다 됐습니다."
곰곰이 생각해 보면 따라 하기는 사회성을 익히기 위한 아이의 본능인 것 같다.

이 시기 아이들의 경이롭고 놀라운 능력은 상상 놀이에서 꽃을 피운다. 밥상에 오른 계란 프라이를 본 서령이가 말했다.
"잠자리네, 오징어네, 악어네."
상상 놀이는 아이를 부쩍 크게 만드는 힘이라고 한다. 현실에서 가능하지 못한 일도 상상 속에서는 현실이 되고 그러면서 아이들은 창조력을 키워나간다.
"지렁이야."

얼마 전부터 서령이는 자기 똥을 이렇게 부른다. "지렁이 보러 갈 거야"라고 하면 똥을 누겠다는 뜻이다. 한번은 둥근 휴지를 길게 풀어놓더니 "지렁이 뱀이 서령이에게 갑니다. 무서워요"라고도 했다. 때로 이 휴지는 기차로 변신한다. 휴지 위에 밥그릇, 컵, 농구공을 올려놓고 휴지를 질질 끌면서 "칙칙 폭폭"이란다. 어느 날은 신문지를 똘똘 뭉쳐놓고 "사자"란다. 내 눈에는 단지 신문지를 뭉쳐놓은 것뿐인데, 서령이 눈에는 사자였다. 서령이가 상상 놀이에 빠지면 나도 그 세계에 풍덩 빠진다. 서령이가 기차라고 하면 진짜 기차를 보는 듯 말하고 지렁이라면 진짜 지렁이를 대하듯 한다. 이렇게 놀다 보면 서령이뿐만 아니라 나도 재미있어 나중에는 내가 먼저 상상 놀이를 제안하기도 한다.

서령이와 내가 제일 좋아하는 상상 놀이는 서령이를 주인공으로 한 이야기다. 어떤 때는 비행기를 타고 하늘을 날기도 하고 어린이집에 가는 길에 사자를 물리치기도 한다. 상상 이야기를 할 때면 서령이나 나나 무척 진지해져 진짜로 그런 것처럼 이야기를 주고받는다.

"숲 속에서 사자가 '어흥' 하고 튀어나왔어요."

"내가 물리칠 거야. 얍얍얍."

"으악, 으악, 으악. 도망가자."

한바탕 상상 이야기 놀이를 하고 나면 마치 공연을 마친 연극배우가 느낄 법한 희열이 몰려와 우리는 얼굴이 붉게 상기된다.

상상 놀이는 역할 놀이로 이어져 서령이는 인형들에게 책도 읽어주고 혼도 내는 엄마 아빠가 되었다. 때로는 용감한 영웅이 되어 괴물을 물리치고 어린이집 선생님이 되어 엄마 아빠에게 노래를 가르쳐주었다. 역할 놀이를 할 때면 나와 아내는 그 배역에 몰입하여 역할을 수행했다. 그러다 보면 상상 놀이와 마찬가지로 역할 놀이 그 자체가 즐거웠다. 하지만 내가 유치하다고 여길수록 서령이는 그만큼 빨리 흥미를 잃어버렸다.

지난 몇 달 동안 서령이의 변화는 독립을 위한 여정이었다. 나는 흥미롭고 경이롭고 즐겁기도 했지만 낯설고 짜증이 나기도 했다. 나도 어렸을 때 이런 과정을 거치면서 배우고 익혔다는 사실을 종종 잊곤 했다. 이럴 때면 아내의 얼굴이 떠올랐다.

아내는 머리 감기를 싫어하는 서령이를 안고 서령이가 머리를 감겠다고 스스로 말할 때까지 40여 분을 기다렸다. 아내는 서령이에게 억지로 강요하거나 화를 내지 않았다. 뒤로 넘어질 정도로 자지러지는 서령이를 꼭 안아 주며 서령이에게 머리를 감아야 하는 이유를 수십 번도 넘게 이야기해 주었고 하기 싫은 서령이의 마음을 충분히 받아들이고 다독거려 주었다. 그때 아내의 얼굴은 감정의 동요 없이 평온했다.

어린이집에 가는 워킹대디

"이거 뭐 이래, 이거 정말 맞아? 잘못된 거 아냐!"

정원이 10명인데 대기자만 20명? 서울시 보육 포털 사이트에 들어가 낮에 들린 어린이집 상황을 보고 소리를 질렀다. 다른 어린이집도 정도의 차이만 있을 뿐 대기자가 몇 명씩이나 밀려 있었다.

"이러다 어린이집 못 보내는 거 아냐? 이럴 줄 알았으면 미리 신청해 놓을 걸."

일단 대기 신청을 하기는 했지만 언제 갈 수 있을는지. 어린이집에서 연락이 오지 않아 노심초사하던 어느 날 아내에게 전화가 왔다.

"가고 싶었던 어린이집에서 자리가 났다며 상담을 하자고 연락이 왔어."

그 어린이집은 대기자가 가장 많았던 곳이었는데, 아내의 작은 바람이 이루어졌다. 서령이는 어린이집에 가고 나는 자유롭게 일할 날이 머지않았다고 생각하니 입이 저절로 벌어졌다. 이날 저녁 아내는 곧바로 원장님을 만나고 돌아왔다.

"서령이가 똥오줌을 못 가린다고 했더니 그때 어느 누가 잘 가리냐고 그러셨어. 선생님들도 아이를 둘 이상 키운 분들이래. 아무래도 아이를 키운 엄마들이 아이들을 잘 돌볼 것 같아. 원장님도 인상이 좋으시고."

"잘 됐다. 서령이는 말을 곧잘 하니까 적응하기에 수월할 거야."

가기로 결정한 순간부터 서령이에게 말해 주었다.

"서령아, 다음 주부터 어린이집에 갈 거야. 그곳에서 친구들하고 재미있게 지내."

서령이를 돌보기 시작하면서 1년 동안은 전적으로 서령이를 보고 그 후는 상황에 따라 판단하기로 했었다. 1년이 될 즈음 서령이를 평일 몇 시간씩 다른 사람이 돌봐주어도 자라는 데 무리가 없을 것 같았고 그즈음 소나무 출판사와 몽골 여행기를 출판하기로 계약을 맺었다. 어린이집은 애초에 염두에 두지 않았다. 아이들이 감기를 달고 산다는 이야기도 들었고 아무래도 선생님이 한 아이에게 신경을 쓰는 데 한계가 있을 것 같았다. 그래서 서령이를 잘 알고 있는 아주머니에게 서령이를 돌봐달라고 부탁을 드렸다. 마침 그 집 아이들도 서령이를 막내 동생처럼 대했다. 하지만 돌봐주겠다고 한 아주머니가 사정이 생겨 어렵다고 하면서 어린이집을 고민했다. 이제 서령이에게도 같이 놀 친구가 필요하겠다는 생각이 들었고 아이들을 진심으로 좋아하는 선생님을 만나면 괜찮겠다는 마음이 생겼다. 다행히 이 어린이집은 아이를 잘 돌보기로 소문이 났고 게

다가 놀이를 중요시했다.

　지금은 아이들을 제대로 '놀게 하기 위해서라도' 어린이집에 보내는 시대가 되고 말았다. 마을과 골목길이 사라지고 그 자리에 놀이터와 어린이집과 유치원이 생겼다. 한집에 살던 할아버지와 할머니, 삼촌과 고모가 사라졌고 어린 동생을 키우는 형과 언니도 마찬가지다. 수천 년 동안 한 마을 안에서, 한 가족 안에서 대대로 이루어졌던 일들이 순식간에 분업화라는 이름으로 흩어졌다. 육아의 경험과 지혜는 끊어졌고 수많은 전문가들이 그 자리를 대신하고 있다. 그래서 육아에 관한 지식이 폭발적으로 늘어났다. 하지만 지혜는 그렇지 못한 것 같다. 가족과 마을에서 자연스럽게 이루어진 사회화, 즉 '다른 사람과의 관계 맺기'는 요즘의 아이들에게는 어느 날 갑자기 시작될 수밖에 없는 당혹스러운 일이기도 했다. 그만큼 부모의 불안감도 커졌다.

　나 역시 그랬다. '이제 아빠와 떨어져 새로운 생활을 해야 하는데 잘할 수 있을까?' 서령이를 믿기로 했다. 말도 곧잘 하고 명랑 쾌활한 성격이니까. 선생님도 믿음이 갔다. 예전에 한 번 선생님 얼굴을 보았는데, '아이들을 많이 좋아하는 분이구나' 싶은 따뜻한 인상이셨다. 서령이에게도 틈날 때마다 이제 어린이집에 간다고 말해 주었다. 우리도 마음의 준비가 필요했다. 서령이가 자라는 모습을 곁에서 온전하게 볼 수 없다는 점이 내내 아쉽고 서운했다. 하지만 서령이처럼 나도 언젠가는 겪을 일이라고 위안을 삼았다.

며칠 뒤, 서령이와 나는 처음으로 어린이집에 들어섰다. 서령이는 곧바로 어린이집 탐색에 들어가 장난감을 가지고 놀았고 나는 그런 서령이를 대견하게 지켜보면서도 다른 아이들은 어떻게 노는지 흘깃 살펴보았다. 잠시 후 인상 좋은 원장님과 이야기를 나누었다. 아이가 어린이집에 적응하는 데 보통 두세 달이 걸린다며, 처음에는 부모와 같이 있다가 점차 떨어져 있는 시간을 늘리면서 적응한다고 했다. 며칠 동안 서령이를 지켜보던 원장님은 "서령이는 사람이나 낯선 것에 대한 경계가 별로 없어요. 내일부터 아빠랑 떨어져 있어도 될 거 같아요. 집에 가서 내일 잠깐 동안 떨어져 있을 거라고 자주 말씀해 주세요"라고 하셨다.

다음 날 처음으로 1시간 동안 서령이와 떨어졌다.

"서령아, 아빠 이따가 올게. 잘 놀고 있어."

"안녕."

서령이는 이 한 마디만 남긴 채 어린이집으로 쏙 들어가 버렸다. 눈물이라도 흘릴 줄 알았는데. 집으로 돌아와 보니 마루도, 방도 허전해 보였다. 다시 어린이집에 갔을 때 서령이는 아빠가 온 줄도 모르고 신나게 놀고 있었다. "놀면서 한 번도 아빠를 찾지 않았어요"라는 선생님 말씀에 다행스럽기도 하고 허탈하기도 했다. 이렇게 며칠이 지나던 중 갑자기 서령이가 밤에 자다 깨다를 반복했다. 아무래도 어린이집에 적응하는 진통인 것 같았다.

어린이집에 혼자 있는 시간이 점점 늘어나 이번에는 낮잠까지 자기로 했다. 서령이가 집이 아닌 다른 곳에서 엄마 아빠 없이 처음 잠을 잤다. '잠은 잘 잤을까, 혹시 울지는 않았을까' 하고 걱정하며 어린이집에 들어섰다. 선생님이 "서령이가 낮잠 자기 전에 좀 울었어요. '낮잠 자고 나면 아빠가 올 거야'라고 이야기 많이 해주세요"라고 말씀하셨다. 그랬구나, 이 이야기는 많이 해주지 않았는데. 그 후 서령이는 어린이집에 잘 적응하였고 이제는 아빠와 헤어질 때 "아빠 한번 안아 주고 들어갈 거야"라며 나를 안아 주고는 어린이집으로 획 들어가 버린다.

대체로 큰 어려움 없이 적응을 했지만 중간 중간 힘들 때도 있었다. 어린이집에 간 지 열흘쯤 지났을 때였다. 그날따라 서령이는 어린이집에 가면서 "아빠, 버스 보러 가요"를 외쳤다. 버스에 미련을 버리지 못한 서령이를 데리고 어린이집 문 앞에 이르렀을 때 갑자기 서령이가 내 다리를 붙잡고 대성통곡을 하기 시작했다. 눈물 콧물이 줄줄 쏟아져 내렸다. 그 순간 어떻게 해야 하는지, 어떤 말을 해야 하는지 도무지 떠오르지 않았다. 멍했고 가슴이 아팠다. 그때 원장님이 "아버님 마음이 아프겠지만 겪어야 할 일입니다"라며 주저하지 않고 서령이를 데리고 들어가셨다. 복도에는 자지러지는 울음소리가 울렸고 그 소리를 들으니 더 발걸음이 떨어지지 않았다. 우는 모습이 자꾸 눈에 밟혔는데 조금 있다 어린이집에서 전화가 왔다.

"어린이집 튼튼반 선생님이에요. 서령이 지금은 잘 놀고 있어요."

때가 되면 겪어야 할 일들이 있었다. 겪지 않고서는 넘을 수 없는 그런

일 말이다. 서령이와 나는 그 고비를 넘겼다.

서령이가 어린이집에 가면서 내 생활도 많이 바뀌었다. 1년 만에 처음으로 안정적인 자유 시간을 얻었다. 얼마나 손꼽아 기다렸는지! 오래전에 계획한 몽골 여행 글쓰기, 문화재 답사 글쓰기를 해야지. 이로써 겉모습은 워킹대디로 변신했다. 하지만 서령이 주 양육자의 위치는 바뀌지 않았다. 낮 시간에 일을 해도 집안 살림이 준 것은 아니어서 방바닥에 엉덩이를 붙일 새 없이 아침저녁으로 바빴다. 슬슬 워킹맘의 세계를 알 것도 같았다.

서령이가 잠드는 시간도 늦어졌다. 아무래도 전보다 엄마 아빠와 충분히 놀지 못해 그런 것 같았다. 서령이와 놀 시간이 적어져 어떻게 할까 고민하다, 서령이가 어린이집에 다녀온 후 1시간 반 동안은 정신없이 같이 놀기로 했다. 놀이터에서 그네도 탔고 목마를 한 채 버스를 보러 가기도 했으며 동네 구석구석을 탐사하기도 했다. 하지만 아빠가 어설프게 노는 날이면 서령이는 집에 돌아와서도 더 놀아 달라고 졸라댔다. 서령이와 있는 시간은 온전히 서령이에게 신경을 쓰기로 했다. 다른 생각이나 일에 마음을 쓰면 아이에게 소홀해졌는데, 그럴 때는 서령이가 귀신같이 알고 더 떼를 썼다.

"아빠, 아빠, 서령이 좀 봐요."

서령이를 어린이집에 보내면서 이전보다 옷이나 청결에 신경이 많이 쓰였다. 나나 아내나 서령이 옷은 서령이가 아무렇게나 움직이고 놀 수 있는 옷이 제일이라고 생각해 주로 편한 옷들을 입혔다. 레이스가 달린 공주 옷은 엄마 취향이 아니어서 아쉽게도 옷장에서 잠자는 날이 많았다. 나는 머리 묶기를 제일 좋아했다. 누가 봐도 솜씨 없는 아빠가 묶었구나 할 정도로 비뚤어졌지만 머리를 묶을 때마다 아빠라는 사실이 뿌듯했다.

"아빠, 따르릉 따르릉 불러주세요."

"따르릉 따르릉 비켜나세요. 자전거가 나갑니다. 따르르르릉……."

이런저런 우여곡절도 있었지만 자전거를 밀고 어린이집으로 가는 길은 언제나 즐겁고 설렌다. 함께 공원을 걸어가며 붉게 변한 나뭇잎을 찾아보기도 하고 자전거로 공원을 신나게 달리기도 한다. 목마를 태우고 햇살을 받으며 공원 숲길을 걸어가는 기분은 그렇게 상쾌할 수 없다. 오후에 서령이를 데리러 갈 때는 더욱 설렌다. '오늘은 무엇을 하며 놀았을까?'를 상상하다 어린이집에 들어섰을 때 서령이와 눈이 마주치면 둘 다 반가워 어쩔 줄 모른다.

"아빠, 아빠, 서령이가 아빠 보고 싶었어."

"응, 서령아, 아빠도 서령이 너무 보고 싶었어. 오늘은 재미있었어?"

하지만 종종 어린이집에 갈 때 어색하고 민망한 적도 있다. 아빠가 아이를 어린이집에 데려다 주고 데리러 오는 사람은 나밖에 없었기 때문이다. 대부분 엄마들이었고 가끔 손주를 데리러 오신 할아버지나 할머니가 계실 뿐이었다. 아빠이기 때문에 아무래도 선생님이나 다른 엄마들과는 다소 거리감이 있었다. 다른 엄마들과는 오다가다 인사만 나누는 정도였고 엄마들끼리 만나면 자연스럽게 나누는 이런저런 대화에는 남자인 내가 끼어들기에 어색했다. 자주 보다 보면 좀 나아지겠지.

   서령이가 어린이집에 간 지 한 달. 서령이는 처음으로 집을 떠나 사회적인 관계를 맺기 시작했다. 시간이 되면 어린이집에 가고 친구들과 어울리고 선생님 말씀도 듣고 시간이 되면 집에 돌아온다. 그러면서 사람들과 어울려 살아가는 법을 익히고 자신을 조절하는 법을 배워가겠지. 서령이도 아빠도 어린이집을 통해 새로운 세상으로 나아가는 중이다.

내 마음속 어린아이를 위한 휴식

 비행기 항로 모니터를 주시하던 내 눈에 낯익은 지명이 보였다. 그 이름을 읽는 순간 자리에서 벌떡 일어나 비행기 뒤쪽으로 가서 창문 가리개를 올렸다. 타원형 창문 프레임을 통해 녹색으로 물든 극동 시베리아가 들어왔고 그 숲을 뚫고서 용틀임하는 강들이 지평선으로 넘어가고 있었다. 내 마음에 전설같이 살아 있는 강, 아무르를 보았다. 예상보다 장엄했고 상상보다 유장했다. 칭기즈칸의 전설이 어린 몽골 오논강에서 시작된 아무르는 중국을 거쳐 러시아 사할린 앞바다로 흘러들었다. 아직도 숲을 누비는 곰이 신화로 남아 있는 곳을 보자 눈물이 그렁그렁해졌다. 휴식은 아무르와 함께 시작되었다. 동경에서 출발한 비행기는 시베리아를 건너 백해를 지나 독일 프랑크푸르트 공항에 도착할 것이다.

"이번에 독일에서 열리는 아봐타 프로 코스에 참가하고 싶은데."
"좋아. 코스가 열리는 빌링겐은 나도 다녀온 적이 있는데, 한적하고 조용해서 머리 식히는 데 그만이야. 그때 여름휴가를 내서 서령이 볼게. 그동안 서령이 보느라 고생했지."

지난 1년 동안 네 개의 아봐타 코스 가운데 세 개 코스를 이수했고 마지막으로 프로 코스만 남겨두었다. 코스에 참여하는 것도 중요했지만 사실 내게는 휴식이 필요했다. 아이를 키우는 엄마 아빠는 누구랄 것 없이 간절히 휴식을 원한다. 하지만 늘 아이 옆에 있어야 하고 배우자의 도움 없이는 어려운 일이니 그저 희망으로 남는 경우가 많다. 아내도 육아휴직을 내고 서령이를 키울 때 유일한 휴식 시간이 서령이가 잘 때였다.

이번은 일주일 동안 휴가다. 휴양 도시 빌링겐은 작고 조용했다. 산들이 겹겹이 펼쳐졌고 산등성이에는 작은 집들이 드문드문 자리 잡았고 그 사이는 넓은 초지였다. 산등성이를 따라 난 산책길에 들어섰다.

'이번 일주일 동안 머리도 비우고 마음도 편히 하며 내 안에 든 문제를 살펴봐야지. 그런데 지금쯤 아내는 서령이와 똥오줌 가리는 연습을 하고 있겠지. 독일에 있는 동안 똥오줌을 가렸으면 좋겠다. 서령이를 돌본 지도 벌써 1년 가까이 되었구나. 그 시간이 내게 어떤 의미였을까.'

하루 일과는 단순했다. 숙소에서 일어나 아침을 먹고 나서 마음을 들여다보는 연습을 하고 나면 어느새 점심이었다. 오후도 마찬가지였다. 오후 연습이 끝나고 저녁을 먹고 나면 코스에 참가한 사람들과 마실이나 산책을 나갔다. 이때가 제일 즐거운 시간이어서 이 순간만큼은 신나게 웃고 떠들었다.

이렇게 시간이 지나면서 내가 고민하던 문제들을 다른 시각으로 보게 되었다. 서령이를 어린이집에 보내기 위해 신청했을 때 연락이 오지 않아서 내가 하려던 일에 차질이 생길까 봐 노심초사했었다. 이러다 보니 예민해졌고 그 영향이 알게 모르게 서령이에게 미쳐 별것 아닌 일에도 짜증을 냈다. 어린이집 보내는 문제에 너무 집착하고 있는 나를 보았다. 집착한다고 빨리 보낼 수 있는 것도 아닌데.

고민 하나가 풀린 다음 날 아내에게 문자가 왔다. 반가운 마음으로 순식간에 읽어보았다.

'서령이가 하루에도 수십 번 쉬야를 해요. 아무래도 당신이 돌아와서 도 똥오줌 치워야 할 것 같아요.'

비보를 접하고 잠깐 우울했지만 그뿐, 여기는 독일이고 날은 선선했고 음식도 맛있으니 지금 무엇이 걱정이랴. 나중 걱정은 나중에 하자.

연습을 거듭하면서 나를 덧씌웠던 껍질들을 하나둘씩 벗겨냈다. 내 안에 숨어 있던 내가 보이기 시작했다. '나는 도대체 왜 이럴까, 내가 왜 이렇게 과민 반응을 하고 있지, 이 문제만 나오면 왜 피하고 싶지, 예전에 겪었던 문제인데 또 반복되네.' 마음에 떠오르는 문제들을 찾아 뿌리까지 파 보려고 애썼다. 이 문제들은 대부분 불쾌하거나 고통스러운 경험과 잇닿아 있었다. 나는 이러한 경험을 근본적으로 치유하지 않은 채 기억에서 지워버리려고 했다. 겉보기에는 그런 일이 없었던 것처럼 보이도록 했다. 하지만 아픈 경험을 의도적으로 없애기 위해서 나는 얼마나 많은 부정적 에너지를 사용해야 했을까.

어린 시절 겪은 상처일수록 깊고 깊은 심연으로 빠져들어 더욱더 알기 어렵다. 어른이 되어서도 마음속에는 상처받은 아이가 자리 잡고 있다. 격려와 지지를 받아야 했지만 그렇지 못한 아이, 슬프고 화가 난 아이다. 이 아이에게는 "그래 많이 힘들었구나, 그 마음 몰라줘서 미안해"라는 진심 어린 한마디가 필요하다. 그랬을 때 상처받은 아이는 웃을 수 있고 진정한 어른이 된다. 나는 어떤 아이를 품고 있을까.

코스장을 나와 산책길을 걸었다. 바람은 시원했고 하늘은 푸르렀다. 간간이 "푸히힝" 거리며 말들이 뛰어다녔다. 내 마음의 어린아이가 보이는 듯했다. 바람결에 몸을 맡기자 머리가 맑아졌다. '그랬구나 그랬어.' 나도 모르게 탄식이 흘렀다. '착한 아이.' 어렸을 때부터 나는 착한 아이가 되고자 했다. 착한 아이라는 이름표는 집에서나 학교에서나 친구들 사이에서나 나를 설명해 주는 상징어였다. 법 없이도 살 그런 아이로 나를 포장했고 그 아래 숨었다.

하지만 착한 아이로 살면서 치러야 할 대가가 많았다. 내 욕구를 억누르고 다른 사람에게 맞추다 보니 정작 내가 무엇을 하고 싶은지 알 수 없었다. 나 스스로가 아닌 다른 사람의 평판을 중요시하다 보니 나를 존중하지 못한 채 후회하고 자책하는 일이 많았다. 내 감정을 억누르다 보니 다른 사람의 마음을 읽고 공감하는 데 서툴렀다. 다른 사람을 의식하다

보니 과감하게 앞으로 나가지 못하고 그 자리에 머물렀다. 주어진 형식과 틀에 안주하다 보니 내 자신의 결정보다는 다른 사람이 결정해 주기를 기다렸다.

일주일 동안 진행된 코스도 막바지에 이르렀다. 친하게 지냈던 사람들과 함께 마지막 산책을 나갔다. 이날은 그동안 멀리서만 보았던 산 중턱까지 걸어 올라갔다. 다들 고민의 정체를 찾아서인지 발걸음이 가벼웠다. 내려오는 길에 비를 만났다.

"저기 있는 오두막까지 뛰어가요."

일행은 비를 맞으며 오두막 처마 밑으로 우르르 뛰어갔다. 처마에서 비가 주룩주룩 떨어졌다. 다들 말이 없었다. 바닥에 떨어지는 비를 보다 불현듯 내 자신에게 들려주는 목소리를 들었다. '그래 괜찮아, 네 마음대로 해도 괜찮아, 이제 너도 어른인 걸, 무서워하지 않아도 돼, 모든 건 네 마음에 달렸잖아.'

비가 그친 뒤 강당으로 갔다. 강당에서 이날 먹으려고 아껴둔 컵라면을 꺼내 사람들에게 나눠주었다. 그때 한쪽 구석에서 코스에 참여한 독일 사람이 다가왔다. 나는 처음 보는 독일 사람과 손짓 발짓으로 이야기를 나누었고 헤어질 무렵에는 친구가 된 듯한 느낌마저 들었다. 이런 내 모습을 본 일행들은 개그맨을 보는 듯 깔깔대며 웃었다. 그들은 몰랐을 것이다. 그 순간 사람들을 만나면 어색하고 당황해하며 피하려고만 하는 나의 껍질 하나가 깨졌다는 것을.

"큰 사고를 당해도 6개월이 지나면 자기 성격이 나온대요. 긍정적인 사람이면 긍정적으로 생각하고 부정적인 사람이면 부정적으로 생각한다고 해요."

식당에서 같이 식사를 하던 분이 '삶의 태도가 삶을 결정한다'는 말에 덧붙여 말했다. 그동안 부정적으로 생각하는 경향 때문에 그렇게도 완벽하게 일을 처리하려고 노력했나, 사람을 잘 믿지 못했나. 심지어 나 자신까지도. 아마도 그런 것 같았다. 마지막 깨우침은 우연치 않게 다가왔다.

비행기가 프랑크푸르트 공항을 출발했다. 오던 길을 그대로 거슬러 우리나라로 돌아가겠지. 일주일 전과 지금 뭐가 달라졌을까.

"얼굴이 일주일 전하고 달라졌어요. 긴장도 사라지고 편안하게 보여요."

같은 방을 쓴 선생님이 내 얼굴을 보더니 이렇게 평했다. 문제를 안다고 해서 바로 문제가 풀리지는 않지만 그것만으로도 문제의 반은 풀린 셈이었다. 나머지 반은 두고두고 풀어야 할 숙제였다. 우리나라에 가까워오자 현실적인 고민이 달려들기 시작했다. '그나저나 서령이가 똥오줌을 가렸을까, 어린이집은 잘 되겠지, 서령이가 공항에서 산 곰돌이 인형을 좋아해야 할 텐데…….'

자유인 박찬희는 재빨리 아빠 박찬희로 바뀌어 갔다.

똥오줌 감상하기

아이들은 유난히 똥에 대한 호기심이 많다. 그래서인지 두더지가 자기 머리에 똥을 싼 범인을 찾아가는《누가 내 머리에 똥 쌌어》부터 권정생 선생의《강아지똥》까지 똥을 다룬 책들도 많다. 출판사에 근무하는 친구는 그 이유를 이렇게 설명했다.

"똥은 아이들이 최초로 생산한 것이니까."

아이들은 똥이 더럽다는 생각 대신 호기심어린 눈으로 살펴보고 대견해하며 때로는 손으로 만져보고 심지어 그 손을 입에 넣기도 한다. 더 나아가 아이들은 똥이 자기가 만든 최초의 예술 작품으로 믿는다고 말하는 사람까지 있다.

"슬슬 서령이 똥오줌 가릴 준비를 해야겠어요."

서령이가 22개월째 접어들면서 생애 최초 예술 작품은 기저귀에서 변기로 주 무대를 바꿔야 했다. 아내는 서령이가 제법 말귀를 잘 알아듣자 이제는 똥오줌을 가릴 시기라고 판단하고 서령이 똥오줌 가리기 계획을 세웠다. 계획은 이랬다. 6월과 7월은《똥이 풍덩》이라는 책을 같이 읽고 7월 말에 휴가를 받으면 기저귀를 떼고 똥오줌 가리는 연습을 한다. 간단했다. 아내 휴가 중에 가릴 수 있으면 좋고 휴가가 끝날 때까지 못하면 그 다음부터는 내 몫이었다. 그동안 기저귀를 갈기는 했지만 방바닥이나 바지에 눈 똥오줌을 치우는 일은 어쩐지 부담스러웠다.

똥오줌을 가리는 일을 두고 누구는 '배변 훈련'이라 했고 또 누구는 '연습'이라고 했다. 어떤 차이가 있을까. 부모와 아이의 역할을 바라보는 눈에 따라 달랐다. 배변 훈련에서 훈련은 누구를 어떻게 하도록 만드는 일인데 여기에서 아이는 주어가 아니라 '누구를'에 해당하는 목적어이다. 똥오줌 가리기를 하는 사람은 엄마나 아빠가 아니라 아이인데도 그렇다. 나는 이 말이 마음에 들지 않았다. 그래서 연습이라는 말을 좋아한다. 연습의 주체는 엄마나 아빠가 아니라 어디까지나 아이다. 엄마나 아빠는 아이가 잘할 수 있도록 도와주면 된다. 훈련이나 연습이나 비슷한 말인 것 같지만 따져보면 이렇게 다르다.

돌이켜보면 서령이의 똥오줌 가리는 일은 생각보다 일찍 시작되었는지도 모른다. 우리 부부는 화장실에서 똥을 눌 때 화장실 문을 닫지 않았다. 문을 닫으면 서령이가 불안해서 그랬는데, 때때로 서령이는 엄마가 똥을 눌 때 화장실에 들어와 구경을 했다. 내가 똥을 눌 때도 서령이가 화장실 문을 살짝 열어 "아빠 뭐하고 있어?"라고 물었고 "아빠 똥 누고 있어"라고 대답해 주곤 했다. 처음에는 어색했지만 시간이 지나자 아무렇지 않았다. 이러면서 변기에 똥오줌을 누는 일이 자연스러운 것이라고 생각했을 것 같다.

나와 아내는 똥오줌 가리기가 자연스럽게 이루어진다고 믿었다. 할 때가 되면 다 할 테니 서령이가 자연스럽게 할 수 있도록 도와주는 게 우리의 역할이라고 생각했다.

"이제《똥이 풍덩》을 읽어줘야겠어요."

《똥이 풍덩》은 주인공인 송이가 변기를 선물로 받고 기저귀에 누던 똥을 변기에 누기까지의 과정을 그린 책이다. 6월부터 날이면 날마다 서령이와 이 책을 읽었고 시간이 날 때마다 이야기했다.

"서령아, 오줌 마려우면 어떻게 하지?"

"엄마 아빠, 오줌 마려요."

"똥 마려우면 어떻게 하지?"

"엄마 아빠, 똥 마려워요."

그렇게 두 달쯤 지났다. 7월 말, 아내가 휴가를 내서 친정에 있는 동안 서령이 기저귀를 떼기로 했다.

"서령아, 이제부터 기저귀를 하지 않을 거야. 오줌 마려우면 엄마 아빠에게 쉬 마렵다고 말해. 똥 누고 싶으면 똥 마렵다고 말해."

마침내 그날이 왔다. 아내는 친정에서 서령이와 함께 똥오줌 가리는 연습을 시작했고 나는 아봐타 프로 코스에 참가하기 위해 일주일간 독일로 떠났다. 떠나면서 아내에게 "내가 없는 동안 서령이가 똥오줌 가리면 좋겠다"라는 바람을 전했다. 하지만 아쉽게도 내 바람은 이루어지지 않았다.

독일에서 돌아온 날부터 한 손에 걸레를 들고 서령이 똥오줌을 닦았다. 바닥에 떨어진 똥을 보면서 작은 배에서 어떻게 저렇게 많은 똥이 나올까 신기했다. 바지에 오줌과 똥을 눌 때면 서령이는 뭔가 아쉬우면서도 난감한 표정을 지었다. 이럴 때마다 "서령아, 오줌 마려우면 아빠에게 '오줌 마려워요'라고 말해줘. 그리고 변기에 가서 쉬해"라고 웃으며 격려해 주었다. 그러면서 스스로에게 놀랐다. 똥오줌 치우는 일이 힘들다거나 짜증나지 않고 오히려 서령이가 하는 중요한 일에 참여하고 있다는 즐거움마저 들었다.

똥과 오줌을 치우는 걸레가 쉬지 않고 움직인 지 일주일 후, 서령이는 처음으로 변기에 오줌을 눴다. 가만히 앉아 서령이 오줌 누는 소리를 들었는데, 그 소리가 얼마나 좋던지 아름다운 음악 같았다. 드디어 며칠 후 서령이는 "응가 마려"라고 말했고 변기에 앉혀주니 똥을 누웠다. 서령이 얼굴은 풍선에 바람을 넣는 사람처럼 부풀어 올랐고 잠시 후 똥냄새가 스멀스멀 피어올랐다. 구수한 냄새를 맡으며 아내에게 전화를 걸었다.

"드디어 서령이가 변기에 똥 눴어."

"그래, 대단하다 서령이."

아이가 변기에 똥을 눴다는 사실 하나로 이렇게 기분이 좋아진다는 걸 전에는 상상이나 했을까.

며칠 후였다. 마루에서 놀고 있던 서령이가 갑자기 변기에 앉았다 일어나더니 말했다. "아빠 오줌 쌌어." 변기 안을 보니 누런 오줌이 고였다. 드디어 혼자 변기에 오줌을 눴다. 변기를 닦아놓고 다른 일을 하고 있는데, 서령이가 다시 아빠를 찾았다. "아빠 똥 쌌어." 이 말을 듣고 마루로 똥을 찾으러 갔는데, 똥은 마루가 아니라 변기 안에 반듯하게 누워 있었다. 이제 혼자서 똥오줌을 가리기 시작했다. 똥을 큰 변기에 털어넣으며 서령이에게 말했다.

"서령아, 똥에게 안녕이라고 인사해야지."

"(신기하고 아쉬우면서도 자랑스러운 표정을 지으며) 똥 안녕. 아빠, 똥은 어디로 가?"

"이제 똥은 바다로 여행을 갈 거야."

물론 서령이가 이날부터 똥오줌을 완벽하게 가린 것은 아니다. 하지만 똥오줌이 누고 싶을 때 변기를 찾아가는 일이 점차 늘어났다. 그러던 어느 날 아침 서령이가 "오줌 마려"라며 변기로 가서 오줌을 누더니 스스로 자랑스러운 얼굴로 "잘했다"라고 자화자찬했다. 다음 날 새벽에도 서령이 스스로 변기로 가서 오줌을 누었다. 오줌 소리를 듣고 방에서 달려 나온 아내는 감격하는 표정이었다. 아내는 이 소리를 처음 들었다.

"정말 듣기 좋은 소리야."

이날 이후 서령이는 똥오줌을 잘 가렸다. 서령이가 똥오줌을 변기에 누면서 우리집에는 전에 없던 풍경이 생겼다. 서령이가 "쉬 마려" 하면 나나 아내나 "쉬 마려?"라며 변기 주위에 둘러앉았다. 그리고 나서는 세상에서 가장 듣기 좋은 소리인 서령이 쉬 소리를 듣거나 똥을 누는 서령이와 이야기를 나누었다.

"서령이 뭐해요?"

"응가해요."

"서령이 응가 좀 볼까. 와 뱀처럼 생겼네."

"뱀이 서령이를 보고 있네."

서령이 똥오줌 가리는 일을 도와주면서 무척 신났다. 기저귀를 뗀 서령이가 변기에 스스로 앉아 똥오줌을 누는 장면은 과장해서 말하면 성장 다큐멘터리를 보는 기분마저 들었다. 서령이의 성장 다큐멘터리에 참여하여 과정 하나하나를 지켜볼 수 있다는 사실이 행복했다. 그래서인지 서령이가 바지나 이불에 똥오줌을 눴다고 해도 짜증이 나지 않았다. 그럴 때마다 오히려 격려를 해주고 지지를 보냈다.

"서령이가 변기에 가려고 했는데, 오줌이 나와 버렸구나. 서령아 괜찮아. 다음에는 변기에 쉬하자."

한때 가졌던 조바심은 사라지고 '때 되면 다 하겠지'라는 믿음이 강해졌다.

서령이가 눈 똥과 오줌을 즐겁게 맞이했다. 서령이가 똥이나 오줌을 누면 서령이와 함께 작품을 감상하듯 말했다.

"서령아, 이 똥 좀 봐. 새처럼 생겼어. 이건 뱀처럼 생겼네."

그러면 서령이도 똑같이 말하며 빙그레 웃었다. 똥이나 오줌을 큰 변기에서 떠나보낼 때도 작은 의식을 치렀다. 서령이에게는 자기가 만든 작품을 떠나보내는 일이었고 내게는 서령이에게 똥이나 오줌은 빨리 버려야 할 더러운 것이 아니라 자연스러운 결과물이란 것을 알려주는 일이었다. 똥과 오줌이 변기를 타고 바다로 흘러갈 것이라 믿는 서령이는 똥을 바라보며 손을 흔들었다.

"똥, 안녕."

눈 깜짝할 새 벌어지는 일들

어른들은 아이에게서 한시도 눈을 떼지 말라고 누누이 말씀하시곤 했다. 하지만 눈을 떼지 않을 수도 없고 설사 눈을 떼지 않는다고 해도 벌어질 일들은 벌어졌다.

"아빠가 '내 손은 약손이다' 해줄까?"

똥을 누지 못해 탱탱해진 서령이 배 위에 손을 얹어 어루만졌다. 벌써 4일째인가. 물을 많이 먹지 않는 서령이가 얼마 전부터 물기 없는 똥을 누기 시작하더니, 이번에는 변비가 단단히 걸린 모양이다. 작은 배가 붉게 달아오르도록 문질렀지만 똥이 나올 기미는 보이지 않았다. 마침 퇴근한 아내가 이 모습을 보았다.

"그러니까 물을 자주 먹여야지. 매실 물 먹으면 좀 나을 거야."

훈수를 끝낸 아내가 서령이 배를 문질러주었다.

"얼마나 아플까. 서령아, 매실 물 먹자. 매실 물 먹으면 배 아픈 거 괜찮아져."

서령이는 겨우 매실 물을 먹고 잠이 들었다. 잠든 서령이를 보다 걱정스러운 마음에 아내에게 말했다.

"똥이 나오지 않으면 어떻게 하지?"

"뭐 병원에 가서 관장해야지."

병원이라. 나도 어렸을 때 똥을 누지 못해 죽을 뻔했다. 벌써 30여 년이 지났지만 장이 뒤틀어졌던 그날의 고통은 아직도 생생하다. 이럴 줄 알았으면 자주 물을 먹이는 건데.

다음 날 아침에도 소식은 없었다. 오후에 서령이를 데리러 어린이집에 가자마자 선생님께 여쭤보았다.

"서령이 똥 쌌나요?"

"아니요."

걱정이다. 놀이터에서 놀고 집으로 돌아와 저녁을 먹으려고 식탁에 앉았다. 된장국에 밥을 말아먹던 서령이의 얼굴이 점점 일그러졌다. 심상치 않았다.

"아빠, 아빠……."

"똥이 나오려는 구나."

옳다구나 싶어 재빨리 서령이를 변기에 앉혀주었다. 어느새 서령이 눈에서 눈물이 뚝뚝 떨어졌다.

"아빠, 아파."

"서령아, 아빠가 '내 손은 약손이다' 해줄게."

일그러진 서령이 얼굴을 보고서는 더 빨리 손을 움직였다. 그러는 순간 똥이 떨어지는 소리와 함께 변기에서 일어난 서령이. 변기에 떨어진 똥을 물끄러미 바라보았다. 서령이 팔목만 한, 물기 하나 없는 저 놈이 서령이를 괴롭혔겠다! 조그만 게 얼마나 아팠을까. 똥을 치우다가 아내가 한 말이 떠올랐다.

"서령이 똥 누는 모습만 봐도 행복하지."

맞다. 어디 행복하기만 한가. 뿌듯하고 시원하기까지 하다.

이틀 후 안동으로 여행을 떠났다. 승합차로 떠나는 다른 일행들과 달리 우리 식구는 서령이에게 편한 기차를 타고 안동역으로 갔다. 기차역 앞 등나무 벤치에서 일행을 기다리던 아내가 서령이를 데리고 화장실에 갔다. 그런데 잠시 후 아내가 사색이 되어 황급히 돌아왔다. 손에는 피 묻은 수건을 들고 있었다.

"서령이가 나를 따라오다 넘어지면서 입을 다쳤어."

'아니 애 좀 똑바로 보지 이게 뭐야'라는 원망이 솟았지만 입 밖으로 내지는 않았다. 가뜩이나 정신이 없는데, 아내 책임도 아닌데.

"약국 가서 물어볼게."

잠시 후 서령이를 데리고 약국으로 간 아내에게서 전화가 왔다.

"약국에서는 안 되고 병원에 가서 치료를 받아야 한대."

뜨거운 여름날, 이 말을 들으니 더 덥고 아내가 미웠다. 가방을 메고 들고 병원을 찾아 나섰다. 집에 있을 때는 다쳐서 병원에 간 적이 한 번도 없었는데, 낯선 땅에 오자마자 병원을 찾아다니려니 황당하기 이를 데 없었다. 날은 왜 이렇게 더운지. 물어물어 찾아간 병원은 의사가 자리를 비웠다. 아내는 서령이를 안고 나는 가방 세 개를 들고 안동 번화가를 가로질러 다른 병원으로 들어갔다. 카메라 가방을 버리고 싶었다.

"여기는 정형외과라 겉으로 보이는 상처만 치료해요. 이비인후과나 치과가 있는 병원으로 가세요."

이 말을 듣자 맥이 풀렸다. 세 번째 간 곳은 제법 큰 종합병원 응급실이었지만 다시 다른 병원으로 가야 했다. 이비인후과와 치과 진료가 끝나 담당 의사가 없다고 했다. '아 진짜, 안동에 있는 병원들 너무하네.' 아픈 건 서령이인데 엄마와 아빠가 더 허둥댔다. 그러다 문득 아까부터 서령이가 노래를 흥얼거리고 있다는 것을 택시 안에서 깨달았다. 정말 아프면 노래가 나오지 않을 텐데. 입술은 피멍이 들고 부어올랐는데 서령이는 엄마 아빠를 안심시키려는 듯 노래를 그치지 않았다. 새로 찾아간 병원 응급실에서 담당 의사가 차분하게 설명했다.

"입술과 잇몸을 연결한 이 근육은 짤 찢어져요. 보통은 꿰매지 않고요. 꿰매려고 해도 꿰맬 수가 없어요. 아물면서 붙기도 하고 떨어진 채로 있는데, 아무 지장이 없어요. 잘 아무니까 그냥 가세요."

그 의사가 무척 고맙게 느껴졌고 잘생겨 보이기까지 했다. 1시간 동안 낯선 안동 땅에서 약국 한 곳과 병원 네 곳을 정신없이 뛰어다니다 "괜찮으니 그냥 가세요"라는 말을 듣고 나자 우리는 맥이 쫙 풀렸다. 서령이를 안은 아내는 눈앞에 있는 출입문을 보지 못하고 엉뚱한 곳으로 발걸음을 옮겼다.

"그쪽 아니야 이쪽이야. 바로 앞에 있잖아."

응급실에서 나와 의자에 앉아마자 아내의 눈에는 눈물이 그렁그렁 맺히기 시작했다.

"서령이가 어떻게 되는 줄 알고. 나 때문에 그랬다는 생각도 들고. 찢어진 곳을 꿰매야 하면 어쩌나 해서 그랬어. 서울로 가야 하나. 꿰매려면 마취를 해야 하잖아, 마취를. 그러니까 정신이 더 없더라고."

그제야 아내가 더욱 허둥댔던 이유를 알았다. 아이들은 간단한 시술도 전신 마취를 해야 했다. 우리는 서령이가 발가락 수술을 했을 때 마취에서 깨어나지 못할까 봐 애를 태웠다. 이후 마취에 대한 큰 두려움이 생겼다.

한바탕 소동을 벌인 후 일행을 만났다. 저녁을 먹고 이런저런 이야기를 나누다 낮에 벌어진 이야기가 나왔다. 아내가 말했다.

"한살림 조합원 가운데 아이가 일곱 명인 분이 있는데 한번은 그분 어린 막내기 잔을 벌컥 들이켰대요. 그런데 잔에는 물이 아니라 소주가 들어 있었죠. 보통 엄마들이라면 난리가 났을 텐데 그 엄마는 '소주 먹었구나'라며 아무렇지도 않은 듯 행동했다죠. 아이 여러 명 키우면 관록이 붙나 봐요."

하지만 우리는 아직 초보 엄마 아빠다. 작은 일에도 당황하며 그 순간 머리가 마비되는 그런 부모다. 일이 여기에서 그쳤으면 좋았을 텐데.

다음 날 모두 함께 승합차를 타고 서울로 올라가기로 했다. 휴게소에서 잠시 쉬는 사이 후배가 서령이에게 사탕 두 개를 주었다. 차에 탄 서령이는 연신 싱글벙글했다. 나는 이내 곧 운전하는 후배 옆에 앉아 꾸벅꾸벅 졸기 시작했는데 갑자기 뒷자리에서 다급한 아내의 목소리가 들렸다.
"서령아, 사탕 뱉어. 서령아. 서령아."
그 소리에 잠이 달아났다. 아내는 서령이를 핸드폰 폴더처럼 안고 정신없이 등을 두드리기 시작했다.
"서령이가 사탕을 먹다 목에 걸렸어. 서령아 뱉어. 어서 뱉으란 말이야!"
그 순간 온갖 끔찍한 상상이 스쳐 지나갔다. 아내는 계속 서령이 등을 두들겼지만 서령이 입에서는 아무것도 나오지 않았다. 무엇이라도 하고 싶었지만 할 수 있는 일이 없었다. 이럴 때 아무런 도움을 줄 수 없다니. 그러는 사이 갑자기 서령이가 울먹이며 말했다.
"엄마, 엄마."
"말하는 걸 보니까 사탕이 배로 넘어간 모양인데. 괜찮아. 사탕이 목을 막았으면 말도 못 하고 캑캑거렸을 텐데. 말하는 걸 보니까 괜찮아. 사탕이 순식간에 목으로 넘어가서 서령이가 깜짝 놀랐나 봐."
내 말을 듣고서야 아내는 서령이를 내려놓고 꼭 껴안았다. 이 일을 겪고도 서령이는 나머지 사탕 하나를 꼭 쥐고 놓으려 하지 않았다.

지난 며칠 동안 서령이와 초보 엄마 아빠는 이전에 경험하지 못했던 일들을 겪었다. 아무리 두 눈 치켜뜨고 아이를 본다 해도 당황스러운 일은 느닷없이 벌어졌다. 그래도 똥은 나왔고 입술은 아물었고 사탕은 배 속으로 들어갔다. 얼마나 더 많은 일을 겪어야 관록 있는 부모가 될까.

"초보 엄마 아빠가 허둥지둥했구먼. 그 정도는 아무것도 아니야. 계단을 내려가다 넘어져 턱이 깨지기도 해. 아직 멀었다."

아이 둘 키운 선배가 내 이야기를 듣고 웃으며 말했다. 아직 멀었다고! 눈 깜짝할 새 느닷없이 벌어지는 일도 지나고 나면 추억이 된다지만 이런 추억은 정중히 사양합니다.

아빠는 정말 모르는 걸까?

나는 서령이가 바라보는 세상이 무척 궁금했다. 그래서 서령이의 말과 행동을 밑천 삼아 하루 동안 서령이 안으로 들어가 보기로 했다.

일어나 곁을 보았지만 엄마는 없다. 쪼르르 부엌으로 가니 아빠가 국을 끓이고 있다. "엄마 어디 갔어? 한살림에 갔어?" "응, 한살림에 가셨어." 엄마는 내 얼굴도 보지 않고 한살림에 갔다. 어제는 엄마하고 놀다가 늦게 잤다. 더 놀고 싶었지만 엄마하고 아빠가 불을 확 꺼버렸다. 그래서 늦게 일어났다. 일찍 일어나면 엄마 얼굴을 볼 수 있고 같이 밥도 먹었을 텐데.

오늘 아침은 밥, 된장국, 계란, 오징어채, 김. 나도 밥을 먹는 순서가 있다. 제일 맛있는 반찬을 먼저 먹고 밥은 제일 나중에 먹는다. 엄마 아빠는 밥하고 반찬하고 같이 먹으라고 한다. 어차피 배에 들어가는 건 마찬가지인데. 가끔 밥에 반찬을 올려서 먹으면 아빠 얼굴이 환해진다. 요즘 아빠는 "밥을 잘 먹으면 밥이 행복하대. 안 먹으면 슬프대"라고 하고 엄마는 "밥을 먹지 않으면 서령이 머리에 뿔이 난대"라고 한다. 그럴 때면 머리를 한 번 만져보고 밥을 먹는다. 아직 머리에 뿔은 없지만 뿔이 날까 봐 무섭다.

밥을 다 먹고 나서 아빠와 치카치카 장난을 하고 입을 헹구고 손을 닦고 얼굴을 씻으면 아빠가 로션을 발라주고 옷을 입혀준다. 로션은 바르기 싫다. 그냥 싫다. 그래도 아빠는 얼굴에 좋다며 억지로 발라준다. 그러고는 "아, 좋다"라며 나 대신 말한다. 내 얼굴에 발랐는데 왜 아빠가 좋다는 걸까? 아빠 패션 감각은 별로다. 엄마가 낫다. 어떤 때는 옷을 거꾸로 입히기도 하고 내가 싫어하는 분홍색 옷을 예쁘다며 억지로 입히려고 한다. 이럴 때는 이렇게 외쳐야 한다.

"이 색깔 마음에 들지 않아!"

이제 어린이집에 갈 시간. 나도 아빠처럼 가방을 멨다. 아빠하고 똑같다. 헤헤. 아빠는 나를 안고 엘리베이터 타기를 좋아한다. 이럴 때면 아빠를 꼭 안고 "아빠, 사랑해"라고 말한다. 그러면 아빠도 "사랑해"라고 똑같이 말한다.

공원을 걷다가 예쁜 돌이 보여서 주머니에 넣으려고 하니까 아빠 얼굴이 좋지 않다. 흙이 잔뜩 묻어서인가. 그렇지만 나는 내 보물 주머니 안에 돌을 집어넣는다.

이제 아빠하고 헤어져야 할 시간. 처음 어린이집에 왔을 때는 아빠가 사라지는 것 같아 무서웠지만 지금은 그렇지 않다. 아빠는 늘 같은 시간에 나를 데리러 온다. 어린이집으로 들어가자 아빠는 "서령아, 잘 놀아. 이따 데리러 올게"라며 웃는다. 나도 처음에는 아빠를 꼭 껴안아 주었는데 지금은 그렇지 않다. "서령아, 아빠한테 인사 해야지"라는 선생님 말씀을 듣고는 대충 인사한다.

어린이집에 가면 서우하고 장난감을 가지고 논다. 조금 있으면 아침 간식 먹을 시간이다. 오늘은 맛있는 바나나다. 처음에 선생님이 "서령이 혼자 먹을 수 있어?"라고 물어보았는데 나는 당당히 말했다.
"혼자 먹을 수 있어요."
물론 지금도 혼자 잘 먹는다.
간식을 먹고 난 뒤 노래를 하거나 책을 읽거나 야외 활동을 한다. 나는 책 읽기를 좋아한다. 요즘은 집에서도 아빠와 엄마에게 책을 읽어준다. 오늘 친구들에게 들려줄 이야기는 '공주는 도깨비를 물리치고 행복하게 잘 살았습니다'이다. 서우하고 승정이하고 은율이가 내 이야기를 열심히 듣는다. 기분 좋다. 점심을 먹고 나면 졸린다.
다른 친구들보다 낮잠이 적어서 제일 먼저 일어나면 장난감은 모두 내 차지다. 퍼즐 놀이를 하고 있는데 은율이가 "물론이지"라고 말하는 소리가 들렸다. 이건 나만 써야 하는 말이다. 그래서 은율이에게 "물론이지 하지-마!"라고 소리쳤더니 은율이가 운다. 저번에 밥 먹을 때는 서우가 나를 밀어서 "밀지-마!"라고 소리쳤더니 서우도 울었다. 내 목소리가 무서운가. 오후 간식을 먹고 나면 엄마들이 오기 시작한다. 이제 아빠가 올 시간이다.

"띵동 띵동."

기다리던 아빠가 왔다. 현관으로 달려 나가자 아빠가 쑥 들어온다. 신난다. 그런데 은율이가 와서 "아빠"란다. 그래서 확실히 해야겠다는 생각에 "내 아빠-야!"라고 소리를 질렀다. 선생님에게 배꼽 인사를 하고 복도로 나가자 아빠가 이것저것 묻는다.

"어린이집에서 잘 놀았어? 밥은 잘 먹었어? 뭐 먹었어? 친구들하고 잘 놀았어? 뭐하고 놀았어? 야외 활동 나갔어?"

이제 내 차례다.

"잘 놀았어, 서우하고 놀았어, 고기 먹었어, 맛있었어, 야외 활동 안 나갔어. 끝."

아빠는 나의 매일매일이 궁금한가 보다.

어린이집 복도 끝에 오면 아빠는 꼭 이렇게 묻는다.

"서령아 어디로 갈까?"

당연히 버스 보러 가야지.

"버스 보러."

그럼 아빠는 "그래" 하고는 "안아 줄까?"란다. 그러나 나는 걷는다. 길

가로 내려가면서 "빨간불 안 돼요, 노란불 안 돼요, 초록불 돼야죠"라고 노래를 부르자 아빠는 "길가로 가면 위험해. 내 손을 꼭 잡아"라고 말한다. 나도 잘 갈 수 있는데. 드디어 버스를 보러 내려가는 오솔길 계단이다.

계단 끝 삼거리에 오면 고민에 빠진다. 체육센터를 갈까, 아파트 후문으로 빠방을 보러갈까. 체육센터는 언니 오빠들이 많고 다들 신나게 뛰어서 무척 좋다. 나도 뛴다. 가끔 아줌마가 과자를 먹을 때 옆에서 쳐다보면 나한테 나눠주기도 한다. 그런데 아빠는 싫어한다. 집에서 과자도 안 주면서. 오히려 내가 아빠에게 한턱 쏠 때도 있다.

"아빠 돈 있어?"

"응."

그러면 아빠에게 동전을 받아 기계 구멍에 넣는다. 그리고 아빠가 동그란 버튼을 누르면 "윙" 하고 커피가 나온다. 나는 한 번도 먹어보지 못했지만 아빠는 커피가 맛있나 보다. 아빠가 커피 마시는 모습을 보면 기분이 좋다.

체육센터로 갈 때보다 후문으로 갈 때가 많다. 이곳으로 갈 때 아빠는 말이 많아진다.

"서령아, 여기는 차가 많이 오는 곳이라 조심해야 해. 이쪽으로 와야지."

나는 신나기만 한데. 아, 저기 독수리가 날아간다. 아빠는 "경찰서"라고 한다. 모자에 독수리를 단 아저씨가 나를 보더니 웃는다. 나도 웃는다. 길에는 파란 버스, 초록 버스, 내가 좋아하는 노란 유치원 버스가 씽

씽 지나간다. 저기는 빵집이다. 아빠는 저곳을 가지 않으려고 한다. 가면 빵을 사줘야 하니까. 맛있는 크림빵도 있는데 그냥 가야만 한다.

집에 오면 현관문도 내가 닫고 신발도 내가 벗는다. 내 옷의 단추도 내가 푼다. 내가 하는 일이 엄청 많다. 아빠는 내 손을 닦아주고 책을 읽어준다. 요즘은 아빠가 읽어주는 것보다 내가 아빠에게 읽어주는 게 재미있다. 글자는 모르지만 그림은 안다.

"아빠, 여기에 앉아 봐. 책 읽어줄게. 옛날 옛날에 공주가 살았습니다. 산 속에서 도깨비가 나와 공주가 깜짝 놀랐습니다······. 행복하게 잘 살았습니다. 끝. 아빠 박수 쳐줘."

짝짝. 아빠가 일어서며 말한다.

"서령아, 아빠 저녁 준비하러 간다."

그러면 나는 "아빠, 저녁 준비하지-마!"라고 소리친다. 눈물이 쏟아진다. 아빠랑 더 놀고 싶단 말이야.

아빠와 밥을 다 먹은 뒤 아빠는 설거지를 하고 나는 인형에게 책을 읽어준다. 오늘은 양순이(양 인형)에게 삼신할머니 책을 읽어준다. 언제 보아도 재미있다. 다음은 계산대 놀이. 그릇을 들고 아빠에게 가서 "이거 얼마예요?"라고 물어보니까 "천 원이야" 한다. 그래서 "카드로 계산할게요"라고 말하는데 그때 엄마가 들어온다.

"엄마!" 너무너무 보고 싶었던 엄마. 엄마가 오면 엄마가 최고다. 아빠가 서운해도 어쩔 수 없다.

"서령아, 엄마 손 닦고 올게."

그래도 나는 엄마 옆에 있을 거야. 화장실 앞에 앉아 엄마를 본다. 보고 또 봐도 좋아. 엄마가 밥을 먹을 때도 무릎에 앉는다.

"서령이 뭐하고 놀았어?"

아까 아빠에게 한 말을 또 해야 하지만 괜찮다. 엄마니까.

엄마가 치카치카 할 시간이라고 말했다. 하지만 나는 이제 시작인 걸. 이 시간이 오기를 하루 종일 기다렸다는 걸 엄마는 정말 모르는 걸까. 이를 닦자 엄마는 삼신할머니 책을 읽어준다. 나는 더 듣고 싶어서 "또 읽어줘요"를 반복해서 말한다. 엄마는 두세 번 더 읽어주고는 지쳤는지 옛날이야기를 해주겠다고 한다. 이때 아빠는 "서령아, 안방 불 끌 거야"라고 한다. 저 불 끄면 자야 하는데, 더 놀고 싶은데. 꼼짝도 안 하니까 아빠가 다시 물어본다. 아무 대답도 안 하자 아빠가 끈다고 한다. 어쩔 수 없다. 결국 "내가, 내가" 하면서 불을 끈다.

"옛날 옛날에……." 엄마는 매일 이야기를 지어내느라 힘들겠다. 점점 눈이 감긴다. 이러면 안 되는데, 더 놀아야 하는데.

3/ 육아하는 남자, 울며 성장하며

어린 시절 부모님께 엄두를
내지 못했던 말이
"싫어, 안 해"였다.
이런 말은 상상할 수조차 없었다.
하지만 지금 서령이는 내게 이 말을
서슴없이 던진다.
"싫어"라고 자기 의견을
당당하게 말하는 서령이의
모습에서 감정을 억누르는
자신의 모습에 화가 난 한 아이를
보았다. 그동안 서령이가 아니라
내게 화를 내고 있었다.

갑자기 일어나는 변화는 없다

자연이란 참 놀랍다. 길을 걷다 문득 아기 손 같은 연둣빛 은행잎을 만났을 때 눈이 동그래진다. 그러고는 '자연은 역시 말 그대로 스스로 그러한 것이구나' 하고 감탄한다. 때맞춰 싹을 틔우고 꽃을 피우고 열매를 맺는다. 요즘 서령이를 보면 '아이들은 누가 시키지 않아도 자기만의 성장 단계를 거치는구나' 하고 놀랄 때가 많다. 경이롭고 신비롭다. 그날이 그날처럼 보여도 어느 순간 눈을 크게 뜨고 보면 하루하루 모두 다르다.

서령이는 자유자재로 변신한다. 아빠가 되는가 싶더니 어느새 엄마가 되고 선생님이 된다. EBS 인기 애니메이션 〈로보카 폴리〉의 구급차 엠버로 변신하더니 이내 팔을 벌려 다다다다 뛰는 타조로 변신한다. 어느 때보다도 네 살은 상상 보따리가 날마다 자라고 순간순간마다 그 보따리를 풀어놓는 때인 듯싶다. 변신할 때면 상상 속의 세상은 현실로 바뀐다. 서령이가 느닷없이 엄마와 아빠를 상상의 세계로 초대하기도 하는데, 그럴 때면 나도 모르게 어린 시절로 돌아가는 느낌이 들곤 한다. 비록 서령이에게 핀잔을 듣기도 하지만.

"아빠, 그렇게 하지 말고 이렇게 해야지!"

서령이가 펼쳐놓는 세계는 단순한 공상의 세계가 아니다. 모두 자기 경험에 바탕을 두고 있다. 상상의 세계에서 서령이는 특정한 역할을 맡는다. 먼저 어린이집 선생님. 아침이나 저녁밥을 먹을 때 박서령 선생님이 등장한다.

"따라 해 보세요. 손 뒤로. 두 손 짝! 소리 없이 짝! 맛있는 간식 잘 먹겠습니다. 선생님 먼저 드세요. 친구들아 맛있게 먹자. 감사합니다."

이 말을 무시하고 먼저 숟가락을 들 때면 서령이 울음보가 터진다.

"아빠가 먼저 밥 먹었어!"

엄마 아빠가 자기 말을 따라 하면 무척 뿌듯해한다.

때로는 선생님처럼 우리들을 혼내기도 한다. 건조대에 널브러진 서령이 손수건을 보고 아내가 "널려면 잘 널어야지"라며 내게 장난스럽게 말했다. 이 말을 들은 서령이는 엄마를 바라보며 "엄마, 아빠한테 화내지 마!"라고 말했다. 그러고는 "엄마 혼내줄 거야"라며 엄마 손을 잡고 안방으로 들어가더니 "엄마 혼자 여기 있어"라면서 엄마를 방에 혼자 두었다. 졸지에 엄마는 어린 선생님에게 혼나는 신세가 되었다.

다음은 가족이다. 서령이는 엄마가 되기도 하고 아빠가 되기도 한다. 어느 날 저녁 빨래를 널고 누웠다. 피곤했다. 마루에서 블록을 가지고 놀던 서령이가 내 곁으로 쪼르르 다가왔다. 그러더니 자기 손을 내 가슴에 얹고 토닥이며 "잘 자라 잘 자라 우리 아빠야……"라며 자장가를 불러주었다. 딸에게서 자장가를 들으니 기분이 묘하면서도 좋았다.

"서령아, 다시 한 번 불러줘."

"잘 자라 잘 자라 우리 아가야……."

이번에는 아빠에서 아가로 바뀌었다. 노래를 불러주고 "잠깐만 기다려" 하고는 마루로 달려 나가 종이 상자를 들고 와서는 그 안에서 퍼즐 조각을 꺼냈다.

"아빠 약 먹어야지. 서령이가 약 먹여줄게."

"고마워 서령아."

이날은 서령이가 엄마였다.

서령이는 아빠가 자기에게 한 말을 똑같이 하기도 한다. 서령이가 붉은색, 초록색 블록을 작은 장난감 카트에 집어넣었다. 그러고는 카트를 냉장고로, 블록을 아이스크림으로 불렀다. 이때 내가 서령이 말투를 흉내 내며 "서령아, 아빠 아이스크림 주세요"라고 귀엽게 말했더니 "안 돼. 내일 먹자. 코오~자고, 잘 잤다 하고, 일어나서 아이크림 주세요 해야지"라며 단호하게 말했다. 얼마 전 자기 전에 우유를 달라는 서령이에게 이렇게 말한 적이 있었는데. 블록을 들고 와서는 "아이구 딱딱해. 녹으면 먹자"란다. 전에 딱딱한 아이스크림을 먹으려는 서령이에게 한 말과 똑같다. 역시 아이는 어른의 거울이다.

엄마 아빠 역할은 가족에서 그치지 않고 인형으로 확장되었다. 당나귀 인형인 덩키를 앉혀놓고서 "덩키야, 쉬하고 왔어?"라고 말했다. 덧붙여, 빨간 귀를 보더니 "덩키야 왜 귀가 빨갛게 됐니? 피났니? 약 바르고 밴드 붙이자. 다 됐다"라고 말하며 순식간에 의사 선생님이 되었다. 이번에는 토끼 인형을 업혀달라고 했다. 큰 수건을 둘러서 토끼 인형을 업혀주니 "토끼야, 약 먹자"란다. 그리고 빈 병을 열어 약을 꺼내는 시늉을 했다. 미키마우스 여자 친구인 미니 인형을 데리고 안방으로 가 베개에 눕혔다. "미니야, 누워. 코 자자." 미니 옆에 같이 누워서 엄마인 것처럼 손바닥으로 토닥토닥 두드려주었다. 어느 날은 미니를 자기 식탁 옆 자리에 앉히고 미니를 바라보며 "미니야, 엄마가 가신대"라고 말했다. 아내가 출근을 하려고 현관으로 나가던 참이었다. 서령이 표정은 옆에서 웃지도 못할 만큼 진지했다.

이야기책에 나오는 인물이나 동물로 변신할 때도 많다. 《팥죽 할머니와 호랑이》가 그렇다. 처음에는 막대기만 손에 쥐면 팥죽할멈처럼 "아이고 아이고"라고 말하다가 어느 틈에 요구 사항이 늘어났다. 아빠를 보고는 "이렇게 이렇게 무섭게 호랑이 해봐"란다. 잔뜩 얼굴을 찡그리고 "어흥" 했지만 어이가 없다는 듯 "아빠, 그렇게 말고. 무섭게. 이렇게 이렇게 해야지"라며 직접 얼굴을 찡그려 시범을 보여주었다. 서령이 코치에 따라 얼굴을 찡그리며 "어흥" 하면 "아이구 무서워" 하며 달아나는 시늉을 한다. 그러다가 돌아서서 막대기를 들고 "얍얍얍" 하고 소리를 지르면 나는 무조건 "으악 으악" 하며 쓰러지는 척해야 한다. 이 놀이는 막대기 하나만 있으면 때와 장소를 가리지 않는다.

우리가 어렸을 때 텔레비전 프로그램에 나오는 배역을 하나씩 맡아 놓았던 것처럼 서령이도 그렇다. EBS에서 하는 〈로보카 폴리〉가 으뜸이다. 어느 날부터 폴리에 등장하는 네 명의 친구를 외우더니 어느새 친구들에게 배역을 정해 주었다. 어린이집 친구들 가운데 하준이는 소방차 로이, 승정이는 하늘을 나는 헬리콥터 헬리, 동생 은율이는 경찰차 폴리, 서령이는 여자 로봇 구급차인 엠버였다.

역할 변신의 귀재 서령이. 서령이가 역할 놀이를 할 때는 엄마나 아빠의 열렬한 호응이 필요했다. 하지만 건성으로 하거나 "서령아, 아빠 하기 싫어"라고 말하면 그 말과 동시에 울음이 터진다. 서령이가 아빠 입장을 이해하기는 쉽지 않은 것 같다. 이럴 때는 두 눈 질끈 감고 놀이를 하기도 하지만 서령이가 칭얼대건 말건 외면하기도 한다. 그러나 서령이와 몇 번 놀고 나서 서령이가 원하는 역할 놀이 시간이 대부분 짧다는 걸 알게 됐다. 오히려 짧고 신나게 노는 편이 낫다는 걸 나중에야 알았다.

어른들은 어느 날 갑자기 아이들이 바뀐다고 말한다. 아이들의 변화는 겉보기에는 '어느 날 갑자기'처럼 느껴지지만 사실 수많은 나날들이 모여서 일어나는 일이 아닐까 싶다. 돌이켜보면 역할 놀이 전에는 흉내 내기 단계가 있었다. 엄마 아빠가 한 말을 그대로 따라 하거나 공원에서 만난 언니 오빠의 말을 그대로 따라 했다. 그리고 다른 사람들에게 질문하기 단계를 거쳤고 지금도 여전히 하는 중이다. 누군가가 자기에게 귀엽다고 하는 말을 들으면 서령이는 꼭 "언니가(할머니가, 아줌마가) 서령이 예쁘다고(귀엽다고) 말하는(웃는) 거예요?"라고 물어봤다. 이러한 물음은 다른 사람들을 탐색하고 이해하는 자연스러운 과정인 듯싶다. 역할 놀이 역시 거쳐야 할 과정을 겪은 후 자연스레 하게 되는 행동인 것 같다. 어른들 눈에는 아이의 여러 가지 행동이 어느 날 불쑥불쑥 일어나는 일처럼 보이지만 아이들은 순간순간에도 끊임없이 성장하며 세상을 알아가는 중이다.

좋은 말 나쁜 말, 모두 부모에게서 배운다

"지금 서령이 29개월 맞아?!"

재잘대는 서령이를 지켜보던 아내가 말했다. 갓난아기였을 때의 모습을 떠올려보면 지금 저렇게 말을 한다는 게 믿기지 않았다. 요즘 서령이는 말로 마법을 부려 우리를 웃기고 울린다. 어린이집을 다니면서 부쩍 말이 많아져 '나도 사회생활 한다고요'라고 주장하듯 별 말을 다한다. 꼬물대던 아이가 옹알이를 하더니 어느 순간 "엄마, 아빠"를 말하고 이제는 엄마 아빠와 이야기를 나눈다. 서령이는 말을 하면서 자기 생각과 느낌과 의견을 고스란히 드러냈다. 욕심쟁이 아빠는 이 말을 잊기가 아까워 틈틈이 적어 놓고 몇 가지 갈래로 나누어보았다.

우선 웃기는 말이다. 한번은 귤을 먹는데, 정신없이 먹다 보니 딱 두 개가 남았다. 서령이가 두 개를 집어 들고 하나는 나를 주며 "나누어 먹자. 이건 아빠 먹어"라며 선심을 썼다. 귤을 공손하게 받아든 내가 "귤 아껴 먹어야지"라고 말하자 "아니야, 귤은 까먹는 거야!"라며 목소리를 높이는 서령이. "그래도 아껴 먹을 거다"라고 말하니까 "아니야, 아껴 먹으면 큰일 나. 까먹어!"라고 명령했다. 알았어, 서령아.

다음은 출처 불명의 말이다. 도대체 어디서 배웠는지 궁금해진다. "서령아, 치카치카 하자"라고 말하면 "7시 반에." "서령아, 어린이집 가야지"라고 하면 "7시 반에"다. 요즘은 뭐 하자고 하면 늘 7시 반이란다. 가끔 7시 반에서 9시로 바뀌기도 하지만. 도대체 그 7시 반은 어디에서 왔을까 궁금해 이리저리 추리해 봤지만 머리만 아팠다. 어느 날 어린이집 선생님께 여쭤보았더니 "7시 반은 말한 적이 없는데요. 지금은 아이들이 그런 시간 개념도 없고요"라고 하셨다. 얼마 전까지 뭐 하자고 하면 입버릇처럼 말하던 "책 한 번 읽고"는 사라지고 "7시 반"으로 바뀌었다. 도대체 "7시 반에"는 어디에서 왔을까.

듣다 보면 어이없는 말도 제법 있다. 서령이가 이야기를 하다가 갑자기 멈췄다. 다음이 궁금해서 "서령아, 그래서?"라고 물었더니 한다는 말이 "아무것도 아니야"라는 시니컬한 대답뿐이었다. "아이구, 진짜"도 웃긴다. 형광펜을 종이에 쫙 그었는데, 아무것도 나오지 않자 "아이구, 진짜"라는 실망스런 목소리. 서령이는 형광펜이 말랐다는 걸 알 턱이 없었다. "아이구, 진짜"는 엄마에게서 온 말인데 어투까지 똑같다.

이런 말을 들으면 '참, 맛있네'라는 느낌이 든다. "서령이 멋지지"라고 할 때 그 "멋지지." 저녁을 먹다가 팔을 엑스자로 가로질러 제임스 본드

자세로 컵을 들고서는 "아빠 봐요. 서령이 멋지지"라고 외쳤다. 아빠에게 뽐내려는 표정이었다.

"그래, 서령이 멋져."

그리고 '최고.' 옷 단추를 성공적으로 풀고는 "최고"라고 싱글벙글하며 엄지손가락을 치켜세웠다.

"그래 서령이 최고. 잘했다."

밥을 먹다가 종종 서령이에게 이렇게 묻곤 한다.

"서령아, 뭘 먹고 이렇게 쑥쑥 자랐어?"

김치를 먹을 때는 "김치 먹고 쑥쑥 자랐어" 밥을 먹을 때는 "밥 먹고 쑥쑥 자랐어"라고 한다. 이때 쓰는 '쑥쑥'이라는 말도 감칠맛 난다.

이런 말을 들으면 맞장구쳐주고 싶다.

"아빠, 이게 뭐야?"

"미역국."

"아하, 그렇구나!"

"아빠, 이게 뭐야?"

"도넛."

"아하, 그렇구나!"

이럴 때는 나도 서령이의 "그렇구나!"에 맞장구를 쳐주고 싶다. 감정을 표현하는 말도 그렇다.

"스푼이 없어져서 포크가 슬퍼요."

"빵 나눠 먹지 않으면 아빠가 슬퍼요."

"귤을 아빠랑 서령이랑 다 먹어서 엄마가 슬퍼요."

"도깨비가 무서워요."

"뱀이 징그러워요."

이럴 때도 "그렇겠구나!"라고 소리쳐주고 싶다.

말이 늘면서 어린이집 친구들에 대한 이야기도 부쩍 많아졌다. 서령이는 친구들에게 관심이 많은 편이어서 집에 돌아오면 친구들 이야기를 들려주곤 한다. "서령아 친구들하고 뭐했어?"라고 물어보니 쉬지 않고 말을 쏟아낸다.

"체육 활동 시간에 서우는 왔다 갔다 했어. 하준이가 장난감을 꺼냈어. 쑥쑥반 선생님이 가위로 오리다가 '하준아, 꺼내면 안 돼'라고 말했어. 은율이가 꼬집었어. 동욱이가 밀었어."

사소한 일도 또박또박 말하는 모습이 재미있다.

그러나 마냥 웃을 수만은 없는 말도 있다. '에비'가 그렇다. 내가 아무 생각 없이 서령이 옷의 단추를 풀려고 하면 급한 일이라도 난 것처럼 "에비, 에비"를 연달아 외쳐댄다. 나도 옛날에 썼던 말이지만 딸에게 들으니 색다르다. 어디서 들었는지 궁금해서 어린이집 선생님께 여쭤보았다.

"선생님, 서령이가 얼마 전부터 '에비'라는 말을 쓰네요."

"아이들끼리 놀다가 말을 배우기도 해요. 할머니가 있는 아이가 쓰는 것 같은데…….."

'이놈'이란 말도 그렇다. 밥을 먹던 서령이가 "아저씨가 이놈, 했어"라고 한다. "서령아, 이놈은 어디에서 들었어?"라고 물으니 텔레비전에서 들었단다. "이놈"은 텔레비전이 주범이었군 그래, 아니지 텔레비전은 내가 틀었으니 내가 주범이군. 사실 서령이는 '에비'나 '이놈'의 뜻은 몰라도 어떤 뉘앙스인지는 대략 아는 것 같다. 이 말들이 웃기기는 하지만 딸에게 계속 듣고 싶지는 않다.

화를 부르는 말도 한다. "하지-맛"과 "아니-얏." 자기가 할 수 있는 일을 내가 하려고 하면 "하지-맛!"이라고 큰 소리로 외친다. 나도 서령이에게 하지 말라고 종종 말하곤 하는데, 이 영향 때문인가 보다. 내가 서령이에게 해야 한다고 강조할 때 서령이는 "아니-얏!"이라며 응수한다.

"서령아, 지금은 밥 먹을 시간이야."

"아니-얏!"

이런 말을 들으면 화가 나기도 한다. 하지만 "그렇게 큰 소리 치지 않아도 아빠는 알아듣지"라고 말하면 대부분 부드러워진다. 그리고 "서령이가 하고 싶구나"라고 인정해 주면 이내 잘 따른다.

요즘 서령이가 하는 말을 들으면서 몇 가지 느낀 점이 있다. 듣기에 부정적인 말들은 부모가 아닌 다른 사람에게 듣고 왔을 거라고 막연하게 생각했지만 실은 많은 부분이 가장 가까운 가족에게서 온다는 사실이다.

밖에서 원인을 찾기 전에 나를 먼저 잘 살펴봐야겠다.

　언어는 단지 문장 그 자체의 사전적인 의미로만 전달되는 것이 아니다. 아이에게 말을 할 때 취했던 행동과 마음속으로 가졌던 감정까지 함께 전해진다. 그래서 서령이와 이야기를 나눌 때는 서령이와 눈을 맞추고 공감하는 일이 중요한 것 같다. 서령이 말을 귓등으로 듣거나 훈계하려고 하면 서령이는 귀신같이 그 분위기를 알아채고 더 크게 소리를 지르거나 말문을 닫는다. 그럼에도 단호할 때는 단호해야 하는데, 이건 생각보다 어렵다. 좀 더 경험하며 알아가야겠다.

　무엇보다 중요하고 어려운 일은 화가 날 때 감정을 잘 다스려야 한다는 점이다. 서령이의 말에 감정이 격해지면 말과 행동이 거칠어질 수 있고 그러다 보면 서령이에게 상처를 줄 수도 있다. 화가 날 때는 심호흡이 도움이 되었다. 들이마시고 내쉬고 다시 들이마시고 내쉬고 그러다 보면 화도 점점 가라앉았다.

　부모가 좋은 말을 쓰면 아이도 예쁘고 고운 말을 쓴다. 나부터 건강하고 즐거운 마음을 지녀야 서령이도 밝고 행복하게 성장할 수 있음을 다시 깨닫는다.

아프면 무조건 병원에 가야 할까?

"서령아, 뭘 먹고 이렇게 쑥쑥 자랐어?"

"약 먹고 쑥쑥 자랐어."

며칠 동안 감기에 걸린 서령이가 기운을 차리고 밥을 먹는 모습이 예뻐서 물었다. 대답은 밥 대신 약이었다. 병원에 다녀오는 날이면 서령이는 마지막 남은 약 한 방울까지 입에 탈탈 털어넣는다. 그러고도 아쉬운 듯 나를 쳐다본다.

"아빠, 약 더 먹고 싶어. 더 줘."

"아빠, 병원에 가자. 분홍색 약 먹고 싶단 말이야."

아이 키우는 아빠에게 병원은 늘 고민이다. 아이가 아플 때마다 꼭 병원에 가야 하는 걸까.

"아까 서령이가 간식 먹다가 토했어요. 가래가 같이 나왔어요."

"감기가 나으려나 봐요. 가래가 나왔으니 다행이에요."

서령이는 어린이집에 들어선 나를 보자 잠깐 반가워했지만 다른 때와 달리 힘이 없어 보였다. '별일이야 있겠어'라고 넘긴 채 어린이집을 나와 그네를 타고 싶다는 서령이를 데리고 놀이터로 갔다. 하지만 서령이는 그네를 타지 않았다. 처음이었다. 서령이가 힘없는 목소리로 말했다.

"아빠, 집에 가."

"그래, 집에 가서 배 먹자."

　서령이를 안고 엘리베이터에서 내리는 순간 서령이가 토했다. 옷은 음식으로 범벅이 되었고 정신은 하나도 없었다. 뛰다시피 집으로 들어와 서령이를 눕혔다. '어제 잠을 못 자서 피곤한가?' 서령이는 금세 잠이 들었고, 이제 별일은 없겠다 안심했다.

　그렇게 1시간 남짓, 서령이가 잠에서 깼는데 얼굴이 붉게 물들었다. 열이 난 게 틀림없었다. 이마를 만져보니 뜨거웠다. 체온이 38도를 넘어가자 마음이 급해졌다. 뭐부터 해야 하지. 서령이 이마에 물수건을 얹어주어야 하나 고민하면서도 집 근처 병원 응급실을 떠올리기에 바빴다. '어디로 가면 좋을까?' 급한 대로 《삐뽀삐뽀 119 소아과》를 펼쳤지만 구토와 열이 나는 원인이 너무 다양해서 도무지 서령이가 아픈 원인을 알 수 없었다. 평소에 이렇게 열이 난 적이 많지 않아 더 불안했다. 다행히 열은 37도로 떨어졌다. 내 몸 아픈 건 무신경하면서도 아이가 아프면 당황스럽고 온갖 걱정거리가 가득하다. 다음 날 아침, 병원에 가겠다는 내게 아내가 말했다.

"서령이 열도 떨어지고 얼굴도 좋아 보이는데 굳이 병원에 갈 필요가 있겠어?"

"아니, 병원에 가 봐야겠어. 혹시 모르잖아."

가끔 아내와 나는 병원에 대한 견해가 달랐다. 아내는 감기 정도는 병원에 갈 필요가 없다고 생각한다. 병원에 가도 별다른 처방이 없으니 잘 쉬고 잘 먹으면 자연스럽게 낫는다는 것이다. 나도 아내의 의견에 어느 정도 동의하지만 아이가 눈앞에서 기침하고 콧물 흘리는 모습을 보면 병원에 빨리 데려가고 싶은 마음이 들 때가 많다.

혹시나 하는 아빠와는 달리 서령이는 언제 아팠냐는 듯 즐거웠다.

"아빠, 서령이 아파서 병원에 가는 거지?"

"응, 어디가 아픈지 살펴보려고."

"빨리 가자."

서령이가 병원을 재촉하는 데는 그만한 이유가 있었다. 병원에서 사탕을 받고 약국에서도 비타민과 맛있는 약을 받는다. 평소 집에서는 구경도 할 수 없는 것들이어서 서령이에게 '병원 가는 날'은 '맛있는 것을 마음대로 먹는 날'이다.

"수족구 사촌쯤 되는 병이에요."

"예?"

"여기 좀 보세요."

의사 선생님은 컴퓨터로 입에, 발에, 손에 물집이 생겨 보기만 해도 아플 것 같은 아이들 사진을 보여주셨다. 서령이 목구멍에도 물집 같은 게 보였다.

"목구멍이 아프니까 토하고 열이 난 거예요. 혹시 배 아프다고 하지는 않았어요?"

"아니요."

"수포성 인두염이구요. 쉽게 말해 목구멍이 허는 병이에요. 전염성이 있으니까 어린이집에는 일주일간 보내지 마세요. 만약에 보내면 다른 엄마들이 원망할 거예요. 혹시 배 아프다고 하면 바로 오세요. 맹장염일 가능성이 커요."

수족구라는 말에 뛴 가슴이 맹장염에 더 놀랐다. 어쨌든 일주일 동안 서령이와 함께 있어야 했다. 맞벌이를 했다면 갑자기 휴가를 내기가 쉽지 않았을 것이다. 더군다나 집 근처에 서령이를 돌봐줄 수 있는 본가나 처가가 있는 것도 아니고. 만약 맞벌이에 휴가 내기도 어려운 상황이었다면 생각만 해도 아찔하였다.

서령이를 돌볼 수 있는 시간이 허락된다는 것에 안도하면서도 한편으로는 개인 시간을 쓸 수 없다는 아쉬움에 기분이 착 가라앉았다. 이번 주에는 할 일도 많은데……. 집으로 돌아와 어린이집 선생님께 전화를 걸었다.

"서령이가 목구멍이 헐었어요. 상태가 심하지는 않은데, 전염성이 있어서 완전히 나을 때까지 집에 있으려고요."

"아, 목구멍 허는 병이요! 어제 토한 게 가래 때문이 아니었네요. 심하지 않아서 다행이에요."

어린이집에 다니면 어쩔 수 없다. 한 명이 감기에 걸리면 돌림병처럼 감기가 돌 수밖에 없으니. 다들 조심한다고 하지만 뜻하지 않게 일이 생긴다. 한번은 한 달 동안 앓고 있던 서령이 감기가 낫는가 싶더니 다시 심해진 적도 있었다. 병원에서는 이렇게 말했다.

"아마 다른 감기가 온 걸 거예요. 아이들은 이렇게 이 감기 저 감기 걸리면서 면역력이 커져요. 초등학교 들어갈 때까지 감기를 달고 산다고 봐야 해요."

서령이는 어제 저녁과는 사뭇 달라져 겉보기에는 멀쩡했다. 아이가 열이 나고 토하면 당황하게 마련이다. 겉으로 보이는 몇 가지 증상만 가지고 간단한 의학 서적이나 인터넷을 뒤져 '이런 거겠구나' 하고 대충 진단을 내리고 어떻게 해보려고 한다. 하지만 '상태가 좋지 않을 때 혼자 뭘 해보려 하지 말고 빨리 병원에 가라'는 조언을 듣게 되면 지금 당장 병원에 가야 하지 않을까 하고 마음이 흔들린다. 요즘은 어린이 보험이 잘 되어 있어서 아이가 조금만 이상하다 싶으면 병원이나 응급실로 달려가는 사람도 있다. 아이의 몸 상태에 대한 지혜와 경험이 끊어지면서 병원에 대한 의존도가 높아지는 것 같다.

"같은 사무실 동료 중에도 아이가 모두 수족구에 걸렸대. 어린이집에 다니면 감수해야 해. 서령이 증상을 말하니까 금방 알던데. 목구멍 허는 병이라고. 그러면서 '이제 시작됐어요'라고. 아까 전화를 받으면서 다행이라고 생각했어. 당신이 시간을 낼 수 있으니까. 나도 이틀 동안 중요한 회의가 잡혀 있어. 당신도 직장을 다녔으면 쉽게 휴가를 내지 못했을 거야. 이러니까 다들 친정이나 시댁 근처에 사는 거겠지. 이번에 이사하는 후배도 이런 경우를 대비해서 처가 근처로 이사를 했대."

퇴근한 아내의 이야기를 듣고서 내가 말을 이었다.

"서령이가 다니는 소아과는 친절한 것 같아. 항생제도 거의 쓰지 않고. 부득이하게 항생제를 쓸 때는 항생제를 쓴다고 알려주더라구. 약을 먹지 않아도 될 정도면 억지로 처방하지 않고 그냥 가라고 하잖아. 그래서 더 믿음이 가."

"맞아. 그래서 자꾸 그곳만 가게 되더라고."

"참, 서령이는 예방접종 다 맞췄지? 어린이집에서도 예방접종했는지 안 했는지 중요하게 여기는 것 같던데."

"서령이는 맞으라는 것은 다 맞았지. 하지만 종류도 많고 횟수도 많아서 다해야 하나 싶기도 해. 내가 아는 분 중에는 하나도 접종시키지 않은 분도 있어. 자연스럽게 겪어야 하는 일을 억지로 못 하게 하는 것은 맞지 않는다고 해서. 그 생각도 일리가 있지."

"사실 옛날에는 예방접종 거의 안 했는데. 지금은 하지 않으면 안 되잖아. 예방접종 약에 애한테 좋지 않은 성분도 들어 있다는데 대부분 잘 몰

라. 하지만 예방접종을 해서 생기는 문제와 하지 않아 생기는 문제를 따져보면 어떤 문제가 더 클까? 아무래도 하는 쪽이 적겠지만 예방접종이 만능도 아니고 어떤 부작용이 있는지 잘 모르는 게 큰 문제야. 저번에 그 소아과에 갔더니 A형 간염 주사 얘기를 하더라고. 부모도 맞아야 한다면서. 그리고 '어렸을 때 어떤 환경에서 자랐어요?'라고 묻는 거야. 그래서 '청결과는 거리가 멀었어요'라고 했더니 '그럼 맞지 않아도 될 것 같은데요'라는 거야. 요즘은 아이들이 너무 깨끗하게 자라서 면역력도 떨어지는 것 같아."

"그러게. 아파야 할 때 아프면서 면역력도 커지는 것 같은데. 티슈는 늘 항균이고 비누도 99퍼센트 세균을 없앤다고 하잖아. 그래서 전에 없던 병들이 더 생기는 것 같아. 아토피도 그렇고."

"아이 몸에 대한 자기치유력을 믿고 싶은데, 막상 감기가 심하게 걸렸을 때는 병원에 가야겠다는 마음이 커져. 솔직히 서령이가 빨리 건강해졌으면 하는 바람도 크지만 빨리 나아서 내가 덜 귀찮아졌으면 하는 마음도 있어. 서령이가 아프면 짜증도 늘고 챙겨야 할 것도 많지잖아."

아파야 할 때는 아파야 건강하게 클 수 있다는 생각과 마음만 먹으면 어렵지 않게 병원에 갈 수 있는 환경 속에서 종종 갈등에 빠진다. 병원에 지나치게 의존하면서 나 스스로가 아이의 몸을 믿지 못하게 되는 건 아닌지, 보호라는 이름으로 아이의 아플 권리를 빼앗는 건 아닌지, 아이들

입에 약을 달고 살게 만드는 건 병이 아니라 나 자신이 아닌지, 아이를 위한다지만 결국 나 자신의 편리를 위해서 그런 것은 아닌지.

    일주일 후 서령이는 씩씩하게 어린이집을 갔고 나도 즐거운 마음으로 내 일을 하러 갔다. 아픔도 온전하게 겪어야 더욱 건강해지는 것 같다.

실수하고 실패할 권리

"서령아, 천천히 한 발 한 발 건너야 해."
"알았어. 한 발 한 발. 아빠, 언니가 이쪽으로 와."
서령이는 난생 처음 혼자서 놀이터 외나무다리를 건너고 있었다. 한 발 한 발 조심스럽게 내딛는 가운데 얼굴이 상기되었다. 다리 중간쯤 건넜을 때 갑자기 맞은편에서 여자아이 한 명이 성큼성큼 건너왔다. 서령이는 순간적으로 뒷걸음을 쳤고 내가 손을 뻗어 서령이 손을 잡아주려고 했지만 그 순간 바닥으로 떨어지고 말았다.
"서령아, 괜찮아? 언니가 갑자기 와서 놀랐지?"
"(울면서) 응, 놀랐어. 서령이가 가는데 언니가 와서 놀랐어."
"응, 그랬구나. 아빠가 꼭 안아 줄게."
"아빠도 어렸을 때 많이 떨어졌어. 그때 아빠도 깜짝 놀랐어. 작은 아이들은 떨어질 수 있는 거야. 조금 크면 씩씩하게 건널 수 있어."
"(울음을 멈추고) 아빠도 떨어졌어?"

"응, 많이 떨어졌어."

울음을 멈춘 서령이는 그날 놀이터에서 놀기는 했지만 외나무다리 근처에는 얼씬도 하지 않았다. 아마도 당분간 외나무다리는 가지 못하겠지. 하지만 내 예상은 빗나갔다. 다음 날 놀이터에 갔을 때 제일 먼저 외나무다리를 올라갔고 이번에는 한 발 한 발 내딛으며 무사히 건너갔다.

"아빠, 서령이 다 건넜어요."

"서령이가 건넜구나. 잘했다."

위험하지 않으면 서령이가 하는 일을 그냥 두고 보는 편이다. 빨래를 널 때나 갤 때도 서령이 몫은 따로 둔다. 자기 양말을 찾아 널기도 하고 옷을 탁탁 털기도 한다. 빨래를 갤 때는 우리를 따라 수건이나 속옷을 개기도 하고 아빠나 엄마 양말을 가져다 옷장에 넣기도 한다. 옷장에 양말을 넣고 돌아올 때 서령이 얼굴에는 '아빠, 나도 잘할 수 있다고요'라는 자부심이 가득하다. 이런 표정을 볼 때마다 어리다고 못 하게 하는 것보다 할 수 있는 일을 주는 일이 참 중요하다는 생각이 든다.

최근에는 능숙하게 방문을 열고 닫았다. 서령이가 이렇게 하기까지는 제법 시간이 걸렸다.

"엄마, 안 돼."

"서령아, 엄마랑 같이 돌려보자. 자 여기 잡아 봐. 영차, 돌렸다."

아내는 서령이가 열었다는 느낌이 들도록 서령이가 먼저 잡도록 하고 그 위에 자기 손을 얹었다. 서령이 혼자 문고리를 잡고 달그락거리며 며칠을 시도한 끝에 스스로 문을 열고 닫을 수 있었다. 그때 서령이는 스스로 했다는 자부심과 기쁨으로 외쳤다.

"아빠, 이것 좀 보세요!"

서령이가 스스로 하도록 배려하려고 노력하지만 때로는 짜증이 앞서기도 했다. 며칠 전 서령이가 양치물을 헹구려고 개수대 앞에 섰을 때다. 이날 나는 약속이 있어 마음이 급했다. 입을 씻어 내던 서령이가 갑자기 개수대에 쌓인 설거지 그릇을 들고 씻기 시작했다. 자기 밥그릇부터 시작하더니 나중에는 주걱까지 들었다. 슬슬 짜증이 났다.

"서령아, 잘 씻었네. 그런데 오늘 아빠가 약속이 있거든. 그만하자."

"아빠, 주걱에 밥풀이 붙었어. 다 떼야 해."

주걱을 내려놓을 생각은 하지 않고 밥풀을 하나하나 떼 내기 시작했다. 설거지를 미리 해놓을 걸 후회하며 부디 서령이가 빨리 끝내기를 바랐다. 하지만 밥풀 떼기에 빠진 서령이가 아빠 마음을 헤아려주기는 어려웠다.

"서령아, 이제 그만두지 않으면 물 끌 거야."

그리고 수도꼭지를 돌려버렸다. 물이 끊기는 순간 서령이는 자지러지게 울었다.

"내가 끌 건데, 내가 끌 건데."

냉장고에 기대서 서럽게 울어댔다. 억지로 그만두게 해서 시간이 단축

되는 것도 아닌데 약속 시간에 예민한 내 성격을 이기지 못해 그랬다. 서령이는 엄마 아빠가 하는 일을 해보고 싶었을 뿐이었는데.

"서령아, 서령이가 그릇을 씻고 싶었는데, 아빠가 물 꺼버렸지. 미안해."

"서령이가, 서령이가 하고 싶었는데."

때로는 엄마 아빠의 선입견이 아이의 행동을 제한하기도 한다. 여느 날처럼 어린이집을 마치고 놀이터에 간 날이었다. 서령이가 계단을 올라 다리를 건너 터널을 통과해 미끄럼틀로 내려가는 놀이를 하고 있었는데, 어떤 아이가 서령이를 뚫어지게 쳐다보았다. 초등학교 1학년쯤 되어 보이는 남자 아이였다. 그 아이 시선이 서령이를 따라다니자 나는 '혹시 밀거나 장난을 걸지 모르겠다'는 생각이 들어 경계하기 시작했다.

서령이를 따라가면서 아이 얼굴을 흘깃 보았는데 혼자 횡설수설하는 것처럼 보였다. 미끄럼틀로 내려와 다시 계단을 올라 다리를 건너려고 할 때 다리에 문지기처럼 선 그 아이가 말했다.

"통과하려면 돈을 내세요."

'뭐야, 돈을 달라고?!' 잠시 당황했다가 아이 손바닥에 신용카드를 긋는 시늉을 했다.

"신용카드로 결제할게."

"알았습니다. 통과."

다리를 건널 때마다 서령이와 나는 그 아이에게 암호를 대고 통과하며 같이 놀았다. 초등학교 1학년인 그 아이는 혼자 놀러 나와 심심하던 차에 우리와 놀고 싶었을 뿐이었다. 횡설수설하던 말은 사실 그 또래 아이들이 자주 보는 애니메이션의 제목이었다. 같은 사람이 이렇게 달리 보일 수 있을까. 아이를 키우면서 아이에게 해도 괜찮은 일과 하면 안 되는 일을 알려줄 때 내 선입견으로만 판단하는 일이 얼마나 많을까.

서령이가 어떤 일을 할 때면 나는 이 말을 빼놓지 않고 말한다.

"서령아, 하다가 힘들면 엄마 아빠한테 도와 달라고 말해."

이렇게 말해 줘도 서령이는 자기 힘으로 여러 번 해보고 아주 힘들 때가 되어서야 아빠를 부른다.

"아빠, 서령이 도와주세요."

후다닥 달려가 도와주면서 "서령아, 이건 네가 어려서 지금 잘하기에는 조금 어려워. 더 크면 잘할 수 있어"라고 말해 준다. 정작 나는 살면서 도움을 주고받는 일에 익숙하지 않을 뿐만 아니라 특히 도움을 받는 일을 불편하게 여겼다. 하지만 지금은 도움이 필요할 때 자연스럽게 도움을 요청하고 다른 사람이 도움을 필요로 할 때 흔쾌히 도움을 주는 일이 중요하다고 믿는다.

'공감하기'와 '믿고 격려하기'는 자존감의 핵심이라고 한다. 자존감은 자신을 있는 그대로 가치 있다고 여기며 실수나 실패를 한다고 해도 그것이 나의 가치와는 관련이 없으며 또다시 일어날 수 있는 자연스러운 일이라고 믿는 태도다. 사람의 행복에서 가장 중요한 요소로 꼽히는 자존감은 자신이 어렸을 때 자신을 대하는 부모의 태도로부터 큰 영향을 받는다고 한다. 아이의 말을 잘 듣고 그 마음을 같이 느낀 후 아이와 대화를 나누는 것이 중요하다. 그리고 아이가 실수하거나 실패했을 때 그 상황에 대해서 공감하고 격려해 주면 자존감이 높아진다.

 아이에게 공감과 격려와 지지가 필요한 순간, 정작 부모는 아이의 마음을 알아주지 못하는 경우가 많은 것 같다. 정말 필요할 때는 아이가 결승점을 지났을 때가 아니라 넘어져 어찌할 바를 모르고 눈물을 삼키는 그 순간인데, "그래 힘들지"라는 말이 왜 이렇게 어려울까. 얼핏 떠올려 보면 과정을 의미 없도록 만드는 결과 지상주의와 빨리빨리 주의, 다른 아이들과 끊임없이 비교하는 관점 때문인 것 같다. 좀 더 깊이 들어가면 우리 어른들도 어렸을 때 누군가로부터 공감, 격려, 지지를 받지 못하며 자란 영향이 크지 않을까 싶다.

 부모들도 아이들처럼 넘어지면서 자랐다. 이 점을 인정하면 아이들이 실수하거나 실패해도 격려와 지지를 보낼 수 있지 않을까. 아이들의 '실패할 권리'를 인정하는 순간 부모들도 성장하지 않을까.

애 키우며 나만 손해 본다는 느낌

초등학교에 다닐 때 학년이 올라가면 이런 노래를 부르며 새로운 친구들 이름을 익혔다.

"당신은~ 누구십니까?"

"나~는 박찬희."

"그 이~름 아름답구나."

살다 보면 잊고 지내는 게 많아지는데, 그중 하나가 "당신은 누구십니까?"라는 질문이다. 하지만 가슴에 묵직한 돌이 들어앉을 정도로 답답할 때는 당신을 나로 바꾸어 "나는 누구입니까?"라는 질문을 던지곤 한다.

그날 아침 수원 화성이 보이는 분식집에서 라면을 먹고 있었다. 라면이 내뿜는 김 사이로 성벽이 어른거렸다. 돌로 쌓은 성벽은 색동조각보보다 아름다웠다. 물결치듯 늘어선 성벽에는 옛 돌만이 간직한 시간의 결들이 담겼다. 어느 순간부터 이 성벽을 보면 마음이 가라앉곤 했다.

"지금 모임에 갈 수 있으면 가요."

"아니, 가고 싶은 마음이 사라졌어."

"그러면 내일 당신이 가고 싶은 데 다녀와요."

전날 저녁 아내와 다퉜다. 저녁에 몽골 여행팀(나는 2004년부터 몇몇 사람들과 팀을 꾸려 몽골 여행을 다니고 있다.) 모임이 있었고 내가 이 모임을 중요하게 여긴다는 사실을 아내도 잘 알고 있었다. 꼭 가고 싶었다. 그러나 아내는 저녁에 갑자기 회의가 잡혔고 그래서 나도 빨리 오리라고는 기대하지 않았다. 7시 정도에는 출발한다고 했는데, 연락이 없는 것을 보니 회의가 길어지는 모양이었다. 시간이 흐르고 연락은 없고 점점 열이 올랐다. '전화라도 좀 하지.' 9시가 지나자 택시를 타고 출발했다는 연락이 왔다. 도착하면 바로 모임에 갈 수 있도록 준비하라고도 했다.

그러나 마음이 상할 대로 상한 나는 아내가 어쩔 수 없이 늦었다는 것을 머리로는 이해했지만 마음으로는 그렇지 못했다. 아내의 스케줄에 나를 맞추어야 하는 상황이 싫었다. '아, 내 인생이 이렇게 되었구나.'

"내게 몽골 여행팀 모임은 당신의 중요한 회의만큼이나 중요해. 벌써 당신 스케줄 때문에 몇 달 동안 세 번 있었던 모임에 한 번도 가지 못했잖아."

"내가 놀다 온 것도 아니고 일 때문에 그런 걸 어떻게 해요."

"알아. 아는데 화가 나. 나는 이제 웬만하면 저녁 약속은 잡지 않아. 아니 잡을 수가 없어……. 나 내일 화성으로 바람 좀 쐬러 갔다 올게."

다음 날 아침 아내는 커피를 담아주었다. 옷을 따뜻하게 입으라는 말도 빼놓지 않았다. 분식집에서 나와 성벽을 따라 걷다 어릴 때 다니던 초등학교를 지나갔다. 어렸을 때 학교 옆 공터에서는 늘 돌 두드리는 망치 소리가 끊이지 않았다. 그 돌로 화성을 복원했다. "쨍쨍" 돌 깨는 소리가 울렸던 그곳 벤치에 앉아서 보온병에 담긴 커피를 컵에 따라 한 모금 마셨다.

어제 왜 그렇게 화를 냈을까? 논리적으로는 이해가 되었지만 그것이 전부는 아니었다. 가고 싶은 모임에 가지 못해서 그랬다는 것은 표면적인 이유였다. 분명히 그 너머에 또 무엇이 있었다. 아내에게 전화를 걸었다.

"밥 잘 먹었어, 서령이 잘 놀고? 여기 연무대야. 날씨가 좋아."

아내의 목소리를 듣자 아내에게 미안해졌다. 아내로서는 최선을 다했는데. 걷다 보니 소라처럼 빙빙 돌아 올라가는 망루인 소라성이 나왔다. 어릴 때 화성에서 가장 들어가 보고 싶었던 곳이었지만 늘 굳게 닫혀 있었다. 대학교 때 《화성성역의궤》라는 화성 공사 보고서를 알고 얼마나 기뻐했는지, 소라성의 설계도를 보고 또 보아 훤하게 외울 정도였다. 굳게 닫혔던 소라성은 화성이 세계문화유산으로 지정되면서 오랫동안 잠겼던 빗장이 풀렸다. 소라성을 나와 동문인 창룡문으로 갔다. 이 문을 지나 학교를 오가곤 했는데, 옛 모습 그대로다.

관광객들은 좀처럼 성문 밖으로 나오지 않았다. 화성을 걷는 동선 자체가 성 안으로 짜여 있기도 하거니와 성 밖에 특별한 볼거리가 있다고 기대하지 않아서다. 하지만 때로는 밖으로 나와야 비로소 진면목을 볼 수 있다. 이 구간이 그렇다. 안에서는 도저히 상상할 수 없는 성벽의 아름다움이 펼쳐진다. 장안문의 성벽이 아기자기하다면 이곳은 거칠다. 그래서 멋지다. 중학교 내내 이 길을 따라 학교를 다녔다. 질풍노도의 시기에도 내 삶은 비교적 평온했다.

'내가 결정한 일인데도 힘이 드는구나. 아이를 전적으로 보았을 때보다 요즘이 더 힘든 것 같아. 왜 그럴까. 하고 싶은 일이 많아서일까, 욕심이 많아서일까.'

연기를 피워 소식을 전하던 봉돈에는 올라갈 수 없었다. 이곳에 오르면 언덕을 따라 늘어선 집밖에 보이지 않았지만 이상하게 가슴이 시원해지곤 했다. 아쉬웠다. 봉돈을 지나 조금 걸어가면 화성에서 유일하게 복원하지 못한 시내 구간이 나온다. 지금은 구도심이라 부르는데, 시장과 상가가 밀집해 있다. 그곳에서 초등학교 때 몇 달 동안 차비를 모아 망원경을 샀고 칼 세이건이 쓴 《코스모스》라는 책을 사서 읽고 또 읽었다. 모두 아련한 기억이다. 그때로부터 얼마 지나지 않은 것 같은데 이미 마흔을 훌쩍 넘어버렸다. 이 나이쯤 되면 세상일에 초연할 줄 알았다. 이 나이에도 '나는 누구입니까?'라는 질문을 던질 줄은 상상하지 못했다.

"그날 몽골 여행팀 모임은 새벽까지 했어요."
"그렇게 늦게까지 했으면 늦더라도 가 보는 건데."

며칠 후 몽골 여행팀 후배가 그때 일을 알려주었다. 후회했다. 기쁜 마음으로 갔으면 되었을 걸. 하지만 그때는 도저히 그럴 기분이 아니었다.

출판사 사무실 밖으로 바람을 쐬러 나갔다. 볕이 좋았다. 눈을 감았다. 따뜻했다. 며칠 전 수원 화성을 다녀온 후 마음이 편안해졌지만 가슴은 풀지 못한 숙제가 남았다는 것을 알았다. 어디에서부터 풀어야 할까? 이번 기회를 놓치지 말고 그 뿌리를 찾아야지, 그렇지 않으면 같은 상황에서 같은 반응을 보일 것이다. 마음을 감싼 양파 껍질을 하나하나 벗겨내어 근원을 찾아야 한다. 그 근원에 무엇이 들어 있을까? 다시 질문을 던졌다.

'나는 누구입니까?'

걸으면서 주위 풍경을 바라보니 복잡하던 생각이 점차 사라지고 마음도 편안해졌다. 그러다 문득 아주 두꺼운 양파 껍질 하나가 벗겨지는 것 같았다. 그리고 '희생 의식'이라는 단어가 껍질을 뚫고 나왔다.

순간적이었다. 이런 마음이 있었으리라고는 생각하지 못했다. 아내가 늦었을 때 화를 냈던 이유도 아내가 예정보다 늦어서가 아니라, 모임을 가지 못해 아쉬워서가 아니라, '나는 내 마음대로 하지 못하면서 당신을 위해 희생하고 있다'는 마음 때문이었다. 인정하기 싫었지만 아내보다 내가 손해를 보고 있다는 생각과도 이어졌고 아내가 사회적으로 인정받고 있을 때 '나는 이렇게 잊히는구나'라는 자괴감과 다르지 않았다. 육아가 나의 온전한 결정이라고 믿었지만 실은 그게 아니었다. 나도 의식하지 못하는 사이 마음 저 깊은 곳에서는 아내에 비해 손해 보는 일을 한다고 억울해하고 있었다. 어처구니없었지만 그랬다. 그것을 깨닫는 순간 마음에 놓였던 큰 돌덩이 하나가 쑥 빠져나간 것 같았다. 이제 무엇을 해야 할지 분명해졌다.

그날 저녁, 낮에 생각한 것을 아내에게 말했다. 아내에 대한 불편한 감정이 사라졌다. 내가 손해 보고 있다는 마음을 감추느라 애쓰지 않아도 되니 이 문제로부터 편해졌다. 아내도 내 입장을 충분히 이해했다. 부정적으로 생각하는 마음도, 화도 모두 내가 만들어낸 마음이었다. 누르면 누를수록 마음 깊이 박히고 나중에는 그것이 무엇인지조차 몰라 해결의 실마리는 그만큼 멀어졌다. 장은 묵힐수록 좋다지만 화는 잘 들여다보고 잘 드러내야 좋다. 내 마음속 화의 근원은 이것만이 아닐 것이다. 그 안에 또 다른 무엇인가가 있겠지. 또 만나게 되기를. 그때가 되면 다시 묻겠지.

"나는 누구입니까?"

할머니 할아버지가 된 나의 어머니 아버지

아버지와 따뜻한 대화를 나눈 지 얼마나 되었을까. 요즘 들어 아버지 연세가 자꾸 떠오른다. 하지만 오늘도 말씀드려야 할 이야기들을 마음에 담아 둔 채 시간만 흐른다.

"바쁘면 오지 마라."

"아니에요. 지난 설 이후 뵙지 못했잖아요."

지난 세 달 동안 본가에 가지 못했다. 그나마 전화도 자주 드리지 못해 오히려 무슨 일이 있느냐고 전화를 거시기까지 했다. 본가까지는 2시간 거리지만 버스를 세 번 갈아탄 뒤 택시도 타고 가야 하니 막상 길을 나서려면 좀 부담스럽다. 하지만 점점 무심해지고 게을러지는 탓이 크다. 핑계를 찾자면 수도 없이 많다. 그러던 어느 날 아내가 요즘 주말마다 어딘가로 바람 쐬러 다닐 궁리만 하는 내게 한마디 했다.

"아버님 어머님 뵌 지 오래됐고 서령이 얼마나 컸는지도 궁금해하실 텐데 찾아뵈어야 하지 않을까?"

아내의 일침에 뜨끔한 나는 결국 놀러갈 마음을 접고 주말에 본가를 찾았다.

지인의 결혼식에 다녀오신 어머니 아버지를 우리가 집주인처럼 맞았다. 서령이는 할머니가 현관에 들어서자 할머니에게 안기며 말했다.

"할머니, 사랑해요."

"그래, 서령이 왔구나."

전에는 잘 안기지도 않았는데 이제는 좀 컸다고 애교도 부린다. 어머니는 분명 나이가 드셨는데, 내게는 늘 그대로의 어머니다. 잠시 후 할아버지가 들어오셨다. 이번에도 서령이가 달려가 안아드렸다. 그러고는 할머니에게 한 것처럼 "할아버지, 사랑해요"라고 말했다. 특별할 것 없는 이 모습에 뭉클했다.

정작 나는 부모님께 "사랑해요"라는 말을 한 번도 하지 못했다. 나이 들면서 아버지와는 데면데면 지내는 날이 많았고 결혼하여 따로 살기 시작한 이후에는 더욱 그랬다. 그 사이 아버지는 주름살이 깊게 파였고 허리 디스크 수술을 하셨고 일흔을 훌쩍 넘기셨다. 어렸을 때부터 봤던 어머니의 바쁜 일상은 할머니가 된 지금까지도 그대로였다. 아직도 내 머릿속의 기억은 나이 드신 어머니 아버지가 아닌 내가 어렸을 적, 젊은 시절의 어머니와 아버지를 떠올린다.

"무슨 일이냐?"

"서령이가 이를 안 닦겠다고 울어서요."

"이는 하루에 한 번만 닦으면 되지, 애 울리면서까지 그렇게 자주 닦냐. 어른도 이를 잘 닦지 않을 때가 많은데."

잠자기 전 화장실에서 들리는 서령이 울음소리를 듣고 어머니께서 한마디 하셨다. 아마 별것도 아닌 일에 극성이라고 하시겠지. 우리가 어렸을 때는 하루에 한 번도 제대로 이를 닦지 않은 것 같다. 하지만 나이 들어 치아 때문에 고생하신 어머니는 지금도 우리를 볼 때마다 '이 관리 잘 해라' 하고 당부하셨다. 하지만 정작 하나밖에 없는 손녀가 엉엉 우는 모습은 참기 힘드셨나 보다.

다음 날 아침 아버지가 텃밭에 가시려고 집을 나서자 서령이가 현관으로 따라 나가며 생방송을 진행했다.

"할아버지는 밭에 나갑니다."

텃밭 가꾸기는 아버지의 취미이자 스트레스 해소 수단이다. 덕분에 식구들이 늘 싱싱한 채소를 먹을 수 있다. 아버지의 농사 경력은 누구에게 견주어도 밀리지 않는다. 시골에 사실 때는 공무원 생활을 하시면서도 퇴비 왕을 차지할 정도로 농사에 열심이셨고 도시로 전근을 오신 다음부터 지금까지도 밭을 일구지 않은 해가 없었다. 텃밭 단지에서 채소가 가장 잘 자란 곳은 대부분 아버지가 일구는 텃밭이었다. 그곳에서 나이 지긋한 어르신들과 막걸리 한잔하시는 즐거움도 쏠쏠하신 것 같았다.

어머니가 서령이 옷을 사주시겠다고 해서 마트에 갔다. 손녀가 오면 옷 한 벌 사주리라 오래 전부터 마음먹으셨나 보다. 어렸을 적 시골에서 살다가 도시로 이사를 와서 멋진 옷을 입은 사람들과 으리으리한 집을 보고 깜짝 놀랐다. 세상에는 이렇게 부자가 많구나 싶었다. 박봉이라는 표현이 딱 알맞은 아버지 월급으로 여섯 식구가 살아가기는 힘들었다. 우리 형제들은 어쩌다 새 옷을 입으면 어깨가 으쓱해지곤 했다. 그러나 지금은 옷이 넘쳐나고 어른 옷값을 웃도는 아이들 옷도 큰 부담 없이 살 수 있는 시대다.

"예쁜 옷이 왜 이렇게 없지!"

어머니는 유일한 손녀 서령이에게 정말 예쁜 옷을 사주고 싶으셨나 보다. 어머니 말씀대로 마음에 드는 옷은 많지 않았다. 어머니와 아내는 매장 이곳저곳을 다니며 적당히 마음에 드는 옷을 골랐다.

"어머니, 옷을 살 때는 꼭 서령이에게 마음에 드는지 물어봐야 해요. 마음에 들지 않으면 입지 않아요. 어떤 옷은 마음에 들지 않는다고 근처에 놓지도 못 하게 하는 걸요."

"서령아, 이 옷 마음에 들어?"

"아니, 밖에 나가고 싶어. 밖에 나가고 싶어."

서령이는 할머니가 보여준 여러 벌 중에서 한 벌만 마음에 든다고 하고 나머지는 모두 싫다고 했다. 옷에는 관심이 없었고 밖으로 나가는 데에만 관심을 쏟았다.

"싫어, 싫어"라는 서령이와의 실랑이 끝에 바지 하나, 윗옷 둘, 모자 하나를 선물로 사주셨다. 그 사이 실랑이를 벌이던 서령이는 아내 등에 업혀 잠들었다. 옷이 귀하던 시절을 살아서인지 나도, 아내도 옷에 대한 욕심이 많지 않았다. 지금까지 우리 부부가 서령이 옷을 산 때는 거의 없었고 대부분 주위에서 물려받거나 가끔씩 선물을 받는 정도였다. 그래도 좋았다.

"그래, 몽골 책은 언제 나오니?"
"글쓰기가 더뎌서 예상보다 늦어질 것 같아요."
"책 쓰는 일이 쉽지 않은 모양이구나."

아버지도 그렇지만 어머니도 내게 거는 기대가 크셨다. 두 분의 기대에 부응했다면 지금쯤 나는 한자리하고 있어야 했다. 하지만 그런 기대와는 전혀 다른 길을 가는 아들의 모습이 마음에 들지 않으시겠지. 어머니는 나를 대신해 아내가 가장 노릇을 한다고 느끼신 탓인지 아내에게 미안한 마음이 크셨다. 지난 설에는 아내가 입고 온 외투가 얇은 것 같다며 며칠 후 두터운 외투를 사서 보내셨다. 몇 번이고 다른 옷도 많고 입고 온 외투도 따뜻하다 말씀을 드렸는데도 말이다. 어머니 마음이 그렇다. 육아를 처음 시작했을 때 어머니를 설득하려 했던 태도와 달리 지금은 어머니의 마음을 그대로 받아들였다. 아마 어머니는 책이라도 나와야 아들이 사람 구실을 한다고 마음 놓으실 것 같다.

텃밭에서 아버지가 돌아오셨다. 어렸을 때는 그렇게 커 보이던 아버지가 어느새 점점 작아지시는가 싶더니 주름이 늘고 머리카락도 빠지셨다. 대학에 들어간 후부터였을까, 꼭 필요한 말밖에는 하지 않았던 게. 그나마도 시간이 지나면서 더 줄어들었다. 아버지 눈을 바라보며 이야기를 나눈 적이 언제였을까. 아버지와의 거리감은 도대체 얼마나 될까. 오랜만에 아버지 얼굴을 바라보았다. 많이 늙으셨구나. 전에는 느끼지 못했던 외로움이 아버지 얼굴에서 보였다. 여전히 아버지는 별 말씀이 없으셨지만 직장을 그만두고 아이를 키우는 아들을 탐탁하게 여기지 않으신다는 건 안다. 하지만 그것과는 상관없이 다가오는 아버지의 외로움은 무엇일까.

"부추 가져갈래?"

아버지가 텃밭에서 따온 부추를 어머니가 다듬으시며 말씀하셨다. 아버지는 우리가 오면 항상 텃밭에 나가 직접 기른 채소를 챙겨주시기 바쁘다. 늘 감사하지만 대중교통을 이용해야 하는 터라 마음속으로는 부담스러운 짐으로 생각할 때도 많다. 대가 없이 늘 퍼주시기만 하는 부모님의 사랑을 나는 아직도 온전히 담지 못한다.

"아버지, 어머니 건강하세요."

"할아버지, 할머니 사랑해요."

다음에는 아버지와 더 가까운 거리에서 이야기를 나눠야겠다.

초콜릿 전쟁

우리 집에서는 식재료를 구분하는 우리 나름의 말이 따로 있다. '한살림 것'과 '밖의 것'. 한살림 것은 유기농을 포함한 안전한 먹을거리를, 밖의 것은 그 밖의 먹을거리를 뜻한다. 서령이가 태어나기 전부터 생활협동조합인 '한살림'에서 일하는 아내 덕분에 유기농 음식을 먹기는 했지만 꼭 유기농만 먹어야 한다는 의식은 강하지 않았다. 하지만 서령이가 태어나면서 사정이 달라졌다. 서령이는 자연의 순리에 따라 생산한 것을 먹어야 한다고 생각했고 가급적이면 화학첨가물이 많이 포함되었거나 유전자 조작으로 만든 식재료는 피하고자 했다. 사탕이나 초콜릿도 마찬가지였다.

하지만 원칙이 이렇다는 것이고 먹어야 하는 상황이면 맛있게 먹는다. 그래도 우리 사정을 아는 분들은 서령이에게 과자를 주면서 이렇게 묻곤 한다.

"혹시 과자 줘도 돼요? 유기농만 드시지 않나요?"

"아니요. 맛있게 먹을 게요."

그렇지만 간혹 곤혹스러울 때도 생긴다. 서령이와 버스를 타고 가는데 할머니가 서령이를 보시더니 가방에서 사탕을 꺼내 주셨다. 하나도 아니고 여러 개였다. 두 눈으로 사탕을 똑똑히 본 서령이가 가만히 있을 리가 없었다.

"아빠, 할머니가 서령이 먹으라고 준 거야?"

이렇게까지 말하면 안 줄 재주가 없다. 대신 '하나만'이라고 못을 박았다.

"서령아, 하나만 먹을 거야."

이렇게 말하면 대부분 하나만 먹고 끝나지만 종종 통하지 않는 경우도 생긴다.

밸런타인데이 전날, 퇴근한 아내가 가방에서 막대 초콜릿을 꺼냈다. 서령이는 이 막대기를 보자마자 먹을거리임을 직감했다. 하지만 아빠 것이라는 말을 듣고서는 서운하다는 듯 울음을 터뜨릴 기세였다.

"서령아, 네 것도 있어."

그때서야 얼굴이 환하게 밝아졌다. 서령이는 저녁밥을 먹는 동안에도 초콜릿 먹을 생각에 들떠 있었다.

"밥 다 먹고 먹는 거야."

"네!"

갑자기 숟가락질이 빨라졌다.

"밥 다 먹었어요!"

드디어 기다리던 순간이었다. 하지만 아내의 말은 서령이의 기대와는 사뭇 달랐다.

"오늘은 조금만 먹는 거야."

서령이 얼굴이 일그러졌지만 잠시 후 작은 초콜릿 세 조각을 냠냠 쩝쩝 맛있게 먹었다. 하지만 자기 손에 들어왔다 나가 버린 초콜릿에 대한 미련은 가시지 않았다. 화장실에 있는 엄마에게 애원하기 시작했다.

"엄마, 초콜릿. 초콜릿 조금만 더 주세요."

"오늘 먹을 것은 다 먹었어. 내일 먹자."

하지만 초콜릿의 단맛을 본 서령이는 호락호락 물러나지 않았다. 결국 아내가 타협안을 제시했다.

"아빠도 초콜릿 있으니까 아빠 보고 달라고 하든지."

서령이가 환하게 웃으며 다가왔다.

"아빠, 초콜릿 먹을 준비 다 됐죠?"

달라고 하는 것도 아니고 이렇게 말을 하면 줄 수밖에.

"그래, 먹을 준비 다 됐어. 아빠가 잘라 줄게."

다음 날 아침도 서령이는 내가 기억하는 최고의 속도로 밥을 먹었다. 마지막 숟가락질을 끝내자마자 말했다.

"아빠, 초콜릿 주세요."

그래 이 말 할 줄 알았다. 순식간에 서령이 입술이 갈색으로 물들었다.

"아빠, 초콜릿 하나만 더 주세요."

"서령아, 아침에 먹기로 한 것은 다 먹었잖아. 저녁에 먹자."

"그럼 초콜릿 어디 있는지만 보여주세요."

이 말이 초콜릿을 먹기 위한 전술인 줄은 까맣게 몰랐다.

"여기에 있어."

"아빠, 나도 보고 싶어. 보여줘."

두 손을 내밀어 초콜릿을 받자마자 말했다.

"조금만 주세요."

"안 돼. 저녁에 먹자."

이 말이 끝나기 무섭게 서령이 얼굴은 눈물범벅이 되었다.

"그래도 안 돼. 이것만 먹기로 약속했잖아."

단호하게 말하자 서령이는 더 이상 떼를 써도 소용없다는 것을 알고 눈물을 멈추었다.

"서령아, 옷 입자."

"(얼굴을 돌리며)싫어. 안 입을 거야."

"이거 서령이 좋아하는 옷이잖아."

"싫어. 이건 너무 작아. 저건 색깔이 마음에 안 들어."

서령이 앞에 펼쳐놓은 대여섯 벌의 옷이 모두 퇴짜를 맞았다. 서령이가 부리는 심술로 내 혈압은 빠르게 올라갔다. 서령이 주위는 순식간에 난장판이 되었다.

"그럼, 네가 골라."

서랍장으로 간 서령이는 옷을 뒤적거리더니 소리를 질렀다.

"다 마음에 안 들어."

서령이가 이렇게까지 시위를 벌이는 것을 보니 초콜릿이 정말 맛있기는 맛있나 보다. 그래도 정신을 집중했다.

"서령아, 이거 네가 좋아하는 옷이잖아. 입어보자."

그제야 못 이기는 척 입어준다는 표정으로 옷을 입었다.

소나무 출판사 사무실에 갔다가 초콜릿 이야기가 나왔는데, 출판사 식구 만이가 물었다.

"서령이가 한 달에 초콜릿을 몇 개나 먹어요?"

"몇 달에 하나 먹을까 말까."

"그럼 별로 많이 먹는 것도 아닌데, 먹고 싶다고 할 때 좀 더 주면 안 돼요?"

먹고 싶은 것을 절제해야 하는 힘을 길러야 한다는 생각 때문에 조금씩 주기도 했지만 이가 썩으면 안 된다는 강박관념이 가장 컸다. 마음대로 먹으라고 해볼까. 이날 저녁이었다. 서령이가 자기에게 할당된 초콜릿을 다 먹고 엄마에게 또 졸랐다.

"엄마, 초콜릿 줘."

"안 돼. 오늘 저녁에 먹기로 한 것은 다 먹었잖아. 내일 먹어."

이제는 아빠 초콜릿을 달란다. 아내에게 말했다.

"그냥 다 주면 안 돼? 초콜릿을 매일 먹는 것도 아니고 이렇게 조금씩 주니까 얼마나 먹고 싶겠어. 먹고 싶으면 다 먹으라고 해."

이렇게 해서 집에 남아 있던 모든 초콜릿은 서령이 입으로 들어갔다.

얼마 전 한 모임에서 아이들 먹을거리에 대해 이야기를 나눴다. 한 분은 아이가 어렸을 때부터 지금까지 유기농만 먹였다고 한다. 그런데 그 아이가 커서 "엄마는 내가 다른 음식을 얼마나 먹고 싶었는지, 친구들이랑 피자도 못 먹으면서 얼마나 스트레스를 받았는지 알아?" 하고 따졌단다. 그것도 울면서 그랬다고 한다. 그분은 아이에게 좋은 음식을 먹이는 것이 당연하다고 생각해서 그렇게 키웠는데 아이가 그 정도까지 스트레스를 받았을 줄은 정말 몰랐다고 했다. 이 이야기를 듣고 나도 말을 보탰다.

"저희도 기본적으로 유기농을 먹고 있는데, 꼭 그것만 먹지는 않아요. 상황에 따라 다른 것을 먹기도 하고요. 어른도 맛있는 거 먹고 싶은 욕구가 큰데, 아이들은 더 그렇겠지요. 그래서 어떤 분은 아이가 한 달에 한 번 먹고 싶은 것을 마음대로 먹는 규칙을 정하기도 했대요. 그러면 아이들이 시중 음식을 더 좋아하게 될 것 같지만 생각보다 많이 먹지 않는다고 해요."

우리도 초콜릿 사건을 겪은 후 음식에 관해 약간 너그러워졌다. 한 달에 한 번 정도 가게에 가서 먹고 싶은 과자를 골라 먹기도 하고 빵집에 가서 원하는 빵을 사기도 한다. 어떠한 일이 있어도 꼭 그것만을 먹겠다고 고집하면서 스트레스를 받느니 다른 것도 먹고 싶은 욕구를 인정하고 적당하게 조절하는 게 더 중요한 것 같다.

아빠도 눈물을 흘린다

화장실 안에서 눈물을 흘렸다. 크게 울지도 못했다. 서령이 때문에 속 시원히 울지도 못하고 그저 울음을 삼켜야 하는 순간 여러 가지 생각이 맴돌았다. 얼마나 많은 울음을 삼켜야 부모가 되나. 눈은 점점 붉게 충혈되는데, 화장실 밖에서는 서령이가 "안아 줘!"라고 소리쳤다. 안아 주면 좋겠지만 그렇지 못했다. '너도 아빠가 얼마나 마음이 상했는지 알아야 해'라는 유치한 마음마저 들었다.

이날따라 서령이는 "이도 닦지 않을 거야, 옷도 입지 않을 거야, 양말도 신지 않을 거야!"라고 소리치다가 아예 "이불에 누워 있을 거야!"라며 벌렁 누워버렸다. 시간은 이미 10시가 훌쩍 넘었다. 늦어도 9시 40분까지는 어린이집에 가야 하는데 1시간이 넘도록 "싫어, 싫어"뿐이었다. 처음에는 이 말을 들어도 평온했지만 시간이 흐르면 흐를수록 힘들어져 분노 지수가 올라갔다. "싫어"라는 말이 이렇게 싫을 줄 몰랐다.

고비 너머 고비라더니 산을 하나 넘었는가 싶더니 또 산이었다. 서령이가 자랄수록 힘들다. 이제는 무조건 "싫어"다. 말뿐만이 아니라 온몸으로 보여준다. 아빠가 곁에 있어도 "저리 가, 저리 가"란다. 며칠 사이에 갑자기 정도가 심해져 당황스러웠다. 한번 뭐를 하자면 "이거 먼저 하고요, 저거 먼저 하고요"라고 말하지만 정작 그것을 다했어도 이를 닦고 옷을 입지 않으니 점점 답답해진다. 처음에는 그런가 보다 했는데 하는 일마다 그러니 더 이상 참기도 어렵다. 순간순간 내가 서령이에게세 언성을 높여 버럭 화를 내지나 않을까 두렵기도 했다.

아무래도 아이 키우기는 도를 닦는 일인 것 같다. 다른 일처럼 하기 싫다고 안 하거나 힘들다고 피할 수 있는 일이 아니다. 순간순간마다 롤러코스터를 타는 기분이다. 반복되는 일에 초연해지는가 싶더니 어느새 더 예민하게 반응한다. 예민해질수록 이명도 덩달아 커져 귀에서는 한여름 매미가 쉴 새 없이 울어대고 급기야 서령이 얼굴이 미워 보인다. 아이의 울음소리도 듣기 힘들다. 서령이와 잠시 떨어져 있고 싶지만 그럴 수도 없다.

왜 눈물이 나오는지 알 것도 같고 모를 것도 같았다. 하지만 분명한 건 화장실 밖에서 서령이가 아빠를 기다리고 있다는 것. 억지로 울음을 삼키고 문 밖으로 나갔다. 서령이는 이런 아빠의 분위기를 눈치챘는지 순순히 양말을 신고 바지를 입었다. 그래도 윗옷은 입지 않고 내복만 입은 채 어린이집으로 갔다. 치약 묻은 칫솔은 식탁 위에 그대로 놓여 있었다. 서령이를 안고 어린이집으로 가는 길이 어색하기만 한데 서령이는 어제와 마찬가지였다. 자기 뺨을 내 뺨에 대더니 "아빠 사랑해"라며 볼을 비볐다. 나도 "사랑해"라고 말했다. 하지만 힘이 없었다. 내 눈은 아직도 붉었다. 어린이집 선생님이 혹시라도 내 얼굴을 볼까 봐 재빨리 문을 닫고 나왔다. 아무 생각도 나지 않았다.

"무슨 일 있었어요? 서령이 출근 시키느라 힘들었어요?"
출판사에 들어서자 출판사 식구 만이가 말을 건넸다. 티를 내지 않으려고 애썼는데 얼굴에 다 쓰여 있었나 보다. 책상에 앉아 원고를 쓰려는데 오전 내내 한 줄도 나가지 못하고 그 자리였다. 점심 무렵 아내에게서 전화가 왔다.
"서령이는 어린이집에 잘 갔어?"
"서령이는 잘 갔지. 이제 내가 한계인 것 같아."
"이 닦지 않는다고 힘들게 했구나."
"그 정도가 아니었어."
아내와 통화를 하면서도 차마 울었다고 말할 수 없었다. 그런 일로 울음을 삼켰다는 사실이 믿기지 않았을 뿐만 아니라 지금까지 서령이에게 최선을 다했다는 마음이 부정당하는 기분이었다. 힘든 날이었다.
바람을 쐬러 나갔다. 아직도 눈물이 흐르는 기분이었다. 마흔이 넘은 남자가 이런 일로 눈물을 삼켰다면 이해할 수 있을까. 그러나 아빠도 눈물을 흘린다. 사실이었다. 그 눈물의 정체가 뭐였을까. 이런 내 처지가 한심해서, 마음대로 되지 않아서, 어떻게 할 줄 몰라서. 다일 수도 있고 아닐 수도 있겠지.

아이는 하루가 다르게 자라는데 나는 예전의 그 틀을 그대로 유지하려 한다. 부모는 아이보다 많이도 아닌 딱 반걸음만 앞서 나가라고 하는데, 왜 반걸음이 그토록 어려운 걸까. 예정대로 일이 진행되지 않을 때, 즉 변수가 생길 때마다 유난히 힘들어하던 내 모습도 떠올랐다. 서령이의 "싫어"라는 말은 '내가 하고 싶어요'라는 뜻이라는 것을 잘 안다고 믿었는데 단지 머리로만 알고 있었을까.

또 하나, 약속에 대한 강박관념. 어린이집에서 서령이를 9시 40분까지 등원시켜 달라고 해서 더 예민해진 탓도 있다. 요즘 보통 10시가 넘어서야 어린이집에 가곤 했다. 약속은 지켜야 하는데 아침은 늘 바쁘다. 하지만 시간이 지체되어서도 안 되고 내가 예정한 시뮬레이션대로 움직여야 약속을 지킬 수 있다는 신념이 강했다. 나 혼자일 때는 나 혼자 상황을 통제하면 됐지만 아이가 있다면 사정은 전혀 달랐다. 그 사이에 생긴 균열이 뻥 하고 터졌다. 약속을 잘 지키는 것과 잘 지킨다는 말에 집착하는 것은 다르다. 지나치게 평판에 집착하고 있었던 것일까. "괜찮아, 그러면서 크는 거야"라는 말은 아이가 아니라 내게 필요했다.

어쩌면 정작 변해야 할 사람은 나 자신이었다. 내 기준으로만 아이를 바라보니 자꾸 문제가 일어날 수밖에. 문제 있는 아이는 없고 문제 있는 부모가 있다고 하더니 딱 그 말이 맞나 보다. 아이는 변하는데 어른은 쉽게 변하지 않는다.

다음 날 아침, 아내에게 말했다.

"사실 어제 화장실에서 울었어. 눈물이 나더라고. 서령이가 화장실 밖에 있어서 울음을 참느라 혼났어. 삼키는 울음이 이런 거구나, 이런 눈물을 얼마나 더 흘려야 하나. 나이 마흔넷에 이렇다는 게 믿어지지 않고."

"그래서 딸하고 냉전 중이었구나!"

"산 너머 산이라더니. 정말 그래."

"그러니까 어른들이 '나이 들어 봐라, 그런 것은 아무것도 아니야'라고 말하는 거겠지."

미안함이 가셔 서령이 얼굴을 제대로 보기까지는 하루 이틀이 더 걸렸고 며칠 후에는 기적이 일어났다. 아침에 칫솔을 들고 온 서령이가 "아빠가 마무리해 주세요"라며 칫솔을 건네주었다. 그리고 내 앞에 앉아 입을 벌렸다. 처음이었다. 딱 3일 뿐이었지만 그래도 즐거웠다. 마음이 가벼웠다. 아빠는 울음을 삼키며 성장통을 겪는다. 부디 반 발자국만 앞으로 나갈 수 있기를.

서령이가 나를 미치게 할 때

서령이를 키우면서 기억에 남을 정도로 크게 화를 낸 적이 몇 번 있다. 돌이켜보니 대부분 서령이가 이를 닦지 않겠다고 고집을 부릴 때였다. 서령이 이 닦기는 왜 자꾸 화를 불러일으킬까. 왜 나를 미치게 하는 것일까.

"직장 동료 아이 가운데 서령이보다 몇 달 빠른 아이가 있는데, 얼마 전에 이가 썩어서 뺐대. 그런데 전신 마취를 하고 뽑았대. 아이들은 이 하나를 뽑더라도 전신 마취를 해야 한대. 이를 뽑고 나서부터 부부가 달라붙어 억지로라도 이를 닦는다지 뭐야."

"이를 뽑는데 전신 마취를 한다고?!"

"응, 전신 마취."

어느 날 아내가 전해 준 말을 듣는 순간 '어떻게 해서라도 충치는 만들지 말아야겠다'는 다짐을 했다. 작년 4월 서령이는 전신 마취를 하고 발가락 수술을 받았다. 그때 수술이 잘못되면 어쩌나 하는 걱정보다도 혹시 마취에서 깨어나지 못하면 어떻게 하나라는 걱정이 훨씬 컸다. 지금도 수술에 들어가 회복실에서 나올 때까지 느꼈던 두려움이 생생하게 떠오를 정도다.

전신 마취에 대한 두려움은 서령이 이 닦기를 절대로 물러서면 안 되는 전투로 만들었다. 전신 마취를 하고 이를 뽑는 것보다 억지로라도 이를 닦이는 게 낫겠다 싶었다. 그러나 결정적인 문제는 서령이는 이 닦기를 아빠와 전혀 다르게 해석한다는 점이다. 서령이 말대로 치카치카는 안 하는 게 좋은 거다. 할 수도 있지만 안 하는 게 좋다고 생각하는 아이와 절대로 물러설 수 없다는 각오로 임하는 아빠 사이에서 서령이는 날마다 울음을 터뜨렸다. 이 과정에서 화도 나고 짜증도 났다.

때로는 그 화가 정도 이상이었다. 나도 나를 어쩔 수 없었다. 처음에는 전신 마취에 대한 두려움 때문이라고 믿었지만 마음 한구석이 불편했다. 나도 모르는 다른 이유가 깔려 있는 듯했다.

나는 서령이에게 "서령아, 이 닦자"라고 말하기 전에 나도 모르게 이런 다짐을 한다는 것을 알았다. '어떤 일이 있더라도 이성적이 되어야지, 서령이가 하고 싶을 때까지 기다려야지, 조바심 내지 말고 화내지 말고!' 당연한 다짐이었다. 하지만 이 닦기 실랑이가 길어질수록 이성이라는 이름 아래 눌려 있던 화가 튀어 올라 어느 순간 전면에 나서면 나도 어쩔 수 없는 상태가 되었다. 그동안 나름대로 잘하고 있었다고 생각한 '화내지 않고 아이를 그대로 바라보기'나 '아이들은 때가 되면 다 하기 마련이다'

라는 믿음이 순식간에 무너지는 느낌이었다. 화를 낸 후 죄책감이 따라왔다. 이런 일로 어른답지 못하게 아이에게 화를 내다니.

보통 화는 자연스러운 감정이라고 말한다. 화를 내야 할 때 화를 내야 화병도 생기지 않는다고 한다. 그런데 나는 아이에게 화를 내는 일이 어쩐지 어른스럽지 못한 일처럼 보였다. 그러나 한 겹 벗기고 들어가 보니 속으로 화가 끓고 있어도 '겉으로는 아무렇지도 않은 척'해야 한다고 믿고 있었다. 그동안 나는 정말 화를 자연스러운 감정이라고 받아들였던 것일까? 머리로는 그랬지만 사실 마음은 아니었다. 내게 화는 드러내서는 안 되는 감정이었다. 화를 내는 일은 나쁜 일이며 어떤 상황에서도 화를 내서는 안 된다는 자기 신념이 강했다. 아이에게는 더욱 그래야 한다고 믿었다.

화는 분명히 내 안에 있다. 화가 강하면 강할수록 화를 억누르려는 이성의 힘도 그만큼 세야 한다. 그래야 화가 튀어나오지 못한다. 무의식중에 '나는 아이에게 화를 내는 아빠가 아니다'라고 자기 주문을 거는 이유다.

그만큼 많은 에너지가 소모되어서 나도 모르게 지치고 예민해진다. 화도 사람의 자연스러운 감정이라는 사실을 잘 받아들였다면 나도 나를 어쩔 수 없는 상태로 몰아가지는 않았겠지. 아이에게 화를 내더라도 그 이유를 잘 이야기해 주었겠지. 또 죄책감에 빠지지는 않았겠지. 화를 내면 안 된다고 믿었지만 실제로는 화가 나는 상황에서 마땅한 대처 방법을 찾지 못했다.

《아이가 나를 미치게 할 때》라는 책을 쓴 에다 르샨은 이런 질문을 던졌다.

"부모의 관심을 얻기 위해 당신은 어떤 거래를 했는가?"

나는 어땠을까. 부모님께 인정받기 위해 부모님 말씀을 거스르지 않고 잘 듣는 방법을 택한 것은 아니었을까. 부모님 말씀에 "예"라는 말 이외에는 별다른 말을 하지 않았다. 나는 내 감정을 숨긴 채 말썽 피우지 않는 아이, 착한 아이로 나를 만들었다. 그래서인지 내게 "아니요" 혹은 "내 생각은 이래요"라는 말은 쉽지 않았다. 내 감정을 드러내기보다는 감추는 일에 익숙해졌고 특히 '화'라는 감정은 표현해서는 안 되는 나쁜 감정으로 받아들였다. 그 대가로 이해심, 배려심, 인내심 많은 사람이 되었다. 하지만 이제 아빠가 된, 이해심과 배려심 많던 아이는 딸아이의 이 닦기를 통해 무너지고 있었다.

어린 시절 부모님께 엄두를 내지 못했던 말이 "싫어, 안 해"였다. 하지만 지금 서령이는 내게 이 말을 서슴없이 던진다. 이 말은 두 가지 감정을 불러일으켰다. 아빠가 이렇게까지 참고 기다리는데도 감히 내가 하지 못했던 "싫어, 안 해"라는 말을 떳떳하게 말하다니!

또 하나는 더 근원적인 감정이었다. 사람들에게 착한 아이로 보이기 위해 내 감정을 잘 드러내지 않았던 내 모습을 불편해하고 때로는 성내고 있다는 느낌마저 들었다. 서령이 이 닦기는 피하고 싶고 부정하고 싶었던, 감정을 드러내지 못해 화가 났던 어린 시절의 내 모습을 떠올리는 일이었다.

"싫어"라고 자기 의견을 당당하게 말하는 서령이의 모습에서 감정을 억누르는 자신의 모습에 화가 난 한 아이를 보았다. 그동안 서령이가 아니라 내게 화를 내고 있었다. 화가 나지만 화를 내지 못하고 꾹꾹 눌러 참았던 자신의 모습에 화가 났던 나. 머리로는 잊었다고 생각했지만 마음은 오래전부터 알고 있었다.

화는 대부분 아이가 아니라 부모 자신에게서 온다. 겉으로는 아이 탓으로 돌리지만 화의 정체를 따라가다 보면 자신 안으로 들어가 어릴 때의 자기를 만나게 된다. 때문에 육아 서적에서 말하는, '화내지 않고 말하기'에서 그 대상은 눈앞에 보이는 내 아이이기도 하지만 내 안의 어린 아이이기도 하다. 내 안의 어린 아이를 격려하고 보듬어줄 때 눈앞의 내 아이에게도 화를 덜 내고 격려하고 보듬어줄 수 있다.

요즘은 서령이 이 닦기에 그다지 집착하지 않는다. 닦을 때가 되면 닦겠지 싶다. 그리고 제어하지 못하는 화를 내서 서로가 감정을 상하는 것보다 차라리 설렁설렁 닦는 편이 낫다는 생각도 든다. 서령이가 "싫어"를 외치면 "그래, 이 닦기 싫으면 닦지 말자"라거나 "싫으면 조금 있다 닦아"라고 말한다. 이럴 때면 서령이는 '무슨 일이지?'라며 놀라는 표정이다.

아직 서령이는 "치카치카 안 하기가 좋아"라고 말하지만 언젠가는 "치카치카 하기 참 좋아요"라고 말할 날이 오겠지.

  오늘도 서령이는 아빠를 키운다.

마음을 기록하는 일

사진에 초짜인 나는 서령이가 태어난 후부터 끊임없이 셔터를 눌러 댔다. 찍고 보니 특별히 어떤 때를 결정적인 순간이라고 이름 붙이지 않아도 될 정도로 서령이의 생활 자체가 결정적인 순간들이었다. 셔터를 누르는 생활은 1년 동안 계속되었다가 서령이를 직접 돌본 후부터 변화가 생겼다. 서령이는 하루가 다르게 말이 늘어났고 그 말 중에 혼자 듣기에는 아까운 것들이 많았다. 또한 행동이나 몸짓들도 그래서 사진만으로는 적지 않게 아쉬웠다.

어느 순간부터 서령이 곁에 수첩과 노트가 따라다녔다. 서령이가 말을 하거나 인상적인 행동을 하면 바로바로 수첩에 기록하였다. 때로는 나조차 해독하지 못하는 악필이었지만 최대한 빨리 써내려갔다. 곧바로 적을 수 없는 상황이라면 기억을 해 두었다가 틈나는 대로 적었다. 집에서는 쉽게 손닿을 수 있는 식탁에 올려놓았고 밖에서는 주머니에 넣고 다녔다. 수첩에 기록된 서령이의 말과 행동은 일정한 주기를 거쳐 선별하고 정리하였다. 정리를 마치면 서령이의 성장을 온전하게 담아둔 것 같아 뿌듯했다.

어느 부모들이나 아이가 생기면 사진이나 캠코더로 아이가 성장해 가는 예쁜 모습을 남겨두려고 유난스럽다. 하지만 내게는 서령이를 키우면서 서령이에 대한 기록을 남기는 일이 무엇보다 의미가 있었다. 기록을 하다 보니 좋은 점이 많았다. 그냥 스쳐지나갔을 평범한 모습에도 관심을 가졌고 자연스레 서령이의 다양한 면들을 발견하곤 했다. 글을 정리하면서 내 마음도 차분해졌고 나를 돌이켜보는 기회가 됐다. 특히 저녁에 퇴근한 아내에게 기록을 바탕으로 서령이 이야기를 들려줄 수 있는 것도 좋았다. 아내는 회사에서 일하느라 낮 동안의 서령이 모습을 직접 보지 못했지만 나의 기록으로 충분히 공감하고 기뻐했다. 멀리 계신 부모님께도 생생한 서령이 이야기를 들려드릴 수 있었고 친구나 주위 사람들에게도 마찬가지였다.

하지만 점차 글쓰기로는 감당할 수 없을 정도로 서령의 말과 행동이 방대하고 다양해졌다. 결국 대안으로 아담한 녹음기를 구입했다. 한동안 녹음기는 수첩의 자리를 대신했다. 집 밖에서 새 소리가 들려왔을 때 처음으로 녹음기 버튼을 눌렀다.

"서령아, 무슨 소리지?"
"새가 쩍쩍쩍 하고 노래 부르는 소리야. 새가 후두둑 날아갔어."

녹음기를 재생해 들어보았다. 24개월 된 서령이 목소리가 생생하게 되살아났다. 쓰는 것과는 느낌이 달랐다. 손에서 녹음기를 떼어놓지 않고 나와 서령이의 목소리를 담았다. 손으로 쓰는 일에 비하면 여러모로 편리해서 재빨리 버튼만 누르면 끝이었다. 1년에 몇 번 보지 못하는 외손녀 목소리라도 들려드리면 좋겠다 싶어 녹음 파일을 처가로 보냈다.

"장모님, 서령이 목소리하고 노래 보냈어요. 즐겁게 감상하세요."

장모님과 통화를 한 지 며칠 지나지 않아 낯모를 택배가 왔다. 뜯어보니 캠코더였다. '주문한 적이 없는데 혹시 잘못 온 거 아니야?'라고 생각하다가 짚히는 사람이 떠올라 아내에게 전화를 걸었다.

"집에 캠코더가 택배로 왔는데 혹시 처남이 보내 준 거 아냐?"

"맞아, 오빠가 보낸다고 했어."

음성 파일로는 만족할 수 없으셨나 보다. 이왕이면 영상으로 손녀를 보고 싶으셨던 거다. 기계치라 걱정했지만 사용법은 무척 쉽고 간단해 몇 가지 조작만으로도 움직였고 사진 기능까지 있었다. 시험 삼아 작은 방을 찍어보았다. 그런데 영상은 찍혔지만 소리는 어디로 갔는지 나오지 않았다. 무성영화가 따로 없었다. 세상에 이런 캠코더도 있나. 퇴근하고 온 아내에게 말했다.

"영상은 나오는데 소리가 나오지 않아. 어떻게 된 거지?"

"그럴 리가."

"아니야, 봐봐. 소리가 나오지 않는다니까."

마루에서 다시 촬영한 뒤 영상을 틀어보았다. 그런데 아까와는 달리 소리가 났다.

"어, 소리가 나오네. 아까는 왜 그랬지? 조용한 곳에서 촬영해서 그랬구나."

"당연하지. 소리가 없는 곳에서 촬영을 했는데 소리가 나오는 게 이상하지!"

기계치임을 다시 한 번 입증하는 순간이었다. 캠코더는 녹음기나 사진보다 역동적이어서 서령이의 모습이 더욱 생생하게 담겼다. 기록만 했을 때와는 사뭇 달랐다. 캠코더를 쓴 후로 녹음기를 쓸 일이 급격하게 줄었다. 순간순간 메모를 하던 일도 마찬가지였다. 크기도 작아 한 손으로 잡을 수 있고 조작법도 무척 간단했으며 주머니에 넣고 다니기에도 안성맞춤이었다. 사진까지 찍을 수 있으니 한마디로 팔방미인이었다.

하지만 캠코더를 사용하면서 얻는 게 있으면 잃는 것도 있다는 것을 알았다. 일단 영상은 컴퓨터 파일 속으로 들어가면 기억에서 사라진다. 나중에 애써서 찾아보지 않으면 있는지조차 모른다. 반면 사진을 인화해 보관한 앨범이나 종이 위에 쓴 기록들은 쉽게 꺼내 볼 수 있고 그럴 때마다 그때의 일들을 떠올릴 수 있으며 시간이 지나도 오래도록 기억된다. 그래서 캠코더의 효용성을 알면서도 사진 찍기나 글쓰는 일을 쉽게 포기하지 못했다. 사진이든 기록이든 녹음기든 캠코더든 여러 가지 방법으로 순간순간을 남기는 일은 내 취향에 딱 맞았다. 박물관에서 일할 때에도 유물을 이리저리 꼼꼼하게 살피고 기록하는 일을 하면서 어떤 것에 관심과 애정을 쏟을수록 그 대상이 새롭게 보인다는 사실을 알았다. 한때는 고려청자에 보이는 구름이 정말 현실에서 볼 수 있는 구름인지 확인하기 위해 1년 동안 아침저녁으로 구름 사진을 찍기도 했다.

하지만 이러한 취향 때문에 서령이 기록에 집착한 것은 아니다. 서령이와 함께했던 순간순간을, 서령이가 성장하는 나날들을 오래도록 기억하고 싶어서이다. 이날들은 다시는 돌아오지 않는다. 부모들은 대부분 아이들의 성장 과정을 다 알고 있는 듯하지만 대개는 나이가 들면서 잊어버린다. 나중에는 그런 적이 있었는지조차 가물가물해진다. 자연스러운 일이지만 왠지 서글프게 느껴진다.

서령이를 직접 돌보기 시작할 무렵, 박물관에서 함께 근무했던 후배에게 사진집 《윤미네 집》을 선물 받았다. 사진 한 장 한 장에는 가족을 사랑하는 아빠의 마음이 담겨 있었다. 그리고 주인공 윤미의 성장과 함께 가족을 향한 아빠의 마음이 기록되어 있었다. 사진도 사진이었지만 윤미 아빠가 책머리에 쓴 글이 오래도록 마음에 남았다.

"사진 찍기를 무척이나 좋아하던 나는 아마추어로서의 서툰 솜씨와 사진이란 표현 매체로서의 한계를 느끼면서도 그런대로 그들의 분위기라도 '기록'하여 훗날 한 권의 사진집을 만들어 '윤미네 집'의 작은 전기로 남기고 싶었다."

어느 날 서령이와 이 사진집에서 윤미 아빠가 딸 윤미의 손을 잡고 결혼식장에 입장하는 장면을 보았다.

"서령아, 언니 결혼한다."

"아빠, 언니는 누구랑 결혼해?"

"사랑하는 사람과 결혼하는 거야."

"사랑하는 사람?"

훗날 서령이가 사랑하는 사람을 만나 우리 곁을 떠날 때 서령이 손에 '서령이네 집'을 들려줘야지. 그 집에는 서령이와 함께 자란 엄마 아빠의 성장 기록도 들어 있겠지.

4/ 아이를 위해 세상에 던지고 싶은 질문

세상이 바뀌려면 남자들이
육아에 꼭 참여해야 해요.
그리고 부모가 된 사람들은
먼저 자신을 돌아봐야 해요.
사람들은 자기가 자신에 대해
잘 안다고 생각해요.
그러나 머리로만 알고 있는
경우가 많죠.
특히 육아가 그래요. 아는 것과
그렇게 해야 하는 것, 그리고
실제로 자기가 하고 있는 것
사이의 간격이 크지요.

남자가 육아를 하면 세상이 바뀐다

"여성신문사입니다. 이번에 남자 전업주부 솔직 토크 좌담회를 하려고 하는데요. 참석해 주실 수 있나요?"

"저는 전업주부는 아닌 것 같아요. 아이를 어린이집에 보내고 그 시간에 글을 써요."

"그래도 괜찮습니다."

"그렇다면 참석할게요."

솔직 토크의 제목은 '한국 사회에서 전업주부로 산다는 것은'이었다. 미리 받은 질문지에는 '남성 전업주부…가족 관계 새 길을 내다'가 주제라고 되어 있었다. 이어지는 질문은 전업주부 길을 걷게 된 계기, 전업주부의 일상, 전업주부 스트레스, 전업주부의 보람, 전업주부에 대한 사회적 시선, 친척들의 시선, 가족 관계의 변화였다.

며칠 후 서령이와 공연을 보고 나서 서둘러 여성신문사로 갔다. 이미 좌담회는 시작되었다. 나까지 모두 네 명이었는데, 나 빼고 모두 남성 전업주부 업계에서 꽤 유명한 분들이었다. 다들 한두 권의 책을 냈고 강연 경험도 많았다. 하지만 나는 기간도 기간이려니와 별로 내세울 만한 이력이 없었고 전에 《여성신문》에 글을 연재했다는 게 전부였다.

기자는 먼저 전업주부가 된 후 삶이 어떻게 바뀌었는지 물었다. 나도 다른 사람들의 생활이 궁금했다. 자연스럽게 경험이 많은 순서대로 이야기를 하였다. 전업주부임을 공개적으로 밝혀 국내 '남자 전업주부 1호'로 유명해진 남자 분은 여성을 보는 시각이 바뀌었는데, 특히 어머니를 한 명의 여자로 보게 되었단다. 경상도가 고향인 이분은 친구들 모임에 갔더니 오히려 여자 동창들이 "네가 이렇게나 변했느냐"라며 놀라워했다고 한다. 다른 분은 가족 간의 유대감이 높아졌다고 하였다. 가족을 위해 음식을 하고 정성을 다해 아이를 키우는데, 그렇지 않다면 오히려 이상한 일이겠지. 나는 미처 몰랐던 또 다른 나를 알게 되었다고 말했다. 지금도 얽히고설킨 마음속의 실타래를 하나하나 풀어나가고 있는 중이라고 덧붙였다.

가족과 행복의 재발견은 모두가 공감하는 바였다. 가족은 삶의 근거이자 힘이다. 가족에 대한 이해가 깊어지고 상대방의 입장에서 살펴보는 여유와 힘이 생겼다. 전과는 달리 문제가 생기면 피하지 않고 부딪쳐 풀어보려고 한다. 참고 인내하는 것이 능사가 아니며 오히려 감정을 잘 드러내는 것이 더 필요하다고 본다. 전에는 미처 헤아리지 못했던 어머니의 입장도 이해하게 되었다. '그때 어머니 마음이 이랬구나'라면서. 그리고 행복에 대해서도 다시 생각해 보는 계기였다. 내가 행복하지 않은데, 어찌 세상이 행복할 수 있겠는가. 너의 행복을 위해서 내가 희생했다는 말처럼 모순인 말도 없다. 미래의 행복이라는 말도 마찬가지다. 늘 미래를 말하지만 지금 행복하지 않은데 내일이라고 해서 행복할까.

전업주부를 하면서 가장 어려웠던 일은? 대답이 똑같다. 육아였다.

"차라리 군대 한 번 더 갔다 오는 게 나아요."

그래, 군대보다 힘들다. 나도 그랬지만 다른 분들도 육아는 전적으로 여자의 일로 알고 컸으니까. 어떤 분은 아이 한 명 더 낳자는 아내의 말에 "그럼 네가 키울래?"라고 응수했더니 더 이상 말을 하지 않더라고. 육아는 가치 있는 일이지만 그렇다고 쉬운 일은 아니다. 참 힘들다. 나도 아내 말대로 하나 더 낳을까 생각해 보지만 쉽게 엄두가 나지 않는다.

다들 살림에는 일가견이 있었다. 특히 음식은 다 잘하고 그중 한 분은 언론에 소개될 정도였다. 내게도 질문이 왔다.

"우리는 살림에 크게 신경 쓰지 않아요. 음식에 예민하지 않고 같은 음식이라도 질리지 않고 잘 먹어요. 사실 장을 본 적도 많지 않아요. 대부분 아내가 근무하는 한살림에서 주문해 먹으니까요. 아이 옷도 대부분 주위에서 물려받아 쇼핑하는 일이 적어요. 그래서 그런지 어디에 가면 뭐가 싸고 뭐가 좋은지 그런 것은 잘 몰라요."

음식에 좀 더 신경을 써야 한다는 것 빼고 나나 아내나 살림 스트레스를 받는 일은 많지 않았다.

나는 서령이를 키우면서 엄마들 모임에 신경을 써 본 적이 거의 없다. 굳이 그래야 할 이유도 없었지만 쑥스러울 것 같은 느낌도 컸다. 한 분이 자신의 경험을 들려주었다. 아이가 어렸을 때 체육 센터에서 하는 '엄마랑 함께하는 수영'이라는 프로그램에 신청을 했단다. 그런데 체육관 측에서 엄마가 아니기 때문에 참여할 수 없다고 했고, 그분은 엄마만 아이를 키우라는 법이 어디 있냐고 따져 우여곡절 끝에 신청을 했단다. 그러나 정작 문제는 그때부터였다. 엄마들이 수영복을 입은 채 아이를 안고 둥그런 욕조에 앉았는데, 그 순간 기로에 섰단다. 수영복을 입고 엄마들 틈에서 시선을 의식하며 있을 것인가, 아니면 포기하고 갈 것인가. 그때 두 눈을 질끈 감았단다. 지금 나가면 아이가 수영을 배울 수 있는 기회가 사라지는 것이라고 생각하면서. 나였다면? 아예 수영장에 가지 않았을 것이다. 그렇지만 그때 그분의 마음을 충분히 알겠다. 이러한 일조차 아이를 기르는 아빠에게는 두 눈을 질끈 감는 결단이 필요하다.

육아를 하면서 아이와 친구처럼 지내는 사람들이 많았다. 이 친밀감은 하루아침에 만들어지지 않는다. 아이들에게 진심으로 마음을 열었을 때 가능하다. 아이와 교감하지 못하고 일방적인 애정만을 쏟은 부모들은 사춘기가 된 아이에게 이렇게 말한다.

"내가 너한테 해준 게 얼마인데 네가 나한테 이럴 수 있어!"

아이들에게는 돈이 아니라 관심과 이해와 공감이 필요하다. 한 분은 초등학교 다니는 딸과 공항에 갔을 때 겪은 일을 말해 주었다.

"딸이 화장실에 갔다가 전화를 했어요. '아빠, 생리대 사다줘.' 공항 약국에 가서 생리대 작은 거 달라고 하는데 좀 쑥스럽더라고요."

훗날 서령이도 이런 말을 자연스럽게 할 수 있을까.

기자는 특별히 내게 이런 질문을 던졌다. 가방끈도 길고 적지 않은 기간 직장을 다녔고 친구들은 사회적으로 승승장구하고 있을 텐데 자격지심이나 소외감은 없느냐고.

"친구들은 사회적으로 인정받고 있는데 '지금 나는 뭐하고 있나'라는 허무감이 들 때가 있지요. 내가 결정해서 한 일인데도 그래요. 그런데 시간이 지나면서 그런 생각은 많이 사라지더라고요. 지금 하는 일에서 중요한 가치를 찾았으니까요."

그래, 그랬다. 친구들과 비교하면 자괴감에서 빠져나오기 힘들다. 지금 나는 내 삶을 살 뿐이다.

아이가 있는 남자들은 육아나 살림에 적극적으로 동참해야 한다는 것이 네 명 모두의 의견이었다. 국내 남자 전업주부 1호로 유명한 아저씨가 말했다.

"남자들이 설거지하고 애들 기저귀라도 갈아 보면 바뀌는 점이 많을 거예요. 만나는 사람들에게 일주일이라도 육아휴직을 꼭 내서 하라고 해요. 그렇게 한 사람들은 참 값진 경험을 했다고 말해요. 그 경험이 평생을 가는 거죠. 그리고 음식을 같이 만드는 가족은 대부분 행복해요. 음식 같이 만들기가 일종의 치유예요."

만화가인, 자칭 불광동 안정환 씨가 덧붙였다.

"남자들도 살림 수업을 받아야 해요. 그런 기회가 제도적으로 뒷받침되어야 하구요."

나는 이렇게 말했다.

"세상이 바뀌려면 남자들이 육아에 꼭 참여해야 해요. 특히 아이가 어렸을 때 더 필요하구요. 그리고 부모가 된 사람들은 먼저 자신을 돌아봐야 해요. 부모가 어렸을 적부터 가지고 있는 부정적인 점은 그대로 자신의 아이에게 영향을 미칠 수밖에 없어요. 사람들은 자기가 자신에 대해 잘 안다고 생각해요. 그러나 머리로만 알고 있는 경우가 많죠. 특히 육아가 그래요. 아는 것과 그렇게 해야 하는 것, 그리고 실제로 자기가 하고 있는 것 사이의 간격이 크지요."

모임이 끝나기 전에 한마디 더했다.

"저는 요즘 '기다림'이라는 말을 새롭게 알았어요. 아이들에게는 아이들만의 성장 속도가 있어요. 아이를 키우지 않는 모든 어른들에게도 꼭 필요한 말이라고 생각해요."

우리나라에서 남자 전업주부는 실업자나 무능력자라는 꼬리표가 달리기 십상이다. "남자가 오죽했으면……." 사람들은 그들의 입장을 쉽게 무시하거나 오해한다. 필요와 사정에 따라 역할을 선택한 것뿐인데. 요즘은 가사에 참여하는 남자들의 비중도 늘고 남자 전업주부도 늘고 있는 추세여서 남자 전업주부에 대한 이미지가 점차 바뀌고 있다. 그런데 말 그대로 전적으로 살림과 육아만 하는 남자도 있지만 어떤 식으로든 자기 일을 하는 사람들도 적지 않다. 이쯤에서 전업주부라는 다소 이분법적인 말도 바뀌어야 하지 않을까.

좌담회를 마치고 지하철역으로 향했다. '여기서 버스 타면 한 번에 집에 가는데…….' 하지만 버스를 탈 수 없었다. 지하철을 타고 교보문고로 가서 잃어버린 아내 핸드폰을 찾아와야 했기 때문이다. 교통카드를 두고 나와 차비가 두 배다. '왜 핸드폰은 잃어버려서 천 원을 더 쓰게 하는 거야'라고 혼자 투덜거리며 지하철역으로 내려갔다. 아참, 아까 이 얘기는 안 했구나.

"요즘은 적은 돈도 신경 쓰여요."

어린이집 전쟁

서령이가 어린이집에 다니기 시작하면서 새로운 보육 정책이 발표될 때마다 눈이 번쩍 뜨인다. 이번에는 제대로 된 정책이 나왔을까? 하지만 늘 실망하기 십상이다. 뭘 알고나 만드는 것일까.

"무상 보육으로 인하여 보건복지부에서는 입소 우선순위 보완 지침을 통보하였습니다. 이에 관련 서류를 준비하시어 보내주시기 바랍니다."

어린이집에서 보내준 주간 보육 계획안에 실린 소식이다. 아랫줄에는 맞벌이, 저소득층, 다자녀 가구가 대상자로 언급되어 있었다. 우리는 맞벌이도 저소득층도 다자녀 가구도 아닌데 어떻게 해야 하는 거지? 나처럼 돈 못 버는 프리랜서는 어디에도 낄 틈이 없었다. 해당 사항이 없으면 다니던 아이를 쫓아내겠다는 것인가, 아니면 앞으로 이 기준을 적용해서 아이를 받는다는 것인가?

이 소식만으로도 정신이 아득했다. 설마 하면서도 의심은 꼬리에 꼬리를 물었다. 그런데 왜 서류가 필요한 것일까? 이 서류를 바탕으로 다시 뽑으려는 걸까? 그건 아니겠지. 만약 그러면 어떻게 해야 하지? 전업주부도 아이를 어린이집에 보내고 나서 할 일이 많은데. 전업주부가 봉이야 뭐야. 애나 봐라 이런 태도 아니냐고.

알림장의 문장은 간단했지만 잔걱정이 많은 나는 상상을 멈추지 못했다. 상상은 또 다른 상상을 낳고 걱정은 또 다른 걱정을 낳았다. 설마 다니던 아이를 나가라고 하지는 않겠지, 만약 그랬다가는 엄마들이 가만히 있지 않을 테니. 엄마들이 얼마나 무서운데. 만약 이런 일이 생기면 보건복지부에 가서 시위라도 해야지. 급기야 청사 앞에서 주먹을 힘껏 내지르며 "반성하라, 반성하라"를 외치는 모습까지 눈앞에 이른거렸다. 어린이집 선생님께 전화 드려볼까. 하지만 주말에 이런 일로 전화하는 것도 우습지.

인터넷으로 검색을 했다. 키워드는 '무상 보육 입소 우선순위 보완 지침.' 관련 기사가 떴다. 얼마 전 보건복지부에서 어린이집 대란으로 아이를 꼭 보내야 하는 사람들이 아이들을 맡길 곳이 없어 발을 동동 구르며 정부를 비판하자 대책을 발표하였다. 현재 권고 사항인 어린이집 입소 우선순위를 법제화하기로 했단다.

내년에 서령이를 유치원에 보내려고 하는데 유치원에도 우선순위라는 게 적용될까, 만약 적용되면 서령이를 유치원에 보내기도 힘들 텐데. 무슨 일을 이런 식으로 해. 문제가 생겼다고 대충 정책을 발표하고 또 문제가 생기면 또 대충 정책을 발표하고. 땜질에 또 땜질. 어휴, 속 터져.

그건 그렇고 어린이집하고 유치원은 어떻게 다른 걸까. 다행히 유치원과 어린이집은 별개였다. 유치원은 교육과학기술부 소속으로 교육에 중점을 둔 반면 어린이집은 보건복지부 소속으로 보육에 중점을 두었다. 그러니까 유치원은 우선순위를 적용하지 않는다. 더구나 집 앞에 있는 유치원은 집이 가까운 아이를 우선적으로 뽑는다고 해서 한시름 놓았다. 이번 일을 계기로 어린이집과 유치원의 차이점을 알았으니 성과가 있긴 있군.

그렇게 주말을 보내고 월요일에 서령이를 어린이집에 데려다 주면서 선생님께 말씀드렸다.

"우리 집은 해당되는 게 하나도 없네요. 그런데 이 방침은 언제부터 적용되는 건가요?"

"기존에 다니는 아이는 상관이 없고 앞으로 들어올 아이들에게 해당돼요."

그럼 그렇지. 상식을 믿고 차분히 기다려도 될 일을 마음만 급해 혼자 북 치고 장구 쳤다.

올해는 여러 차례 민간 어린이집이 도마 위에 올랐다. 문제의 발단은 확대된 무상 보육. 무상 보육이 확대되면서 어린이집 신청자가 급증했고 어떤 어린이집은 신청 대기자만 2,500명이 넘는 곳까지 생겼다. 갑자기 늘어난 신청자와 부족한 어린이집으로 인해 맞벌이 부부는 아이를 맡기지 못한 채 발만 동동 굴렀다.

문제는 이것뿐만이 아니었다. 민간 어린이집 측에서는 정부가 보육료는 무상으로 지원을 하면서도 민간 어린이집에 대한 지원은 달라진 것이 없다며 확대 지원을 요구하는 파업을 벌였다. 대부분 언론에서는 "민간 어린이집에서 파업을 하면 어쩌란 말이냐"라며 아이를 맡길 곳 없는 워킹맘의 심정을 전했고 일부 언론에서는 앞으로 이런 파업을 막으려면 "국공립 보육시설, 확 늘려라"라는 대책을 주문하였다.

지난 몇 달 동안 불거진 어린이집 문제를 풀려면 어떻게 해야 하나? 무상 보육도 좋고 다 좋지만 무엇보다 국공립 어린이십을 내폭 늘려 맞벌이, 저소득층, 다자녀 가구의 보육 수요를 안정적으로 감당해야 한다. 그리고 어린이집 선생님에 대한 처우를 개선해야 한다. 선생님들은 잠시라도 아이 곁을 비울 수 없어 화장실 가기도 힘들고 밥은 늘 허겁지겁 먹는다. 이에 비해 선생님들의 급여 수준은 믿기 어려울 만큼 적다. 일에 대한 정당한 대가가 지급되어야 선생님들도 흥이 나서 아이들을 돌볼 수 있지 않을까.

정부에서는 파업에 참여하는 어린이집에 불이익을 주겠다며 파업을 억누르기는 했지만 문제가 해결된 것은 아니다. 오히려 공개적으로 논의하고 해결해야 할 문제들이 힘에 눌려 수면 아래로 가라앉았다. 이러한 문제 해결 방식은 선생님들뿐만 아니라 어린이집을 다니는 아이들에게도 좋지 않은 영향을 끼칠 수밖에 없다.

"아니 그럼 전업주부는 아무것도 하지 말라는 거야!"

주말에 벌인 해프닝을 사람들에게 말하다가 욱해 소리를 질렀다. 입소 우선순위는 맞벌이, 저소득층, 다자녀 가구다. 그동안 국공립 어린이집에서는 이 원칙을 철저히 지켰지만 민간 어린이집에서는 단지 권고 사항일 뿐 강제사항이 아니었다. 만약 이전부터 이 원칙대로 시행했다면 서령이를 어린이집에 보내지 못할 수도 있었다.

전업주부라고 해도 여러 가지 사정이 있을 수 있다. 아이를 어린이집에 보내고 그 시간을 이용해 자기 개발을 할 수도 있고 아르바이트를 해서 돈을 벌 수도 있으며 나처럼 프리랜서를 할 수도 있다. 어떤 때는 쉬는 시간이 정말 필요할 수도 있다. 이러한 일들이 맞벌이, 저소득층, 다자녀 가구의 사정에 비해 덜 절실할 수 있지만 그렇다고 중요치 않은 것은 아니다.

이 우선순위 원칙에는 '집에서 아이 보는 사람은 그냥 아이나 보세요'라는 선입견이 은연중에 깔려 있다. 전업주부의 입장도 세심하게 헤아렸다면 전업주부를 위한 시간제 보육 시설이나 부모가 급한 일이 생겼을 때 임시로 아이를 맡길 수 있는 보육 시설을 활성화시켰을 것이다.

사람들은 우리나라에서 가장 우울증이 심한 사람들이 전업주부라는 사실을 잘 모른다. 얼마 전 워킹맘 후배에게 "전업주부하고 워킹맘하고 누가 더 힘들 것 같아?"라고 물었다. 후배는 "당연히 워킹맘이죠"라며 뭘 그런 걸 물어보냐는 표정이었다. 하지만 대부분의 워킹맘들은 "육아휴직을 마치고 회사에 출근하니 살 것 같다"라고 이야기한다. 내 전업주부 생활 1년의 결론은 "전업주부도 힘들다"이다. 특히 육아는 가장 큰 즐거움인 동시에 가장 큰 스트레스이기도 하다. 전업주부의 우울증은 당사자뿐만 아니라 아이와 가족에게도 좋지 않은 영향을 끼친다. 가사와 육아에서 벗어나 잠시 쉬거나 사회적인 단절감을 해소하기 위해서는 전업주부만의 시간이 절실히 필요하다.

보육에 대한 책임을 엄마 개인에게 떠맡기는 경우가 흔하다. 지자체에서는 돈이 없다며 무상 보육을 못 하겠다고 으름장을 놓고 정책 담당자들은 보육시설 확충과 개선에는 별 관심이 없다. 그래서 엄마는 엄마대로 마음고생을 하고 여유를 누리셔야 하는 할머니와 할아버지들이 또다시 엄마 아빠 노릇을 한다.

부모에게 아이를 맡기는 워킹맘들은 '죄지은 마음'으로 부모를 대할수밖에 없다. 아빠는 모성애 신화를 핑계 삼아 육아의 책임을 엄마들에게 떠넘기며 육아에서 합법적으로 손을 떼려 한다. 그래서 아이가 아팠을 때 조퇴하거나 정시 퇴근하는 사람은 99퍼센트 엄마다.

지금과 같은 상태라면 어린이집 선생님은 방광염을 달고 살 수밖에 없고 맞벌이 부부들은 아이를 보낼 곳이 없어 애가 타고 전업주부들은 긴

급한 일이 생겼을 때 아이를 봐줄 곳이 없어 발만 동동 구르고 민간 어린이집에서는 이대로는 안 되겠다며 파업을 하겠다고 선언하고 정부는 허가 취소를 무기로 파업을 막으려 할 것이다. 보육 현실과 전업주부의 현실에 무지한 사람들이 정책을 세워서 그럴까.

놀이터에 가면 나는 왜 작아지는가

아이를 키우면서 어른인 내게는 이제 희미한 기억으로 남은 장소들을 새롭게 다시 찾아간다. 수족관이나 동물원도 그렇지만 그중에서도 놀이터가 으뜸이다. 늘 열렬하게 놀 준비가 된 아이와 달리 아빠는 쭈뼛쭈뼛 눈치를 보며 동네 놀이터로 들어선다. 그 옛날 동네 놀이터를 평정했던 영광의 기억도 잠시, 먼저 와 자리를 잡은 엄마들의 시선을 의식하게 되는 순간 그 기억도 순식간에 사라진다.

"아, 집으로 가고 싶어."

서령이는 걷기 시작하면서 놀이터의 진가를 알았다. 그곳에는 언니 오빠들도 많고 한번 시작하면 시간가는 줄 모르는 그네며, 미끄럼틀이며, 시소가 있었다. 유모차 단계를 벗어난 서령이에게 그곳은 모험과 신비로 가득 찬 세계였다.

"아빠, 놀이터!"

이 말은 거역할 수 없는 명령이었다. 놀이터 풍경은 언제나 비슷했다.

아이들 대여섯 명이 미끄럼틀에서 미끄러져 내리거나 그네를 앞뒤로 흔들었다. 엄마들은 파고라 의자에 앉아 가끔씩 자기 아이가 잘 노는지 흘 긋 쳐다보고는 다시 얼굴을 돌려 까르르 깔깔 웃곤 하였다. 가끔 들리는 "누구야, 그렇게 올라가면 위험하잖아, 얼른 내려와"라는 큰 목소리마저 평화로운 곳이었다.

하지만 평일 대낮 놀이터에 등장한 아빠는 엄마들과 달리 그다지 평화롭지 못하다. 아이를 데리고 놀이터에 등장하는 순간 엄마들은 일제히, 그러나 티 나지 않게 흘긋 보고는 다시 재빨리 얼굴을 돌려 이야기를 나눈다. 까르르 깔깔. 이 짧은 순간 나는 초대받지 못한 손님이 된 기분이다. '저 엄마들이 나를 실업자로 보지 않을까' 혹은 '무능력자로 믿지 않을까'라는 상상을 하며 나도 모르게 움츠러든다.

금방 떠날 거라면 그럴 필요도 없겠지만 대부분 1시간 이상 놀이터에 머물러야 하기 때문에 자기 최면을 건다. 좀 황당하지만 이렇다. '나는 엄마들의 시선이 아무렇지도 않다. 나는 담담하다. 아무런 신경도 쓰이지 않는다.' 이 주문이 효과가 없다 싶으면 심지어 이렇게 중얼거리기도 한다. '나는 지금 휴가를 받아 아이와 놀고 있는 중이다. 그러니까 움츠러들 이유가 없다.'

하지만 가장 강력한 최면은 다른 것이다. 서령이와 노는 일에 집중하기. 서령이와 몸을 부대끼고 소리치며 놀다 보면 어느새 불편한 시선을 덜어낸다. 가끔 엄마들 들으란 듯이 큰 소리를 지르기도 하고 과장해서 움직이기도 한다. '이래도 나는 아이들은 방치하고 벤치에 앉아 떠들기만 하는 당신들과는 달라. 이것 봐 얼마나 아이하고 잘 노는지'라며 시위하듯 말이다. 이런 행동은 콤플렉스가 있는 사람이 콤플렉스가 없는 척하기 위해 더 극성스러워지는 것과 마찬가지다. 하지만 이렇게 해도 불편한 느낌이 다 가시지는 않는다. 시간이 얼마간 지난 뒤에서야 그 불편한 시선은 엄마들이 보낸 것이 아닌, 내가 나 자신에게 보낸 것임을 깨달았다.

가끔 엉뚱한 상상을 해보곤 한다. '혹시 엄마들이 내게 말을 걸지 않을까, 그러면 좋을 텐데.' 하지만 이런 일은 지금까지 단 한 번도 일어나지 않았다. 내가 먼저 말을 걸어볼까 하다가도 쑥스러워 이내 생각을 접곤 하였다.

"서령아, 이제 그만 집으로 가자."
"싫어, 더 놀고 싶어."
'너는 좋겠지만 아빠는 불편하단 말이야!' 아빠 마음을 모르는 서령이는 30분 정도 더 놀고서도 집에 가자는 말을 하지 않았다.
"이제 집에 가자, 응?"
서령이의 고집을 꺾을 수 없으니 다른 대안이 필요했다. 그때 어떤 전업주부 아빠가 저녁 무렵에만 아이를 데리고 놀이터에 나갔다는 말도 떠올랐다. 나는 엄마들의 시선이 적은 장소를 생각해 냈다. 서령이와 자주 갔던 집 앞 놀이터는 유치원 바로 곁에 있어서 유치원을 마친 아이들과 엄마들이 모이는 아지트였다. 그래서 서령이에게 아파트 단지에서 가장 한적한 놀이터를 소개하였다.

"서령아, 기다리지 않고 그네를 탈 수 있는 놀이터가 있어. 그곳으로 가 볼까?"

그곳에는 엄마들이 두어 명 이상 넘지 않았다. 그만큼 아이들도 적어 서령이는 기다리지 않고, 뒷사람 눈치 보지 않고 그네를 실컷 탔다. 그네 가운데 빨간 그네는 '서령이 그네'로 이름을 짓기도 하였다. 처음에는 왕따 문제로 다른 학교에 전학을 가는 기분도 들었지만 점차 엄마들의 시선을 덜 의식하게 되어 마음이 편했다. 하지만 서령이의 취향이 놀이터에서 '빠방(버스) 보러 가기'로 바뀌면서 놀이터와도, 엄마들의 시선과도, 불편했던 내 마음과도 한동안 작별을 고했다.

나에게 놀이터란? 눈치가 보이는 곳이다. 또한 전업주부라는 자기 정체성이 드러나는 곳이다. 엄마들에게는 자연스러운 곳이지만 내게는 그렇지 못했다. 주말이나 공휴일, 평일 퇴근 무렵, 혹은 평일이라도 아내가 휴가를 내서 함께 낮에 놀이터에 갈 때는 불편한 느낌이 들지 않는다. 주말이나 평일이나 나라는 사람은 똑같은데도 그렇다. 평일 낮에 아이를 데리고 놀이터 가는 아빠란 어쩐지 부자연스러운 존재였다.

지금도 나 같은 사람을 실업자, 무능력자 심지어 실패자라고 보는 시선이 많아서 이러한 시선에 의연하기란 좀처럼 쉽지 않다. 아빠들이 쓴 육아 경험담에 놀이터에서 쭈뼛쭈뼛하는 내용이 적지 않은 이유도 이러한 타인의 시선과 관련이 깊다. 놀이터에서 전업주부 아빠는 소수자다. 소수자가 택할 수 있는 방법은 자신의 정체성을 받아들이든가 부정하든가 둘 중 하나다.

언제 끝날 줄 모르던 '빠방 보러 가자'가 끝나고 다시 놀이터 순례가 시작되었다. 이번에는 아파트 단지 밖에 있는 놀이터에서 놀았다. 우리는 그곳을 터널 놀이터라고 이름 붙였다. 그런데 전과 달리 그 놀이터에서는 이전처럼 마음이 많이 불편하지 않았다. 그동안 내공이 쌓여서 그런 걸까? 의식이 그만큼 확고해졌을까? 아니면 놀이터 기운이 좋은 것일까?

사실 그 사이 나는 전업주부에서 워킹대디로 탈바꿈하였다. 당장 돈을 벌지는 못하지만 아침에 서령이를 어린이집에 데려다 주고 출판사에 나가 글을 쓰고 오후에는 서령이를 데려오는 생활을 하였다. 엄마보다 육아와 살림 비중이 많은 프리랜서였다. 전업주부에서 워킹대디로 전환하면서 생활 패턴뿐만 아니라 나도 모르게 의식까지 변했다. '이제 나도 일한다구. 일하는 아빠라구.'

그동안 전업주부를 당당하게 여겨 부끄럼 없이 말하곤 했는데, 말로만 그랬나? 내 안에 전업주부에 대한 두 가지 시선이 존재했다. '남자도 충분히 살림하고 아이 키우는 일을 할 수 있다'는 마음과 '경제적인 능력만 좋으면 내가 직장에 다니고 아내에게 아이를 키우라고 하는 건데'라는 마음이 그것이다.

이런 모순된 마음이 있었기에 '나도 나름대로 일을 하는 사람이니 무능력자는 아니고 그러니까 놀이터에 가도 꿀릴 게 없다'라며 은연중에 나를 정당화시켰다. 의식과 마음은 늘 그만큼 틈이 벌어졌다. 그동안 놀이터는 의식과 마음의 싸움터였던 셈이다.

의식과 마음이 통합된다면 있는 그대로 인정할 수 있었겠지만 지금은 부족한 부분을 다른 것으로 채워 자격을 얻은 셈이었다. 전업주부를 인정하면서도 벗어나고 싶었던 마음을 받아들였다. 그게 바로 나였으니까.

놀이터에서 엄마들의 시선을 불편하게 느끼지 않으면서 비로소 눈에 들어오는 것들이 있다. 바로 사람들이다. 서령이가 어떻게 놀고 어떻게 다른 아이들과 어울리는지도, 꼬마 소녀 미나가 펼치는 모험도, 서령이 또래 혜교가 보이는 샘 많은 행동도 잘 보인다. 끊임없이 아이에게 간섭하는 엄마의 잔소리도, 아이들끼리 놀게 두고 수다 삼매경에 빠진 엄마들의 웃음도, 가지 않겠다고 고집부리는 아이 때문에 쩔쩔매는 할머니도, 하품하며 귀찮아 하는 아빠도, 아이와 몸으로 놀아 주는 아빠도 눈에 들어온다.

놀이터에 오는 사람들을 비로소 찬찬히 바라본다. 그리고 아이들에게 말을 건넨다.

"그네 잘 탄다고 말하고 싶었구나, 와! 정말 잘 타네, 미끄럼틀도 잘 탄다고?"

놀이터는 흥미롭다.

늑대와 루돌프의 불편한 진실

얼마 전, 최고의 그림책 작가인 앤서니 브라운이 지은 《마술 연필》을 서령이에게 읽어주었다.

"꼬마 곰이 숲 속을 걸어가고 있었어요. 그때 갑자기 늑대가 군침을 흘리며 튀어나왔어요. '손에 든 게 뭐야?' '응, 마술 연필.' 꼬마 곰은 대답했지요. 마술 연필은 지그재그로 움직이더니 늑대에게 확 달려들었어요. 마술 연필에 갇힌 늑대는 사라지고 말았어요. 마술 연필이 늑대를 없애 버린 거예요."

뭔가 이상했다. 왜 늑대는 늘 악당일까. 마술 연필에 군침을 흘린 대가 치고는 너무 가혹한 게 아닐까.

그동안 내가 알고 있던 동화나 그림책에서 늑대는 늘 악당이었다. 얼굴은 탐욕스럽고 날카로운 이빨은 무엇이라도 뜯을 듯 번쩍거렸다. 〈양치기 소년과 늑대〉에서 호시탐탐 양을 노리던 늑대는 〈빨간 모자와 늑대〉에 이르러 사람까지 잡아먹더니 영화 〈나자리노〉에서는 저주받은 늑대

인간으로 등장했다. 동물 역사상 최고의 악역을 맡은 늑대. 하지만 정작 주인공인 늑대는 이 사실을 전혀 알지 못한다. 늑대가 알면 얼마나 억울할까.

하지만 모두가 늑대를 악당으로 몰지는 않았다. 늑대의 고장 몽골에서는 달랐다. 몽골 사람들은 비록 양을 잡아먹는 늑대와 싸움을 벌이며 살아가지만 그렇다고 늑대를 동화 속의 악당처럼 보지 않았고 오히려 신성한 존재로 여겨 늑대의 정신을 본받으려고까지 했다. 칭기즈칸의 조상이 푸른 늑대라고 할 정도였다. 우리 조상들이 사람을 해치기도 하는 호랑이를 산신으로 대접한 것과 같은 이치다.

늑대는 다른 동물처럼 자신의 본능대로 살아간다. 다만 먹잇감 가운데 사람이 기르는 가축들이 포함되어서 사람들에게 단단히 미운털이 박혔을 뿐이다. 이러한 이유로 늑대는 온갖 악역을 맡았고 이유 없이 다른 동물이나 사람을 괴롭히는 악당으로 상징화되었다. 사자나 호랑이는 용맹한 동물로 곰은 귀엽고 친근한 동물로 묘사되는 것과는 대조적이다.

늘 악역을 맡은 늑대는 이미 악당이기 때문에 아무도 그 이유를 묻거나 따지지 않는다. 이 점이 무섭다. 단지 늑대만 그런 것이 아니다. 사람의 생각과 마음을 가로막는 고정관념이나 편견은 대부분 이렇게 만들어지고 확산된다. 서양에서 생긴 늑대 악당 이야기는 우리나라에도 자연스럽게 퍼졌고 늑대를 나쁜 동물로 여기도록 만들었다.

'늑대가 왜 악당이어야 하는가?'에 의구심을 품은 사람들이 대안 동화를 만들었다. 늑대의 입장을 헤아려보자는 말이다.《제가 잡아먹어도 될까요?》와《식사 준비 다 됐어요!》가 그런 책이다. 이 책에서는 악당 같은 늑대보다는 고민하고 갈등하는 늑대의 모습을 부각시켰다. 돼지 대신 늑대를 주인공으로 삼은《늑대가 들려주는 아기돼지 삼형제 이야기》도 늑대에게 자신을 변호할 기회를 주었다. 고정관념을 깨는 동화가 반갑다. 동화 이야기를 나누던 중에 아내가 말했다.

"나는 백설공주나 신데렐라 이야기는 서령이에게 들려주고 싶지 않아. 내용이 좀 그래. 이런 이야기 말고도 들려줄 이야기가 얼마나 많은데."

"나도 그래. 왜 이 이야기가 동화가 되었는지 모르겠어. 그림 형제의 동화도 민담을 각색해서 만들었다고 하잖아. 원작은 잔인하다고 해. 동화에 담긴 서양 사람들의 의식이 아무런 여과 장치 없이 우리 아이들에게도 전해지는 거지. 어른들에게도 마찬가지고."

어쩌면 늑대 이야기는 작고 사소한 부분일지 모른다. 아이들 보라고 만든 책과 이야기에 얼마나 많은 고정관념과 편견이 숨어 있겠는가. 책도 책이지만 그 책을 사서 읽어주는 나도 고정관념과 편견에 빠져 아무런 의심 없이 받아들이는 일이 얼마나 많을까.

책뿐만이 아니었다. 작년 말 서령이에게 크리스마스 캐롤을 들려줄 때였다. 대여섯 살 아이들이 부르는 캐롤이었는데, 어렸을 때부터 들어왔던 캐롤의 대명사〈루돌프 사슴코〉였다. 서령이는 깔깔거리며 춤을 추었고 나도 박수를 치며 같이 불렀다.

"루돌프 사슴 코는 매우 반짝이는 코. 만일 내가 봤다면 불붙는다 했겠지. 다른 모든 사슴들 놀려대며 웃었네. 가엾은 저 루돌프 외톨이가 되었네. 안개 낀 성탄절 날 산타 말하길 루돌프 코가 밝으니 썰매를 끌어주렴. 그 후로 사슴들은 그를 매우 사랑했네. 루돌프 사슴 코는 길이길이 기억되리."

신나게 노래를 부르다가 불현듯 의아스러운 점이 떠올랐다. 산타의 말 한마디로 다른 사슴들이 순식간에 입장을 바꾸다니. 루돌프가 스스로 자신의 정체성을 자각해서 다른 동료들에게 인정받은 것이 아니라 산타라는 권력의 개입으로 힘을 얻게 된, 권력의 부정적인 속성을 반영한 노래라는 생각이 들었다.

이보다 심한 노래도 있다. 같은 음반에 실린 〈울면 안 돼〉이다.

"울면 안 돼, 울면 안 돼, 산타 할아버지는 우는 아이에겐 선물을 안 주신대. 산타 할아버지는 알고 계신대. 누가 착한 앤지 나쁜 앤지 오늘 밤에 다녀가신대. 잠잘 때나 일어날 때 짜증낼 때 장난할 때도 산타 할아버지는 모든 것을 알고 계신대. 울면 안 돼 울면 안 돼. 산타 할아버지는 우는 아이에겐 선물을 안 주신대요."

이 노래를 듣던 아내는 뭔가 마음에 들지 않는 표정이었다.

"이 노래 별로야. 내용이 좀 이상해."

"맞아. 이 노래도 듣다 보니 황당하네."

전에는 몰랐는데 서령이를 키우다 보니 달리 들렸다. 첫째, 우는 아이는 왜 나쁜 아이가 되는 것일까. 울어야 하는 상황에서도 꾹 참아야 착한 아이가 되는 것일까. 둘째, 정말 산타가 우는 행동만으로 착한 아이와 나쁜 아이를 구분한다면 제일 나쁜 사람은 우는 아이가 아닌 산타이지 않을까. 셋째, 선물을 당근으로 삼아 아이들의 울음을, 감정을, 행동을 통제하려는 어른들의 심리가 교묘하게 들어 있는 것은 아닐까. 넷째, 정말 산타가 모든 것을 알고 있다면 우는 아이에게 줘야 하는 선물은 공감과 위안이 아닐까. 울어야 할 때 울고 짜증날 때 짜증내고 장난할 때 장난하는 게 아이들 아닌가.

"나는 생각한다. 고로 존재한다."

데카르트가 남긴 이 말은 서양의 역사를 바꾸었다고 한다. 늑대와 루돌프는 내게 이런 가르침을 주었다.

"나는 따져본다. 고로 아빠가 된다."

육아서보다 중요한 것

 아이가 생기면 평소 책을 잘 읽지 않던 부모도 온갖 육아서에 관심을 갖는다. 물론 예외도 있다. 우리 부부가 그렇다. 내가 서령이를 직접 돌보기 전까지 1년 동안 읽은 육아서는 고작 두세 권 정도였다. 아이를 직접 키우던 아내는 열세 권으로 된 《로마인 이야기》 한 질을 읽었지만 역시 육아 서적은 몇 손가락 헤아릴 정도로 읽었을 뿐이다. 하지만 아내나 나나 불안하거나 부족하다고 느낀 적은 없었다.

 그러던 내가 서령이를 직접 돌볼 무렵부터 육아서를 찾아 읽기 시작했다. 아이를 직접 키우다 보니 여러 가지 육아 정보를 알아두는 게 좋을 것 같았다. 한 달 평균 두 권 정도였다. 책장 한쪽에는 전공 서적이 슬금슬금 사라지고 육아서가 은근슬쩍 눌러앉았다. 내 전공은 어느새 문화재에서 육아로 바뀌어갔다.

 나는 서점의 서가를 오가며 꼼꼼히 책을 살피는 부지런한 독자가 아니다. 그렇다고 인터넷에서 책 정보를 주의 깊게 찾아보는 열정적인 독자 또한 아니다. 가끔 인터넷 서점 육아 섹션에 들러 책 소개나 리뷰를 휙 읽어보고 책을 고르는 게으른 독자다. 가끔 신문에 소개된 서평을 참고 하거나 출판사에 근무하는 친구가 알려주는 책으로 부족한 부분을 근근이 메워나간다.

대학 시절, 교수님은 책 읽기에 대해 이렇게 말씀하시곤 했다.

"일단 가장 가까운 곳에 있는 책부터 읽는다. 그 책을 다 읽고 나면 반드시 다음으로 보고 싶은 책이 떠오를 것이다. 그리고 그 책을 읽으면 된다. 이렇게 읽어나가다 보면 책 읽기가 수월해진다."

어떤 책을 읽어야 하나 헤맬 때면 교수님의 이 말씀이 떠오른다. 꼬리에 꼬리를 물 정도는 아니었지만 다음에는 대충 이런 주제의 책을 봐야지 하는 마음이 들곤 한다. 그동안 읽은 책을 보니 내가 좋아하는 분야는 육아 철학이었다. 처음 보았던 책이 하임 G. 기너트 등이 지은 《부모와 아이 사이》였다. 내 고민이 '아이를 키우는 데 제일 중요한 것이 무엇일까' 하는 문제와 맞닿아 있기 때문인 것 같다.

이렇게 간절한 마음으로 책을 읽었던 때가 있었나 싶다. 멀리 떨어진 이야기가 아닌 내 생활과 밀접한 이야기였기 때문이다. "맞아 맞아"라며 격하게 공감하기도 하고 '이렇게 하면 되겠구나' 하고 희망을 갖기도 했다. 때로는 '이걸 어떻게 하지'라며 고개를 흔들었다. 책을 다 읽는 순간 나는 좋은 부모가 된 것 같고 아이는 인성과 재능과 사회성이 뛰어난 사람으로 자랄 것만 같았다. 단, 육아서에서 말하는 사항을 지금 바로 실천한다면!

육아서를 몇 권 읽고 보니 방식은 조금씩 달라도 전달하고자 하는 주제는 비슷한 듯했다. 당신이 행복해야 아이가 행복하다, 부모 내면의 상처를 먼저 치유해라, 아이의 감정을 공감하고 아이의 이야기에 귀를 기울인 후 말하라, 아이마다 고유한 성장 속도가 있으니 조바심 내지 말고 기다려라. 이 말들은 육아의 핵심이다.

하지만 실천하기는 정말이지 쉽지 않다. 가끔 이런 글을 읽을 때면 이 글을 쓴 사람이 정말로 이 일이 얼마나 어려운지 알고 썼나 반문하고 싶어진다. 자신의 삶의 태도에 대한 문제이기 때문에 스스로 인식하기도 어렵고 바꾸기도 쉽지 않다. 조급증을 키우고 빨리 빨리 의식을 부추기는 한편 어릴 때부터 또래와 경쟁하는 사회 분위기 때문에 부모가 흔들리지 않고 아이를 키우기도 어렵다.

옛날 우리네 엄마들은 육아서 한 권 읽지 않고서 아이를 잘 키웠다. 그때 엄마들이 지금 엄마들보다 월등히 뛰어나서가 아니다. 그때는 대대로 쌓인 경험과 지혜가 사람에게서 사람으로 전해지던 시대였다. 하지만 사회가 복잡해지고 분업화되면서 그러한 경험과 지혜도 사라지고 말았다. 날마다 발표되는 최신 육아 연구, 그 연구 성과를 포장하는 언론과 미디어, 그리고 나의 조급증과 염려증을 자극하는 옆집 아줌마의 한마디가 뭐라도 하지 않으면 안 될 것 같은 강박증을 만들어낸다.

초보 엄마, 아빠에게 육아서는 유용하다. 하지만 책은 정보를 줄 뿐 판단은 결국 부모가 할 수밖에 없다. 책을 절대적인 기준으로 삼다 보면 쉽게 스트레스를 받는다. 예를 들면 부모가 일관성이 있어야 아이가 흔들리지 않는다는 주장이 그렇다. 사실 몇몇 부모를 빼면 대부분 이리저리 흔들린다. 흔들리지 말라는 지침을 절대적으로 받아들였다면 나는 벌써 죄책감에 머리가 터져버렸을지 모른다.

부모의 책 읽기와 관련해서 한 가지 의아스러운 점은 대부분의 부모들이 정작 자신을 위한 책에는 그다지 관심이 없다는 것이다. 아이들을 위한 책이라면 아낌없이 돈을 쓰고 집요하게 정보를 찾는 열정이 자신에게는 멈춰 버린 경우를 많이 보았다. 우리나라 성인 1인당 1년 평균 독서량은 채 두 권이 되지 않는다고 한다. 부모에게 필요한 책은 육아서만이 아니다. 소설이나 에세이, 인문학이나 환경 관련 책 등도 두루 필요하다.

내가 본 최고의 육아서는 육아서가 아니다. 구로야나기 테츠코가 쓴 《창가의 토토》로 저자의 자전 소설이다. 퇴학을 당한 초등학교 1학년 토토가 새로운 학교의 교장 선생님과 면접을 볼 때였다. 교장 선생님은 토토의 의자를 바짝 당겨 마주보고 말했다.

"자, 이제부터 무슨 얘기든 좋으니까 선생님한테 얘기해 보렴. 얘기하고 싶은 것 전부."

토토는 4시간 동안이나 이야기를 했다. 하지만 교장 선생님은 하품 한

번 하지 않고, 지루해하지 않고, 토토가 말할 때처럼 몸을 앞으로 내민 채 이야기를 들었다. 토토가 더 이상 할 얘기가 없자 교장 선생님은 "자, 이제부터 넌 이 학교 학생이다"라고 말했다. 편견 없이 아이를 있는 그대로 받아들이라는 어느 육아서의 교훈보다도 가슴이 뭉클했다.

어느 날 토토는 화장실에서 아끼는 지갑을 빠뜨리고 말았다. 고민을 하던 토토는 직접 지갑을 찾기로 하고 똥오줌을 퍼내기 시작했다. 수업도 빠진 채 한참 몰두하고 있을 무렵 교장 선생님이 그 장면을 보았다. 지갑을 찾고 있다는 토토에게 그가 한 말은 "그래?"가 전부였다. 그리고 다시 토토를 만났을 때 "끝나면 다시 원래대로 해 놓거라"라는 말만 남기고 갔다. 나였다면 "위험하니까 당장 그만두지 못해. 수업은 들어가지 않고 뭐하는 짓이니!"라고 소리치지 않았을까. 교장 선생님의 모습은 아이를 독립된 인격체로 인정하고 전적으로 믿는 사람만이 할 수 있는 행동이었다.

사실을 고백하자면, 이런 저런 육아서를 읽은 나보다 독서에 게으른 아내가 서령이와 훨씬 잘 지낸다. 아내는 그 이유를 이렇게 말했다.
"많은 책을 보는 것도 중요하지만 비록 어린 아이라도 독립된 생명으로 보고 존중하는 태도가 육아에 가장 큰 영향을 미치는 것 같아."
오늘은 책이 아닌 서령이 엄마에게 한 수 배웠다.

아빠의 이동

서령이를 키우면서 남자 전업주부를 사회학적으로 분석한 글을 몹시 원했다. 하지만 아빠가 아이를 키운 에세이를 간혹 보았을 뿐 이런 글은 보지 못했다. 이런 글이 있다면 전업주부 혹은 1차 양육자로서의 아빠의 위치를 잘 살펴볼 수 있을 텐데. 그러던 어느 날 신문에서 눈에 띄는 서평을 보았다.

"생물학적 조건은 어떤 의미에서 우리가 살아야 하는 나라의 국경과 같은 것이다. 하지만 우리는 그 안에 갇힌 죄수가 아니다. 우리의 몸이 감당할 수 있는 한계 내에서 우리가 집어 들 수 있는 선택지는 다양하다."

《아빠의 이동》이라는 책의 저자인 제러미 스미스는 이렇게 글을 맺었다.

"나는 지금까지 나의 길을 설명했다. 이 책은 이제껏 내가 간절히 읽기를 원했던 책이 되었다."

나도 이런 책이 나오기를 '간절히' 원했다.

"거실 유리창으로 바깥을 내다보면 사람들이 웃고 떠드는 모습이 보인다. 나도 그렇게 살고 싶었다."

저자가 아들 리코를 돌보기 시작하면서 느낀 절망감을 이렇게 표현하였다. 나도 그랬다. 나만 뚝 떨어진 기분. 빨래를 널며 '지금 친구들은 한잔하고 있을 텐데'라는 생각이 들 때는 헤어나기 힘든 좌절감에 빠지기도 했다. 이럴 때면 이제 나는 직장을 다니는 아빠가 아니라 아이를 보는 아빠라는 위치가 분명해졌다. 세상은 그대로인 것 같은데 나의 세상만 확 바뀐 것 같았다.

주부 아빠의 탄생을 해명하기 위해 저자는 역사 속에서 아빠의 역할을 주목한다. 고정 불변했는가 아니면 변화했는가? 결론은 아빠의 역할은 변해 왔다는 것이다. 산업사회에 접어들면서 아빠는 돈벌이 전담자로 엄마는 살림과 육아를 하는 가정 전담자 역할을 맡았다. 때문에 남성들은 가족을 부양할 능력이 없어지면 남성으로서 가장으로서 정체성을 잃었다. 돈벌이 전담 아빠에게 자상한 아빠상은 없었다. 내 아버지 세대 역시 그랬다.

하지만 경제 구조가 바뀌고 엄마들이 적극적으로 돈벌이에 나서면서 상황이 바뀌었다. 경제력이 커진 엄마들은 서서히 발언권을 높여갔다. 가족도 대가족이 해체되고 핵가족이 늘어갔다. 여성의 경제력 증가와 핵가족화는 전통적인 아빠의 역할을 바꾸었다. 저자는 이러한 시대를 맞아

성에 따른 역할 구분이 유연하고, 가사 노동도 어느 한쪽이 억지로 떠맡는 것이 아니라 부부 간 대화를 통해 분담하는 세상으로 변화하기를 기대했다.

그럼 아빠들이 주부 역할을 맡는 이유는 무엇일까? 저자는 친구인 에드의 말을 인용하여 설명한다. 에드는 아내인 라셀에게 이렇게 말했다.
"왜 주노를 항상 놀이방에 맡겨야 되지? 내가 보면 되잖아."
나도 그랬다.
"내가 보면 되잖아."
한 가지 더. 주부 아빠를 주목한 연구자들은 재미있는 사실을 밝혀냈다. 주부 아빠 가운데 자신이 어렸을 때 아버지에게 제대로 보살핌을 받지 못한 탓에 자식들에게 더 많은 관심을 쏟고 잘 보살펴주려고 하는 사람들이 많다는 점이다.

이 책에서 가장 흥미로운 부분 중 하나는 아빠의 육아에 관한 세 가지 신화를 반박하는 글이다. 저자는 세 가지 신화를 깨뜨리기 전에 "문화와 전통은 늘 변한다. 따라서 우리는 문화의 틀을 바꿀 수 있다"라고 전제했다.

첫째, 아버지는 생물학적으로 애 키우는 일에 부적합하다. 보통 사람들이 의심의 여지없이 받아들이는 말이다. 저자는 미국 베스트셀러였던 《여성의 뇌》(루안 브리젠딘 지음, 우리나라에는 《여자의 뇌, 여자의 발견》이라는 제목으로 출간되었다)를 소개하였다. 여자의 뇌는 아이를 기르는 데 적합하다는 것이 이 책의 요지다. 이 말만 놓고 보면 아이는 엄마가 키워야 한다. 그러나 브리젠딘이 말하지 않은 중요한 사실은 남성과 여성 모두 부모가 되면서 두뇌 활동이 강화된다는 사실이다. 또한 그녀가 호르몬 분비의 편차는 남녀보다는 남자 사이에서 또는 여자 사이에서 더 크며 여자와 남자는 서로 다른 점보다 닮은 점이 많다는 점을 간과했다고 주장한다. 저자는 인간이 호르몬의 노예가 아니며 선택을 할 수 있는 존재라고 단언한다.

둘째, 아버지는 양육자로서는 젬병이다. 나도 고민했던 문제다. "아빠가 키우는 애들은 티가 나"라는 말을 들을 때마다 아빠들은 아이를 키우는 데 엄마들보다 부족한 면이 많다고 생각했다. 이런 고정관념은 육아와 살림은 엄마만 하는 일이라고 믿으며 자란 탓이 크다. 대체로 엄마들은 자녀에 대한 접근의 권리를 꽉 잡고 있으며 아빠들이 실수를 통해 배울 수 있는 기회를 차단시켰다고 말했다.

셋째, 주부 아빠가 키우는 아이들은 잘못될 위험이 크다. 내게도 서령이를 키우기 전까지 아빠가 키우는 아이는 뭔가 부족하지 않을까라는 선입견이 있었다. 그러나 연구에 따르면 참여형 아빠와 주부 아빠가 자녀는 물론이고 엄마, 사회, 아버지 본인들을 위해서도 긍정적인 결과를 낳는다고 한다. 그리고 "아빠가 주부인 가정의 아이가 아빠의 영향도 많이 받고 엄마의 영향도 많이 받는다"라고 한다. 굳이 이런 연구 성과를 들지 않더라도 내 경험을 보면 그렇지 않다고 자신 있게 말할 수 있다. 단 주부 아빠를 긍정적으로 받아들이는 경우에 그렇다.

　엄마들이라면 겪지 않았을, 아빠이기 때문에 겪는 어려움은 무엇이 있을까. 엄마들은 이웃 엄마들로부터 격려와 이해를 받지만 주부 아빠는 이러한 이해를 쉽게 받지 못한다. 이렇기에 사회적 차원의 지원과 이해가 주부 아빠의 정신 건강을 위해서 매우 중요하다. 때문에 저자는 네트워크를 통해 '내가 하는 일이 괜찮은 일이라는 확신을 얻는 것'이 필요하다고 말한다. 저자가 소개한 '캔자스시티의 아빠들'이라는 주부 아빠 모임이 그렇다.

　어떤 학자는 자아 노출에 대한 두려움을 극복하고 "커뮤니티의 지지를 받고 있다"라고 느끼는 아버지들이야말로 인간으로서, 부모로서 잘 해나간다는 사실을 발견하기도 했다. 내 경우는? 친구들에게 일주일에 한 번 육아 수필을 보내는 방법을 택했다. 가끔 격려의 화답이 올 때는 '내가 하는 일이 의미가 있구나'라는 느낌까지 들었다.

　저자는 주부 아빠들은 주부 엄마들과 어떤 점이 다를까에도 주목하였다. 이 부분이 대단히 흥미로웠는데, 이 글을 읽으면서 '나만 그런 것이 아니었구나'라는 안도감을 느꼈다. 주부 아빠들은 비록 전통적으로 여성이 맡아왔던 영역에 발을 들여놓았지만 남성적인 본질은 그대로 유지하기를 원한다. 엄마가 아니라 아빠라는 말이다. 그래서 미스터 맘 혹은 전업주부라는 이름을 꺼리기도 한다.

아빠들은 노는 방식도 엄마들과 확연히 다르다. 엄마들에게는 다소 위험하게 보이는 놀이도 과감하게 한다. 한마디로 남성적인 방식으로 논다. 놀이터에서 그 차이가 분명하게 드러난다. 엄마들 가운데 미끄럼틀을 같이 타면서 노는 엄마는 거의 보지 못했다. 엄마들은 어렸을 때 엄마들이 놀았던 방식대로 놀며 아빠들 역시 그렇다.

한편 엄마들이 아이들을 놓아두고 취미 생활을 하거나 자기 관심사에 몰두하는 것을 민망해하는 것과 달리 아빠들은 자기만의 사적인 공간과 취미를 확보하려고 애쓴다. 나도 한때 이런 행동을 해서 내가 아이를 키우는 자세가 되지 않았다고 자책하기까지 했다. 엄마들 눈에는 딴 짓으로 보이지만 아빠들에게는 꼭 필요하고 중요한 일이다.

이 책을 통해 저자가 가장 하고 싶은 말은 무엇이었을까?

"모든 아버지들이 시간을 내서 어린 자녀를 키워봐야 한다. 그 경험은 절대 후회하지 않을 거다. 자녀와의 관계에 획기적인 변화가 온다."

내가 늘 하고 싶은 말이다.

워킹맘의 비애

　아내는 가끔 "역시 아빠라서 달라"라는 말을 던지곤 한다. 다시 말하면 '아빠는 눈치가 없다'는 말이다. 이 말을 처음 들었을 때는 '그런가 보다' 하고 받아들였다. 하지만 몇 번 듣다 보니 억울할 때도 있었다.
　"그럼 그렇지, 아빠는 어쩔 수 없어"라는 말을 처음 들은 날의 상황은 이랬다. 텔레비전에서 흥미로운 다큐멘터리를 방송하고 있었는데 아내가 내게 서령이 물을 가져다 달라고 부탁했다. 부탁대로 나는 물 한 컵을 가져다 주다가 마루에 멈춰 선 채 텔레비전에 두 눈이 고정됐다. 이때 "가져다 주고 텔레비전을 보면 되는데, 아빠들은 왜 그래!"라고 아내가 소리쳤다. 그 전에도 가끔 "아빠들은 아이가 깨든 말든 축구를 보다 골이 들어가면 흥분해서 고래고래 소리를 질러"라고 말하곤 했다. "여자들은 한꺼번에 여러 가지 일을 할 수 있지만 아빠들은 그렇지 못해"라는 말도 덧붙였다. 아내의 말에는 당신이 주 양육자이기는 해도 역시 아빠라서 눈치가 없다는 뉘앙스가 깔려 있었다.

엄마들이 말하는 자기중심적이고 생각 없는 아빠의 행동은 어떤 것일까. 아이의 울음소리를 듣고도 뭐가 불편한지 알지 못하고, 쌀쌀한 날 아이 양말을 신기지 않은 채 외출하고, 아이에게 책을 읽어줄 때 싫은 티 팍팍 내고, 아이가 있든 없든 불량 식품이나 과자를 우적우적 먹고, 아이가 보건 말건 자기가 보고 싶은 텔레비전 프로그램을 보고, 아이와 놀아 준다고 했지만 정작 아이를 울리고, 외출하면서 빨래를 걷어 달랬더니 진짜 빨래만 걷어서 뭉텅이 채 처박아 놓고, 한밤중에 아이가 아파 우는데도 꿈쩍 않고 잠만 자고, 아기가 아파서 전화했더니 걱정의 말 대신 병원에 가 보라며 남의 집 아이 대하듯 하는 등 헤아리자면 한도 끝도 없을 것 같다.

나도 다큐멘터리 사건 이후 이런 아빠 범주에 들어갈 만한 일을 벌이기는 했다. 이를 닦지 않겠다고 엉엉 우는 서령이 모습을 비디오로 찍을 때였다. 비디오를 찍자마자 아내는 나를 힐끗 보더니 화를 냈다.

"찍지 마! 왜 찍어. 서령이 기분이 좋지 않은데 그렇게 찍으면 기분이 더 안 좋잖아. 당신도 화났는데 비디오 들이대면 좋겠어!"

"아니, 나는 이것도 중요한 기록이라고 생각하고 그런 건데 왜 자꾸 뭐라고 그래!"

나도 씩씩거렸다. 얼마 전에는 내복 때문에 그랬다. 분명히 서령이 내복을 제대로 입혔는데 아내는 거꾸로 입혔다며 핀잔을 주었다. 하지만 나도 지지 않았다.

"이제 나도 앞뒤 정도는 구별할 줄 안다고."

'내가 아침저녁으로 서령이 내복 입히는 사람인데'라는 자존심이 발동해서 목소리가 커졌다. 하지만 아직도 세심하지 못한 부분이 있기는 하다. 윗옷을 입힐 때 단추를 풀지 않고 억지로 입히다가 머리카락이 옷에 끼어서 서령이가 운 적도 있다.

가끔 반찬이 문제가 되기도 했다. 어느 날 접시에 놓인 김치를 아무 생각 없이 입으로 쏙 넣었다. 그러자 아내가 타박했다.

"서령이 먹으라고 잘게 잘라 놓았더니 당신이 쓱 집어 먹네. 아까 자르는 거 봤잖아. 눈치 없게."

"그게 서령이 먹으라고 잘라 놓은 건지 내가 어떻게 알겠어. 접시에 있으니까 그냥 먹은 것뿐인데."

하지만 아내의 거듭된 핀잔에 어느 날 나도 발끈하고 말았다. 비가 오는 날이었다. 퇴근해서 집에 온 아내가 우산을 접어 문가에 세워놓았다. 그리고 나는 밖에 나가려고 그 우산을 현관 안쪽으로 옮겨놓았다.

"내가 일부러 서령이가 잡지 말라고 잘 보이지 않는 문가에 세워놨는데, 그것도 모르고 서령이가 볼 수 있는 곳에 놓으면 어떻게 해!"

이즈음 서령이는 우산만 보면 펼쳐달라고 졸랐고 아내는 비에 젖은 우산을 펼쳐달라고 할까 봐 일부러 잘 보이지 않는 곳에 세워놓은 것이다.

"문을 열려고 우산을 안쪽으로 놓은 것뿐인데. 당신이 그런 뜻이 있어 우산을 그곳에 놓았는지 내가 어떻게 알아! 별일도 아닌데, 왜 자꾸 눈치 없는 사람이라고 그래!"

나의 항변에 아내는 그때서야 속마음을 털어놨다.

"내가 당신보다 서령이를 보는 시간이 적어서 그런가 봐. '그래도 내가 엄마다'라는 자존심이랄까."

그 자존심이 아빠의 모자라는 부분을 더 크게 보도록 만들었다는 거다. 그래서 가볍게 넘어갈 일도 그냥 넘어가지 않고 지적했나 보다. 자존심 때문이었을까, 아내는 서령이가 잠꼬대를 하거나 꿈을 꾸면서 무심결에 엄마를 찾지 않고 아빠를 찾거나 아침에 눈을 뜨자마자 아빠를 찾을 때 기분이 상하기도 했단다. 하지만 대개 서령이는 엄마와 함께 있을 때는 "엄마, 엄마"다. 오히려 가끔 내가 그 틈에 끼려고 하면 "아빠는 저리가"라고 큰 소리치며 밀어내기도 한다. 그런데도 아내는 서령이가 아빠를 더 찾는다고 생각한 모양이다.

워킹맘들은 크든 작든 미안함이나 죄의식이 있는 것 같다. 아이 곁에는 엄마가 있어야 하는데 있어주지 못해 미안하다는 생각, 또한 같이 있지 못해 아이에게 정서적으로 문제가 생길 수도 있다는 생각이다.

"당신 혹시 서령이에게 미안함 같은 거 있어?"

"응, 조금. 그래서 토요일에 당신이 혼자서라도 영화를 보러 나가라고 할 때 선뜻 나가지 못해."

"그랬구나. 당신은 그런 거 없는 줄 알았는데. 타고난 모성애 때문일까 아니면 사회적 통념 때문일까?"

"아무래도 사회적 통념 때문인 것 같아. 보통, 엄마라면 으레 그렇게 해야 한다고 생각하니까……."

아내에게 이런 미안함이 있는 줄은 몰랐다. 토요일은 영화를 보든 책을 읽든 친구를 만나든 당신 시간이니까 마음대로 하라고 했을 때 아내는 서령이와 함께 있는 게 좋다고 말해 그런 줄로만 알았다. 나는 나 혼자만의 시간을 가지려고 외출할 때 가끔 서령이에게 미안함을 느끼기는 했지만 아내가 가졌던 부담감 정도는 아니었다. 아내의 말을 듣고 보니 대부분의 워킹맘들이 아이들에게 미안함이나 죄의식을 가질 수 있겠다 싶었다.

죄의식을 만든 근원은 무엇일까. 어렸을 때부터 "아이는 엄마가 키워야 한다, 아이에게 엄마만 한 사람은 없다"라는 말을 귀가 따갑도록 들으며 컸고 실제로 아이에게 모든 것을 희생하는 엄마들을 보며 자라서 그런 것일까. 이런 모습이 우리 세대가 알고 있던 상식이고 통념이었으며 정형화된 엄마의 이미지였다. 워킹맘이라는 말 자체도 따져보면 육아와 살림이 중심이고 일은 부가적이라는 의미가 크다. 반대로 일하는 아빠라는 말은 잘 쓰지 않는다. 아빠는 당연히 집 밖에서 일하는 사람이라고 생각하니까.

사회가 바뀌면서 엄마들이 적극적으로 경제활동에 참여하는 시대가 되었지만 가정에 대한 엄마의 책임은 줄지 않았다. 오히려 워킹맘에 이어 슈퍼맘이라는 말까지 등장했고 직장에서는 일 잘하고 집에서는 살림과 육아를 잘하는 엄마 신화까지 생겨났다. 슈퍼맘이 과연 몇 명이나 있을까? 슈퍼맘 신화는 엄마의 책임감을 더욱 가중시키고 육아 문제를 엄마 개인의 책임으로 떠넘겼다. 슈퍼맘이 될 수 없는 엄마들은 아이에 대한 죄의식을 강하게 느낄 수밖에 없다. 그래서 죄의식을 보상하기 위해 아이들에게 값비싼 물건을 안겨주려는 것은 아닐까.

이러한 죄의식의 최대 수혜자는 누구일까. 엄마들의 책임이 늘면 상대적으로 책임이 줄어드는 사람들. 안타깝게도 엄마와 가장 가까운 사람, 남편이다. 만약 토요일에 아내가 서령이에 대한 미안함 때문에 밖에 나가지 않는다면 나로서는 편안하고 좋은 일이다. 서령이가 엄마 곁에서 떨어지지 않으려고 할 테고 나는 그 틈에 여유로운 토요일을 보내겠지. 하지만 아내는 자신만을 위해 쓸 수 있는 시간이 훌쩍 날아가는 셈이다.

아내의 이야기를 듣고 난 이후, 아내가 개인적인 시간이 필요하다고 할 때는 서령이를 데리고 밖으로 나갔다. 내가 서령이와 산책하고 미끄럼을 타는 동안 아내는 카페에 가서 책을 읽기도 하고 복잡한 마음을 정리하기도 했다.

아이가 살아갈 세상에 던지는 질문

평생 '한살림 운동'을 펼친 생명운동가 박재일 선생님은 딸이 다섯이다. 작년 여름 돌아가시기 전 병문안을 온 지인이 "한국에서 딸 하나를 키우면 진보가 되고 둘이면 좌파가 셋이면 혁명가가 된대요"라고 말하자 이렇게 농담을 하셨단다.

"딸 넷이면 생명운동가가 되고 다섯이면 한살림운동을 하게 된다."

아내에게 이 말을 전해 들었을 때 '나는 서령이 하나니까 진보를 해야겠네'라며 속으로 웃었다. 아닌 게 아니라 서령이가 태어나면서 사회를 바라보는 나의 태도가 점차 바뀌었고 서령이를 직접 키우면서 더욱 진지해졌다. 그저 내가 살아야 할 세상에 대해 던지는 질문과 서령이가 살아갈 세상에 대해 던지는 질문의 무게는 달랐다. 나는 어떻게라도 살겠지만 서령이는 지금보다 나은 세상에서 살아야 한다는 믿음이 커지면서 다른 사람 일로, 다른 세상 일로 넘겨버렸던 문제도 더 이상 그럴 수 없었다.

그날은 올 가을 들어 처음으로 혹한이 몰려든 일요일이었다. 사전 답사를 하러 혼자 양평 용문사로 올라갔다. 살 속을 파고드는 한기에 덜덜 떨며 내복을 입고 가라던 아내의 충고를 무시한 걸 후회했다. '이럴 줄 알았으면 진작 말을 들을 걸, 괜히 고집을 부려서 이 고생이야.' 이런 고집은 나 하나 고생하면 끝이지만 어떤 고집은 수많은 사람들에게 회복하기 어려운 피해를 주기도 한다.

내 고향은 남한강이 흐르는 여주다. 어릴 적 여름이면 강가로 천렵을 나가 모래사장에 천막을 치고서 물고기도 잡고 조개도 주웠다. 이 기억은 남한강을 추억하는 가장 앞머리에 놓였다. 가끔 여주 남한강을 갈 때면 그때의 기억이 아스라하게 떠오르면서 나도 모르게 기분이 좋아진다. 하지만 4대강 살리기 공사가 시작된 후부터 고향 땅 남한강을 가지 않았다. 여주 신륵사를 다녀온 친구가 그곳 소식을 전해 주었다.

"야, 거기 말도 마. 4대강 공사한다면서 다 파헤쳐놨어. 뭐하는 짓인지."

그 말을 듣는 순간 가슴이 떨렸다. 나는 "그대로 흐르게 하라"는 말을 귀하게 여겼다. 4대강 사업의 본질은 건설 대기업의 이윤 창출이지만 내가 더 심각하게 여기는 부분은 따로 있다. 하나는 충분히 검토하고 신중히 진행해야 할 사업을 일방적으로 강행했다는 점과 더 근본적으로는 자연을 투기의 대상으로 전락시키는 개발 문명이다. 4대강 사업의 이익은 몇몇 건설 대기업이 가져가겠지만 그 피해와 부채는 나와 우리 아이들에게 고스란히 떠넘겨질 것이 분명하다.

용문사를 나와 용문산에 이웃한 사나사라는 작은 절로 향했다. 계곡을 따라 천천히 걸어 올라가며 시간과 속도에 대해 자문해 보았다. 시간과 속도는 객관적인 것 같지만 결코 그렇지 않았다. 서울에서 부산까지의 거리는 이제 KTX의 속도를 기준으로 셈하게 되었다. 5시간 걸리는 무궁화호 열차는 힘들어서 탈 수 없다고들 한다. 기존의 시간과 속도를 끊임없이 불편하게 느끼도록 하고 사람들의 마음을 끊임없이 빈곤하도록 만드는 게 자본주의의 원동력 아닐까.

나는 우리나라 절집을 좋아한다. 절집 문짝을 유심히 바라볼 때가 있다. 창살 조각은 보면 볼수록 아름답고 오묘하다. 하나인 듯한 꽃무늬가 서로 이어져 아름다운 그림을 만든다. 이런 조각을 볼 때면 세상 모든 일이 겉보기에는 따로 떨어진 것 같지만 사실 서로 이어져 있다는 생각이 든다. 살다 보면 서로 이어져 있다는 생각을 하지 못할 때도 많고 또 그렇게 사는 게 편하다고 여길 때도 많다. 하지만 내 일처럼 여겨 말 한마디 하면 이런 말을 듣기 쉽다.

"그게 너하고 무슨 상관인데, 주제넘게 뭐 하는 거야, 네 일이나 잘해서."

사나사를 나와 팔당역으로 가는 전철을 탔다. 전철은 북한강 위를 달리고 있었다. 건너편 자전거 도로 난간에 기댄 사람들은 카메라를 들고 두물머리를 찍고 있었다. 그들의 메모리 카드에는 아름다운 두물머리가 저장되었을 것이다. 그곳은 우리나라에서 대표적인 유기 농업을 하던 곳이었다. 하지만 4대강 사업을 입안한 정책자들의 눈에는 수십 년 동안 몸 바쳐 유기 농업을 하던 농민들은 보이지 않았다. 정부의 정책에 맞서 저항하던 농민들은 하나둘씩 그곳을 떠났다. 내가 본 개발은 늘 약자이면서도 열심히 삶을 사는 사람들의 피와 땀을 무시하고 이루어졌다.

한 달 전쯤이었던가, 한강을 따라 자전거 길이 열린다는 플래카드를 보고 한없이 마음이 무거웠던 게. 며칠 뒤 텔레비전에서 4대강 새물결 홍보 영상이 나와 텔레비전을 꺼버렸다. 4대강 사업이나 자전거 길은 같은 맥락이며 두물머리에서 유기 농지를 없애는 일과 다르지 않았다. 또한 그것은 우리의 교육 현실이었으며 한미 FTA와 같은 일이었다.

어느 경제학자의 글은 신자유주의의 본질을 명쾌하게 말해 주었다.

"될 놈 하나만 밀어주고 나머지는 죽든지 살든지 알아서 해라. 하지만 이익은 나누지 않는다."

운길산역에서 다음 역인 팔당역까지 볼 수 있는 것은 어둠뿐이었다. 산을 관통하는 팔당 터널과 운길산 터널은 자본주의의 속성과 현대 문명의 특성을 고스란히 담았다. 일직선으로 뻥 뚫으면 시간이 절약되고 게다가 이윤도 많이 남으니 못 할 이유가 뭐가 있겠는가. 오직 앞으로다. 막히면 뚫으면 되고 버티면 부수면 되고 경쟁에서는 1등 하면 된다. 효율성과 생산성의 논리 속에 사람은, 자연은 어디쯤에 있을까.

"국회에서 FTA 통과됐대!"

그저께 저녁, 저녁을 준비하고 있는데 아내에게서 전화가 왔다. 밥맛이 없었다. 이날 저녁 뉴스에서는 국회에서 FTA가 통과되는 장면을 헤드라인으로 방송했고 두 번째로, 최루탄을 터뜨린 어느 국회의원을 보여주었다. 이런 식으로 FTA를 통과시킨 국회의원들에게 어이가 없었고 문제의 본질을 흐리기 위해 최루탄을 터뜨린 국회의원을 두 번째 뉴스로 보도한 방송국도 황당했다. 기다림과 배려의 가치는 눈앞에서 휴지 조각이 되었다. 이런 사태를 보고 누가 아이들에게 녹색 불에만 길을 건너라고 말할 수 있을까. 어떻게든 건너가기만 하면 장땡이지.

어제는 수술한 서령이 발가락뼈가 잘 자랐는지 확인하기 위해 병원에 갔다.
"뼈가 잘 자라고 있어요. 축하합니다."
의사의 이야기를 듣고 버스를 타러 정류장으로 갔다. 하늘은 흐렸고 바람은 매서워 을씨년스러웠다. 나는 안다. 일부에서 논의하고 있는 현행 의료보험제도 대신 민영의료보험제도가 생기면 어떤 일이 벌어질지. 지난겨울 미국에 갔을 때 간단한 눈병 치료비로 55만 원을 내야 했다. 그때 나는 여행자 보험에 들지 않았다. 그것이 민영의료보험의 실상이었다. 설령 보험에 들었다고 해도 이런저런 이유로 사람들이 혜택을 받지 못하는 현실에 문제를 느낀 마이클 무어는 영화〈식코〉를 만들었다. 그가 미국의 환자들을 데리고 간 곳은 미국이 아니라 쿠바의 아바나 병원이었다. 이것이 우리나라의 미래가 아니라고 누가 말할 수 있을까.

"FTA하면 좋은 제품이 싼 값에 들어와서 좋은 것 아니여!"

버스 안에서 어떤 승객들이 FTA체결에 딴죽을 거는 사람들을 가만두지 않겠다는 비장한 각오로 이야기를 나누고 있었다.

맞다. 좋은 제품 싸게 들어온다니 좋은 일이지. 하지만 그 제품을 만들던 우리나라 산업은 어떻게 되지. 그 산업이 망하면 그 좋다는 물건을 살 돈은 어디서 나지. 미국의 다국적 종자 회사 몬산토는 인도의 토종 목화를 저가 정책으로 없애버린 뒤 자기들의 목화 종자 값을 확 올려버렸다. 토종 목화는 사라졌고 빚더미에 올라앉은 농민들은 줄줄이 자살했다. 30분마다 한 명꼴이었다.

"FTA로 GNP나 GDP는 높아질지 모른다. 그러나 당신은 죽을 것이다."

아내가 트위터에 오른 글이라며 알려주었다. 세상에 대한 나의 꿈은 단순하다. 상식이 상식으로 통하는 사회, 사람을 존중하는 사회, 경쟁 이전에 공존의 가치를 중요시하는 사회, 다른 생명을 존중하는 사회, 개발 이전에 무엇이 정말 중요한 일인지 따져보는 사회, 실패할 권리를 인정하는 사회, 시간이 걸리더라도 합의를 이끌어내는 사회, 그리고 사람들의 꿈이 행복인 사회다. 서령이가 살아가야 할 세상에 대한 바람이기도 하다.

아이들에게 핵 없는 세상을

"아빠, 서령이가 도와줄게."
"그래 서령아. 끈 좀 이쪽으로 줄래?"
"야, 다 달았다. 서령아 읽어볼까."
"아이들에게 핵 없는 세상을!"

집 베란다에 붙이는 두 번째 현수막이다. 처음은 광우병 쇠고기 수입 문제 때였다. 현수막을 단 후 서령이에게 말했다.

"모두들 노력하면 핵발전소를 줄여나갈 수 있어. 이게 작은 시작이란다. 두고 봐. 네가 살아갈 세상에는 후쿠시마 원전 사태 같은 일이 없도록 해야지."

"저는 칼퇴근법이 제일 마음에 들었어요."

당원 모임을 개최한다는 여러 번의 문자 메시지를 받고 처음으로 녹색당 당원 모임에 참여하였다. 특정 정당에 가입을 하고 더구나 모임까지 참석하기는 내 생애를 통틀어 처음이었다. 몇 달 전 아내가 건네준 녹색당 팸플릿이 계기였다. 여러 가지 의제 가운데 '남자 수유실 설치' '초등학교 아이들에게 스스로 놀고 스스로 꿈꿀 권리를'이라는 구절 등을 보며 참 재미있는 곳이구나 생각하다가 '칼퇴근법과 6시간 노동제' 도입에 이르러서는 '야 대단한데'로 바뀌었다. 뒤이어 핵발전소 문제제기를 비롯한 한반도 비핵화가 따라왔다. 팸플릿을 읽고 나서 바로 가입을 결정했다. 지난 육아의 경험으로 칼퇴근은 가정 행복의 밑바탕이라고 믿어왔기 때문이다.

모임에서 여러 가지 이야기를 나누다 남자와 여자의 다른 관점에 대한 이야기가 나왔다. 핵발전소 반대 피켓을 들고 홍보 활동을 한 분이 말했다.

"핵발전소 이야기가 나오면 여자들은 대부분 귀담아 들어요. 아이가 있으니까. 하지만 시비부터 거는 사람들은 모두 남자들이에요."

내가 이 말을 받았다.

"남자들은 논쟁하기 좋아하죠. 핵발전소 문제가 나오면 대개 '그것보다 값싼 전기가 어디에 있느냐, 지금 당장 대체할 전력이 어디 있느냐, 혹은 만일을 위해 핵은 있어야 하는 것 아니냐'라는 식이죠. 반면 여자들, 특히 엄마들은 달라요. 핵발전소의 타당성에 대한 논쟁이 아니라 아이를 먼저 생각하죠. 만약 핵발전소에 문제가 생겨 방사능이 누출되고 먹을거리가 오염되는 사태를 가정하면 생각이 달라지죠."

회의실 밖에서 엄마와 놀고 있던 서령이가 아빠가 뭘 하나 궁금했던지

쓱 들어왔다. 그러고는 나지막한 목소리로 말했다.

"아빠 사랑해요."

나도 손으로 하트를 그려 화답했다.

세상에는 경제적인 논리로만 따져서는 안 되는 일이 있다. 그중 하나가 핵발전소다. 언론에서는 우리나라의 핵발전소 건설 기술이 세계적이라며, 어느 나라에 발전소를 수주했다며, 핵발전소에 문제가 생길 가능성은 없다며 경쟁적으로 보도하였다. 그리고 후쿠시마 재앙에 대해서는 우리나라에서는 생길 수 없는 일이라는 듯 입을 다물었다. 도쿄 인근까지 방사능이 퍼졌고 아이들은 코피를 흘리는 실정인데도 그렇다.

"요코가와 형님에게는 지난 쓰나미의 경험이 삶을 바꾸는 전환점이 된 것 같아. 그쪽 지역 사람이 먹을 것이 없어 하루종일 걸어와 새벽 2시쯤에 형님 가게 문을 두드렸대. 그 가게는 편의점도 아니고 사케집이잖아. 문을 열고 나가보니 '먹을 것이 없어요. 먹을 것 좀 주세요' 하더라는 거야. 일본에서 이런 일이 벌어지리라고는 그 형님도 전혀 예상하지 못했을 거야."

같이 몽골 여행을 하는 형이 친하게 지내는 요코가와 아저씨의 이야기를 들려주었다. 누가 이런 일이 벌어질 것이라 상상했겠는가. 그것도 일본에서. 그러나 일은 벌어졌다. 누군가는 앞으로 일본 사회가 후쿠시마 이전과 이후로 구분될 것이라고 하였다. 얼마 전 후쿠시마 핵발전소 보도를 보던 아내가 말했다.

"나중에 누가 후쿠시마 사람과 결혼을 하려고 하겠어? 방사능에 어떻게 노출되었는지도 모르는데."

그곳에 살던 아이는 그곳에 살았다는 이유로 평생 기피 대상으로 살아야 할지 모른다. 도쿄전력이, 일본 정부가 이 아이들의 삶을 보상해 주겠는가.

회의실 밖에서 서령이와 아내는 의자를 빼서 탁자에 가져다 놓기도 하고 숨바꼭질을 하기도 하였다. 그러다 심심하면 서령이는 내 곁으로 다가와서 조그만 목소리로 노래를 불렀다.

"반짝반짝 작은 별, 아름답게 비추네, 동쪽 하늘에서도, 서쪽 하늘에서도……."

모임이 끝나고 집으로 돌아가면서 생각했다. '핵발전소보다 진실을 덮는 사람들이 더 큰 문제야. 사실이라고 주장하면서 앞뒤 다 자르고 유리한 말만 골라 사람들 눈과 귀를 속이려고 하지.'

다음 날 아침 아내가 출근하면서 '핵발전소 반대' 배지를 서령이 가방에 달아 주고 베란다에 현수막도 붙여달라고 부탁했다. 배지를 친구들에게 자랑할 만한 액세서리로 여기는 서령이는 가방에 달아 준 배지를 보고 무척 좋아했다.

1986년 4월 26일, 체르노빌에서 사상 최악의 원전 사고가 일어났다.

《체르노빌의 목소리》는 그 사고를 겪은 지역 주민들의 목소리를 담은 책이다. 이 책을 소개한 글을 보다 눈물을 떨구었다.

"내 딸의 이름은 카탸였다……, 일곱 살에 사망했다."

절망에 빠진 부모의 마음이 느껴지며 서령이가 떠올랐다.

나와 내 아이를 위한 세상을 만들려면 무엇부터 해야 할까. 나 같은 사람들을 위해 핵 없는 사회를 위한 공동행동이라는 단체에서 '핵 없는 세상을 만드는 열 가지 시민 실천'을 만들었다. 대략 살펴보면 전기사용량을 12퍼센트 줄인다. 자연의 온도로 생활하며, 전기 냉·난방기 사용을 최대한 줄인다. 필요 없는 전기는 사용하지 않고 꼭 필요한 전기는 고효율 제품으로 사용한다. 대기 전력 제로를 생활화한다. 녹색 생활 실천으로 물건의 생산과 소비, 유통에 따른 에너지 사용을 줄인다(일회용품 안 쓰기, 아껴 쓰고 나눠 쓰고 다시 쓰기). 가족, 이웃들과 함께 핵 없는 세상, 평화에 대해 공부한다. 이웃, 동료들과 핵 없는 마을을 만든다. 핵에 반대하는 정치인, 지자체장에게 투표한다. 방사능 오염으로 고통받는 후쿠시마 주민을 지원하는 일에 함께한다.

나도 집 안의 플러그를 뽑고 주위 사람들에게 핵발전소의 위험성을 알리기 시작했다.

"궁금한 게 있는데 베란다에 붙은 게 뭐예요? 뭐라고 쓴 것 같은데."

정수기를 점검하러 오신 아주머니가 물어보셨다.

"'아이들에게 핵 없는 세상을'이라는 글이에요. 위험한 핵발전소를 점차 줄여나가자는 거지요. 만약 핵발전소 사고가 나면 남한 대부분이 피해를 입고 사람들은 방사능 피폭으로 상상하기 어려운 인명 피해를 입게 되죠. 오염된 땅이 회복되기 위해서는 매우 긴 시간이 걸려요."

"대부분의 사람들은 핵발전소가 그렇게 위험한 줄 몰라요. 처음 알았어요."

"정부나 핵발전소로 먹고사는 사람들은 늘 안전하다고 말해요. 하지만 사고의 위험성은 언제나 있어요. 러시아, 미국, 일본에서 사고가 났고 그다음은 우리나라나 프랑스라고 예상하는 사람들도 있죠."

"그렇네요. 좀 무서운데요."

사람들과 핵발전소 문제에 대해 이야기하다 보면 대안이 무엇이냐고 꼭 물어본다.

"지금 당장 할 수 있고 근본적인 대안은 절약하는 거죠. 절약. 이게 대안입니다."

절약을 대안이라고 말하면 사람들 낯빛이 흐려진다. 새로운 에너지원이나 획기적인 에너지 생산 방식을 기대했는데 절약하라니. 사람들이 말하는 대안에는 '지금 내가 누리고 있는 혜택이나 풍요로움은 조금도 줄이지 않고'라는 전제가 깔려 있다. 손에 든 것은 하나도 내려놓지 않은 채 또 하나를 움켜쥐려 한다. 풍요가 곧 행복이라는 현대 문명의 신화와 궤를 같이한다. 한없이 쓰고 마시는 우리의 생활양식을 바꾸지 않는 한 안전한 세상은 오지 않는다. 아이들과 함께 살아갈 미래를 위해 우리가 가지고 있는 너무 많은 것들을 덜어내고 내려놓는 결단이 필요하다.

어제는 골프장 오늘은 구럼비

'나도 갈 걸 그랬나.'

마음이 어수선할 즈음 아내에게 전화가 왔다.

"서령이는 잘 놀고 있어요. 음악이 나오니까 벌떡 일어나 춤을 추네요. 춤추는 모습이 얼마나 귀엽던지 사람들이 서령이 사진을 찍었다니까요."

전화기 너머로 서령이가 춤을 추는 모습이 보였다. 이날 아내와 서령이는 '생명버스'를 타고 홍천에 갔다. 그곳에는 유기 농지 위로 골프장이 들어서고 있었다. 골프장을 만드는 과정에서 수많은 나무들이 베어졌고 멸종 위기 종으로 지정된 동물들도 자취를 감추고 있었다. 골프장이 완성되면 잔디만 살리기 위해 막대한 양의 맹독성 제초제가 뿌려질 것이다. 그렇게 되면 피땀으로 가꾼 유기 농지는 순식간에 사라진다.

"경춘 고속도로가 개통되면서 강원도에 골프장이 갑자기 늘기 시작했어. 서울에서 가는 시간이 짧아진 거지. 시간이 단축되니까 너도 나도 골프장을 짓겠다고 난리야. 우리나라에서 골프장은 어울리지 않는 것 같

아. 대부분 산을 깎아서 만들잖아."

홍천에 가기 전부터 아내는 강원도에 들어설 골프장의 문제점을 말해주곤 했다. 고속도로가 개통되면서 오가는 시간은 단축되었지만 원주민들을 고통으로 몰아넣는 골프장이 늘어났다. 어떤 광고에서 "꿈꾸는 사람들은 많아도 누구나 소유할 수는 없습니다"라는 글과 함께 유럽풍의 목조 주택과 깔끔하게 정리된 잔디를 보여줬다. 누구나 소유할 수 없는 그곳을 만들기 위해 나무는 베어지고 산은 깎이고 생명들은 순식간에 사라지고 오직 잔디만 살리는 제초제가 끊임없이 쏟아진다. 개발이라는 이름 아래 원칙과 절차도 무시되기 일쑤다. 누구나 소유할 수 없는 그곳은 이렇게 만들어진다.

이날 저녁 씩씩한 모습으로 돌아온 서령이가 아빠에게 외쳤다.

"골프장을 철회하라."

홍천의 골프장은 그곳 사람들만의 문제가 아니다. 서울에 사는 나의 문제이고 앞으로 살아갈 날이 창창한 서령이의 문제였다.

"조계사에 있는 강정캠프랑 하지문화제 같이하는데 서령이하고 올래?"
"당연하지. 꼭 가야지."

홍천에 다녀온 지 일주일 후였다.

제주도 강정마을은 전국적인 관심을 불러일으키고 있는 곳이다. 지켜야 할 절차와 존중되어야 할 원칙을 무시하고 은폐한 채 공사를 강행하고 있다는 사실이 불편했다. 제주도에서 흔히 볼 수 있다는 이유로 사라지는 구럼비가 마음을 아프게 했다.

날이 저물면서 조계사 한쪽에서 한살림 서울과 강정평화생명캠프가 함께하는 '하지 촛불 켜는 밤 문화제'가 시작되었다. 사람들이 삼삼오오 자리를 잡았고 우리 가족도 뒷자리에 앉았다. 서령이는 사람들이 신기한 듯 이리저리 두리번거렸다. 예전에는 집회라고 하면 비장하고 엄숙한 분위기였지만 지금은 온 가족이 참여해서 즐겁게 노래하고 웃는, 아이와 함께 와도 부담 없는 분위기다.

"서령아, 오늘 언니 오빠들이 나와서 노래 부른대. 강정마을을 그냥 두라고 기원하는 거야."

우리 부부는 지금까지 제주도를 딱 한 번 다녀왔다. 신혼여행 때였다. 비록 한 번 뿐이었지만 매년 우리는 "올해는 제주도에 갈까"라고 할 정도로 인상적이었다. 아름다웠다. 서령이가 태어난 뒤에는 "서령이와 함께 가야지"로 바뀌었다. 그런 제주도를 조계사 한구석에서 만나고 있었다.

평화는 총 끝에서 나온다고 믿는 사람들, 세상의 평화를 원한다면 내가 먼저 평화가 되자는 사람들. 같은 세상을 살고 있지만 바라보는 세상은 전혀 달랐다. 둘 사이의 간격은 얼마나 벌어져 있는 것일까. 생각은 달라도 지금 이 순간 함께 살고 있다는 한 가지 점은 분명했다.

"평화와 협력으로 새로운 문명을 열어가자"는 이야기가 끝나고 밴드 〈그때 그때〉의 공연이 시작되었다. 서령이는 음악이 나오자마자 벌떡 일어나 춤을 추었다. 노래 사이로 간간이 구호가 들렸다.

"해군기지 반대. 핵발전소 반대. 구럼비를 살려라."

귀 기울여 외침을 듣던 서령이도 외쳤다.

"어제는 골프장, 오늘은 구럼비!"

이 말에 잠시 웃다가 이내 씁쓸해졌다. 네 살 꼬마 입에서 이런 말이 나오는 세상이라니. 여러 가수와 밴드의 노래가 이어졌고 생명 평화 운동의 상징적 인물인 도법 스님도 나와 말씀하셨다.

"……제가 걱정하고 있는 것은 공동체의 복원입니다. 갈라진 강정마을의 복원입니다……."

우리 사회는 다른 의견을 귀담아 듣고 조율하고 타협하는 힘이 약하다. 이쪽이면 이쪽, 저쪽이면 저쪽이라는 식으로 가르기에 바쁘다. 목숨 걸 일이 아닌 일에도 목숨까지 걸고 급기야 원수가 된다.

날이 완전히 어두워지자 행사장을 감싼 촛불이 하나둘씩 켜졌다. 서령이는 흔들거리는 촛불을 신기한 듯 바라보고 있었고 생명 평화를 기원하는 소리들이 촛불 사이로 흘렀다.

"어디 있어?"

"나 행사장 뒤쪽에 있어. 어, 보인다. 여기!"

여기는 한국원자력위원회 앞이었고 그 앞쪽 길거리에서는 파티가 벌어지고 있었다. 하자작업장학교 친구들이 신나게 북을 두드렸고 서령이는 북소리에 맞춰 몸을 흔들었다. 탈핵파티였다. 이날 원자력위원회는 고리 1호기가 안전하다고 언론에 발표할 예정이었다.

우리를 만난 아내는 가방에서 노란색의 작은 플래카드를 꺼내 펼쳤다. '아이들에게 핵 없는 세상을'이라고 쓰여 있었다. 우리 가족이 이곳에 온 이유는 단순하였다. 세상에서 가장 낡고 위험한 핵발전소 고리 1호기를 폐쇄하라고 요구하기 위해서다. 안전한 세상을 만들기 위해 우리가 할 수 있는 작은 몸짓이었다. 지난 5월 환경 단체에서 고리 원전에서 사고가 나면 85만 명의 인명 피해가 나고 최대 628조 원의 재산 피해가 난다고 발표했다. 하지만 원자력위원회는 요지부동이었다. 외국의 핵 전문가들이 우리나라의 핵발전소에 대해 우려를 표시하고 있는 상황에서도 사고가 날 리 없다는 게 입장의 전부였다.

공연이 진행되면서 오가는 사람들이 힐끗힐끗 쳐다보았다. 원자력위원회 직원들로 보이는 사람들도 멀리서 행사 장면을 지켜보며 이야기를 나누고 있었다. 핵에 대한 사람들의 온도 차이는 얼마나 될까.

행사가 끝나고 정리를 하고 있는데 한 시민이 마이크를 붙잡고 말했다.

"지금 핵발전소를 없애자고 하는데 모자란 전기는 어떻게 할 겁니까? 여러분은 에어컨 안 켜고 살 겁니까?"

탈핵파티 때문이었는지 이날 원자력위원회는 어떤 발표도 하지 않았다. 서령이와 함께 버스를 타고 집으로 가면서 아까 그 시민의 말이 떠올랐다. 언제까지 효율성이라는 이름으로 포장된 공포를 안고 살 것인가. 그것이 아무리 효율성이 높고 값싼 에너지라고 해도(실제로는 전혀 그렇지 않지만) 모든 것을 앗아갈 가능성이 조금이라도 있다면, 없다는 전제를 하고 고민을 시작해야 하지 않을까. 핵발전소 문제는 소비지향적인 현대문명과 떼려야 뗄 수 없는 문제다. 우리가 지금 누리고 있는 것을 조금도 줄이려고 하지 않는 상황에서 핵발전소는 필요악이라는 이름으로 살아남지 않을까.

한번 맛들이면 헤어나기 어렵다. 선풍기에 익숙해져 있다 에어컨에 맛들이면 이미 선풍기는 퇴물이 된다. 컴퓨터도, 핸드폰도 마찬가지고 모든 것이 그렇다. 새로운 삶은 현실이 되고 지나간 과거는 불편하고 버려야 할 기억으로 고정된다. 이런 삶을 유지하기 위해서 점점 더 많은 자원과 에너지를 소비한다. 그래서 더 과감한 결단이 필요하다. 불편하지만 안전하게 살 것인가, 편리하지만 잠재적인 공포 속에서 살 것인가.

서령이가 아는 구호가 늘었다.

"고리원전 폐쇄하라."

바꾸기 어렵다고 해도 바꾸어야만 하는 일들이 있다. 아이 입에서 더이상 "고리원전 폐쇄하라"라는 구호가 나오지 않도록 하기 위해. "우리가 살고 있는 지구는 잠시 빌려 쓰는 집(HOUSE)이 아니라 가정(HOME) 그 자체(프랑스 사진작가 얀 아르튀스 베르트랑의 말 가운데)"이기에.

세상에서 가장 긴 여행

세상에서 가장 긴 여행은 이렇게 시작되었다. 지난 3월 초에 갑자기 머리가 어지러웠다. 평소와는 달라 혹시나 싶어 병원을 찾아갔다. 의사는 현미경으로 내 몸에서 뽑은 피를 보여주며 끈적끈적하게 뭉쳐 피가 잘 돌지 않는다고 했다. 혈액 순환 장애였다.

병원을 나왔다. 나이 마흔 넘어서는 어떻게 될지 모른다는 말이 실감 났다. '운동하라고 할 때 운동 좀 할 걸' 하는 후회가 밀려들었다. 내가 건강해야 서령이도 잘 돌볼 수 있을 텐데. 그동안 너무 몸을 혹사시키며 살았나, 오랜 시간 긴장하며 살았나. 맞아, 그랬지. 왜 그렇게 긴장하며 살았을까, 무엇이 나를 긴장하도록 만들었을까. 아무래도 모든 것을 멈추고 온전히 나에게 집중해 긴장을 풀라고 주어진 시간인가 보다. 여행을 시작해야겠다. 머리에서 가슴으로 가는 여행을.

어떻게 하면 좋지, 무엇부터 시작해야 하지? 그동안 읽었던 책이 떠올랐다. 몇 년 전에 읽은 《자기사랑노트》. 책 표지에는 "이 책을 읽는 동안 당신은 있는 그대로의 자신을 사랑하게 될 것입니다"라고 쓰여 있었다. 이 책을 읽고 처음으로 '내면 아이'라는 존재를 알았다. 어른이라도 마음속에는 어릴 때 상처받은 작은 아이가 함께 있다는 글을 읽고 매우 놀랐다. 그리고 기뻤다. 하지만 책에 소개된 내용을 내가 실행할 수 있는가는 다른 문제였다. '좋은 말인 것은 알겠지만……'

《자기사랑노트》를 다시 읽어본 후 서점에 갔다가 반가운 책을 만났다. 《좋은 부모의 시작은 자기 치유다》. 뭔가를 아는 저자군.

아내에게 말했다.

"어때 이 책 괜찮지?"

"거기 나올 것 같은 내용은 대부분 알잖아. 읽어봐도 비슷비슷할 텐데."

그래도 혹시나 싶었다. 중간 중간 치유 작업을 할 수 있도록 실행지도 끼어 있었다. 마지막에는 이렇게 쓰여 있었다.

"그러나 책을 다 읽고 거울치료 과제까지 성실하게 했는데도 자기상이 너무 딱딱하게 굳은 나머지 여전히 자신의 소중한 가치와 소중함에 대한 긍정적인 증거를 받아들일 수 없다면, 꼭 전문가의 도움을 받기를 간절히 원한다."

솔직하군.

이런저런 책들을 읽은 후 아내에게 말했다.

"책마다 자신이 행복해야 아이가 행복할 수 있고 그렇게 하려면 자기 안의 상처를 치유해야 하고 그래야 상처가 아이에게 대물림되지 않는다고 해. 하지만 책만 읽어서는, 그리고 책에 있는 실행 방법들을 해보는 것만으로 자기 안의 상처를 잘 들여다볼 수 있을지는 모르겠어. 마치 '이렇게 하면 공부를 잘할 수 있다'는 책을 읽고 나서 느끼는 묘한 거리감이라고나 할까."

책을 지은 상담 심리사들이나 정신과 교수들 모두 '자기 치유'가 중요하다고들 했다. 하지만 읽는 사람들이 그 말을 잘 안다고 해도 다른 사람의 도움 없이 혼자서 실행하기는 쉽지 않다. 하고 싶지 않아서가 아니다. 마음에 관한 것이어서 그렇다. 사람들은 자기 마음을 잘 안다고 하지만 또 한편으로는 "나도 내 마음을 모르겠어"라고 말한다.

또 하나의 어려움은 '나는 이미 알고 있다'는 믿음이다. 종종 친구들에게 이런 말을 건넨다.

"너 진짜 그거 아는 거 맞아? 안다고 믿는 것일 뿐 아니야? 진실로 알면 그렇게 말할 수 없어. 그렇게 행동하지 않아."

나도 그렇고 다른 사람들도 그렇고 모두들 잘 안다고 말한다. 그러면서 매번 같은 문제에 봉착한다. 이때 안다고 하는 말은 안다고 믿은 것일 뿐, 대부분 진실로 깨달은 것은 아니다. 많은 책에 훌륭한 매뉴얼이 담겨 있었지만 직접 실천하기에는 한계가 많았다. 그래서 EBS 프로그램 〈달라졌어요〉에 나오는 사람들을 보면 대단하다는 생각이 들었다. '방법을 잘 모르니까 창피함을 무릅쓰고 도와달라고 외치는 거지. 신청했다는 것

만으로도 정말 대단한 용기야. 일단 시작한 이상 치유를 하겠지.'

머리가 아팠다. 바람이나 쐬러 한강 두물머리가 보이는 수종사와 순천 선암사에 다녀왔다. 그곳에 가면 뭐라도 건지지 않을까해서. 같이 간 후배에게 물었다.

"왜 불교에서 관음보살이 최고의 보살인 줄 알아?"

"자비의 보살이니까요."

"그렇지, 자비의 보살이지. 그런데 가만히 보면 관음보살은 최고의 심리치료사야. 이름을 봐봐, '소리를 보고 듣는다'라는 거 아냐. 그 소리가 뭐겠어? 사람들이 마음속에 꽁꽁 숨겨둔 소리겠지. 꼭 해야 하지만 차마 하지 못하고 때로는 할 수 없었던 말이겠지. 그 소리를 그냥 들어준다는 일은 어렵고도 힘든 일이야. 그러니까 자비라고 말하겠지. 말하는 사람은 가슴이 뻥 뚫리잖아. '임금님 귀는 당나귀'라고 외친 이발사는 얼마나 속이 시원했을까. 지옥이 다른 건가, 해야 할 말, 하고 싶은 말 제대로 하지 못하고 사는 게 지옥이지."

사람들에게는 마음속에 꽁꽁 묻어둔, 그러나 풀어야 할 저마다의 이야기가 있는 법이다. 어떻게 그 이야기들을 풀어나갈 수 있을까.

오랜만에 글을 써 보기로 했다. 노트에 화가 날 때, 마음이 편치 않을 때, 갈등을 느낄 때에 관한 글을 써 나갔다. 이런 상황이 되었을 때 마음이 어땠는지, 어떤 상황이었는지, 무엇 때문에 그랬는지 꼼꼼하게 기록하였다. 식탁에서도 쓰고 책상에서도 쓰고 버스 안에서도 썼다. 쓰고 또 썼다.

무엇인가 쓰다 보면 마음이 가라앉고 편안해졌다. 불같이 끓던 마음도 점차 평상심을 찾았다. 마음속으로 끙끙거릴 때보다 훨씬 빨랐다. 심각하게 보였던 일도 그렇게 심각하지 않았다. 그러면서 감정에 휩싸였을 때는 볼 수 없었던 면들이 하나둘씩 보이기 시작하였다. '이렇게까지 신경 쓸 일이 아니었군, 별거 아니네.'

가장 먼저 쓴 글은 여행지 예약을 하면서 겪은 나의 완벽주의적 경향이었다. 완벽주의의 이면에는 주위 평가에 민감하게 반응하는 나 자신이 있었다. 모든 에너지를 실수하지 않기 위해 애쓰는 마음으로 쏟다 보니 다른 사람들, 다른 것들을 잘 보지 못하였다. 실수가 두려웠다. 이런 마음을 알고 스스로 격려해 주었다.

"실수해도 괜찮아, 실수해도 너는 너야."

살면서 쉽게 듣지 못했던 말이었다. 이렇게 작업을 하고 나니 일에 대한 부담이 줄어들었다. 내게도 실패할 권리가 있었다.

문제의 근원에 나도 몰랐던 내가 있다는 것을 깨닫기도 했다. 횡단보도 파란불을 기다리다가도, 버스에서 졸다가도 불현듯 떠올랐다. 그러면서 마음이 밝아지는 게 묵은똥이 한꺼번에 내려가는 기분이었다. 대개 기억들은 어릴 때나 청소년기 때 겪은 일들이 많았다. 이 시기 말이나 행동 혹은 억압된 감정으로 인해 생긴 마음의 상처는 쉽게 사라지지 않고 내 마음속 깊숙이 존재하였다. 상처가 깊으면 깊을수록 더욱 은폐된 형태로 바뀌어서 평상시에는 알 수 없었고 느끼기도 어려웠다. 이런 상처를 느끼는 순간은 피하고 싶은 욕구도 강렬하게 일어났다.

차마 쓰기 힘든 말도 있었다. '내가 이 정도밖에 되지 않나'라고 느낄 때도, 소심하고 유치하다는 것을 인정하고 싶지 않을 때도, 내 인생이 부정당하는 느낌이 들 때도 있었다. 더 이상 쓰지 않고 피하기도 했다. 하지만 이번 기회를 놓치면 다음 기회는 언제 또 올지 알 수 없었고 이러한 행동 패턴이 서령이에게 부정적인 영향을 줄 수도 있다는 생각에 정신이 번쩍 들었다.

내가 안다고 생각한 나보다 알지 못했던 내가 많다는 것을 알았다. 현재의 나와 과거의 나 사이에는 끊임없이 교신이 오갔다. 이 작업을 하면서 알아채기의 중요성을 다시 깨달았다. 어떤 심리적인 문제가 생겼을 때 그 문제를 알아채는 것만으로도 문제의 반은 풀린 것이나 마찬가지다. 아이에게 화를 내고 있을 때 '내가 지금 아이에게 공연히 화를 내고 있구나'라고 인식하면 화가 가라앉았다.

노트 위에 내 문제들을 내려놓고 마음을 바라보면서 천천히 긴장을 풀었다. 머리에서 가슴으로 떠나는 여행은 세상에서 가장 긴 여행길이다. 하지만 몸과 마음 모두 온전한 나로서 행복하기 위해, 사랑하는 서령이의 좋은 아빠가 되기 위해 나는 오늘도 여행을 한다.

같은 꿈을 꾼다는 것

"서령아, 여기가 몽골이야 몽골. 여기는 히말라야 네팔이야 네팔, 여기는 안데스고 여기는 알래스카 그리고 이곳은 노르웨이야. 어때 듣기에도 괜찮지?"

서령이가 태어났을 때 커다란 세계지도를 사서 안방 벽에 붙여놓았다. 그리고 틈만 나면 서령이에게 아빠의 여행 계획을 들려주었다. 서령이의 눈은 내 말을 알아듣는 것처럼 보였다. 나라 이름을 힘주어 들려주고 나서 이 말을 덧붙였다.

"이곳으로 엄마하고 아빠하고 여행 갈 거야. 알았지?"

곁에서 듣고 있던 아내가 아쉬운 듯 한마디 거들었다.

"나도 가보고 싶은 곳이 있는데, 모나코."

"그레이스 켈리의 나라?"

"응. 아프리카 어딘가에 있지 않아?"

"거긴 모로코고. 모나코는 프랑스 아래에 있잖아."

가고 싶은 나라라면서 어디 있는 줄도 모르는 아내를 구박하며 선심을 쓰는 척 서령이와 함께 갈 나라에 모나코도 끼워줬다.

"서령아, 엄마는 모나코에 가고 싶대. 거기도 추가하자. 서령아, 네가 크면 그곳으로 여행하기다."

서령이를 직접 돌본 후부터 본격적인 학습에 나섰다. 하루에 한 번은 서령이를 안고 세계지도 앞에 섰다.

"서령아, 자 봐봐. 여기는. 몽골이야 몽골! 아빠가 좋아하는 몽골."

"몽골!"

몽골은 서령이가 가장 먼저 이름을 안 나라였다. 우리나라보다도 먼저였다. 지도에서 어디에 있는지도 알았다. 이후 네팔, 안데스, 알래스카, 노르웨이, 모나코 순으로 이름을 말하는 것을 보고 반복 학습의 효과를 실감하였다. 모나코를 빼면 이 지명 목록은 내가 오래전부터 여행하고 싶었던 곳들이다. 나의 오래된 꿈은 서령이가 태어나면서부터 서령이와 함께 가는 것으로 바뀌었다. 몽골은 몇 번 다녀와서 익숙해질 법도 했지만 서령이와 1년은 살아봐야 그 맛을 알 수 있지 않을까 싶었다.

아내를 처음 만난 날에도 이 목록을 말했다.

"저는 몽골 여행을 다녀왔고 히말라야, 안데스, 알래스카, 노르웨이를 가고 싶어요."

첫 만남 이후 서령이에게 그랬던 것처럼 아내에게도 세계지도를 선물했다. 그 지도는 보통 지도와는 달리 요철이 되어 있는 특별한 입체 지도

였는데, 이 지도를 발견한 순간 바로 아내에게 달려가 "여기가 몽골이고 여기가 네팔이에요"라며 손에 쥐어주었다.

어릴 적 내 꿈은 지리학자와 여행가 사이를 왔다 갔다 했다. 우리 집에는 팥죽색으로 표지를 장식한 책 한 질이 있었는데, 틈만 나면 그 책을 들여다보곤 했다. 까무잡잡한 피부 때문에 아프리카 여행이 수월했다는 김찬삼 교수의 《세계의 여행》이었다. 어린 내게 이 책은 꿈의 책이었다. 언젠가는 모두 가보리라. 이런 어렸을 적 꿈이 희미해질 무렵 《역사 앞에서》라는 책을 만났다. 이 책은 잠들어 있던 내 꿈을 다시 꿈틀거리게 했다. 저자인 김성칠 교수는 해방 이후 전국의 마을 이름을 수집하는 작업을 하고 있었다. 책을 읽은 뒤 이 땅을 내 발로 다니는 상상을 하면서 고산자 김정호라도 된 듯했다. 하지만 내공이 모자라 그렇게 다니지는 못했다.

날마다 세계지도를 눈으로 익히던 어느 날, 서령이가 지도 앞에서 내게 말했다.

"아빠, 여기 몽골, 네팔, 안데스, 히말라야, 노르웨이."

"아, 서령이가 알았구나. 고마워. 우리 함께 가자. 참 여기는 모나코. 엄마가 가고 싶은 곳."

이미 마음은 서령이와 몽골 초원을 달렸다.

그러던 어느 날 서령이와 손을 잡고 동네 길을 걷고 있었는데 서령이가 갑자기 달려가 버스 정류장 앞에서 멈춰 섰다.

"아빠, 지도."

서령이가 가리킨 것은 우리 동네 지도였다. 서령이는 뿌듯한 표정이었고 나 역시 그랬다. 지도를 안다는 사실만으로 서령이와 나는 동지가 된 듯했다. 다행히 아내와는 다를 것 같았다. 아내는 대단한 길치로 광화문 네거리를 나와도 어디가 어딘지 구분을 못해 다투는 일도 종종 있었다. 여러 번 간 길도 잊어버리기 일쑤여서 "여기는 다시 찾아 올 수 없을 거야"를 입에 달고 살았다. 그러면서 "자기 옆에 꼭 붙어 있어야지"라며 팔짱을 꼭 꼈다. 그나마 나를 만났으니 다행이지…….

우리 가족은 여행을 자주 다니는 편이 아니다. 운전면허도 없으니 자가용도 없고 그러다 보니 여기저기 다니기에는 제약이 많다. 그래도 기회가 될 때마다 배낭을 메고 서령이를 안고 때로는 유모차를 들고 여기저기 다녔다. 아빠의 취향이 반영된 박물관과 궁궐부터 엄마의 취향이 반영된 축제와 행사장에 두루 갔다. 최근에는 원주에서 열린 무위당 장일순 선생님 추모 공연을 다녀왔는데, 사물놀이에 맞춰 서령이와 덩실덩실 춤을 추기도 했다. 아이와 함께이기에 가능했다.

서령이와 함께하는 여행은 수고롭다. 나의 눈높이와 서령이의 눈높이는 가치관뿐만 아니라 실제로도 보는 높이가 다르다. 당연히 같은 곳, 같은 것을 보아도 다르게 느낀다. 시간도 마찬가지여서 정해진 시간이라는 개념이 없는 서령이는 관심 가는 것이라면 시간가는 줄 모르고 빠져들었다. 반면 내게 무작정 기다리는 일은 고역이 되기도 해 때로는 미치기 일보 직전까지 갔다.

하지만 서령이와 가는 여행은 세계관이 다른 어른과 아이가 서로 갈등하며 공감하고 이해하는 여정이었다. 결국에는 어른인 나의 세계관이 확장되었다. 서령이의 눈을 통해서 본 세상은 유치한 세상이 아니었다. 가볍게 여겼지만 중요했고 작지만 컸으며 묻지 못했던 본질적인 질문과 답변이 담겨 있었다.

아내는 여행할 때면 가끔씩 푸념을 늘어놓는다.

"당신이 차를 운전할 수 있으면 더 많이 다닐 텐데. 서령이를 데리고 한살림 농부 아저씨들도 방문하고 싶은데. 그분들이 얼마나 서령이를 보고 싶어 하시는데."

"그러면 당신이 운전면허 따. 운전면허 딴다고 문제집도 여러 권 샀잖아. 나는 운전이 무서워."

늘 이런 식이어서 하루만 지나면 언제 그런 일이 있었냐는 듯 잊어버리고 다음 여행 때까지는 잠잠하다.

가끔 꿈의 목록을 언제쯤 실행할 것인가를 두고 아내와 이야기한다.

"일단 서령이가 초등학교에 들어가기 전에 몽골을 다녀오고 학교에 들어가면 1년에 한 곳씩 가는 게 어때?"

"그럼 나는 어떻게 해. 직장을 그만둬?"

"그러네. 그럼 서령이와 나만 다녀올게."

"말도 안 되는 소리. 휴가를 길게 내야지."

귀농해서 농사를 짓는 친구가 있다. 그 친구는 농사철이 끝난 농한기 때 인도로 여행을 다녔다. 혼자일 때는 혼자서, 결혼해서는 둘이서, 아이가 생겼을 때는 셋이서, 다시 넷이서. 론리 플래닛(lonely planet)을 만든 휠러 부부도 그랬다. 론리 플래닛의 역사를 다룬 《론리 플래닛 스토리》에서 가장 인상적인 장면은 수염이 덥수룩한 아빠가 캐리어를 메고 언덕에 앉아 있고 그 앞에 8개월 된 갓난아이와 35개월 된 서령이 또래 아이가 함께 있는 사진이었다. 이들 앞으로 네팔의 산악이 펼쳐져 있었다.

요즘 들어 서령이에게 자주 말한다.

"아빠 몽골에 갈 거다."

"서령이도 데려가. 서령이는 왜 안 데려가."

"알았어. 같이 가자. 아빠는 말 탈 거다."

"서령이도 말 잘 타."

우리 가족은 같은 꿈을 꾼다. 꿈을 공유하는 일은 또한 함께 나누는 일이다. 꿈을 함께 나누면서 우리 가족은 더욱 든든한 끈으로 이어지겠지. 여행을 꿈꾸는 일 그 자체가 여행이다. 잠깐 동안의 몽골 여행으로 1년 내내 즐거웠더랬다. 여행 자체는 일주일 정도에 불과했지만 여행을 준비하는 6개월, 여행을 다녀온 뒤 추억하는 6개월 내내 즐거웠다. 이제 그 즐거움을 서령이와 나누어야겠다.

닫는 글

마치 내 세상인 것처럼

서령아, 얼마 전 네가 엄마 배를 두드리며 말했지.

"엄마, 서령이가 엄마 배 속에 있었지. 서령이 태어날 때 엄마가 '고맙다'고 말했지."

그래, 맞아. 네가 태어났을 때 엄마가 처음 한 말이 "이렇게 와줘서 고마워"였단다. 아빠도 같은 말을 했어. 이 말이 아직도 생생한데 벌써 네 살이구나. 요즘 너를 보면 깜짝깜짝 놀라곤 해. 갓난아이 서령이가 어느새 이렇게 커서 엄마 아빠하고 이야기를 하고 가끔 부려먹고 그것도 모자라 조언까지 하잖아.

"엄마, 그렇게 말고 요렇게 요렇게 해야지. 아빠, 아빠가 한번 해봐. 이렇게 하면 되잖아."

가끔 네가 대견해 보일 때가 있어. 심부름할 때, 네 의견을 또박또박 말할 때, 엄마하고 전화 통화할 때가 그래. 아빠가 기운이 없어 보이면 엄마하고 이 노래를 불러주지.

"아빠 힘 내세요, 우리가 있잖아요, 아빠 힘 내세요, 우리가 있어요."

이 노래를 부르는 네가 의젓해 보인다니까.

요즘 아빠가 가장 듣기 좋은 말이 뭔 줄 아니?

"서령이 얼굴에 구김살이 없어요."

주위 사람들로부터 이 말을 들을 때마다 네가 잘 커가고 있다는 생각에 기분이 좋아져. 네가 몸도 마음도 건강하게 자란 것 같아 고맙고. 엄마도 이 말을 들을 때면 기분이 좋아진다고 하더구나. 밝고 명랑한 것보다 좋은 게 어디 있겠니?

아빠는 얼마 전 초등학교에 가기 전까지 만 권의 책을 읽어야 한다고 주장하는 사람들 이야기를 듣고는 끔찍했단다. 누구 머리에서 나온 발상인지는 모르겠지만 정작 아이들의 마음은 잘 모르는 채, 아이들을 부모의 욕망을 해소하는 대상으로밖에 여기지 않는다는 생각이 들었어. 아빠는 네가 책을 많이 읽지 않아도, 설사 좋아하지 않더라도 괜찮아. 마음껏 놀고 마음껏 뛰고 마음껏 웃고 마음껏 떠들고 마음껏 부딪쳐보았으면 좋겠어.

엄마는 너를 보면 근심 걱정이 싹 사라진다고 해. "회사에 가지 않고 하루 종일 너랑 놀면 얼마나 좋을까"라고 말할 정도야. 아빠가 봐도 엄마는 너하고 참 잘 노는 것 같아. 아빠도 너하고 노는 게 즐겁기는 하지만 솔직히 엄마만큼은 아니거든. 아빠는 혼자 노는 것도 무척 좋아해. 아빠

뿐만 아니라 다른 아빠들도 그런다지 뭐야. 그러니까 오해하기 없기.
얼마 전 엄마가 슬쩍 묻더구나.
"당신이 태어나서 제일 잘한 게 뭐야?"
"당신하고 결혼한 거, 서령이 낳은 거."
"어쩜 나하고 똑같네."
그래 엄마하고 아빠하고 똑같아. 네가 태어난 후부터 지금까지 놀라운 일들이 펼쳐졌어. 꼼지락 꼼지락거리던 아이가 어느 날 "엄마!" 하고 말하고 어느 순간 벌떡 일어나고 그러더니 뛰어다니고 이제는 엄마 아빠에게 잔소리까지 늘어놓고. 아빠는 네 곁에서 그 순간순간을 함께할 수 있어서 즐겁고 행복했어. 직장에 계속 다녔다면 이런 즐거움을 누리지 못했겠지. 힘든 일도 많았지만 순간순간이 경이롭다는 것을 알았단다.
언젠가 엄마가 이런 이야기를 한 적이 있어.
"서령이를 키우면서 늘 서령이가 한 인간이라고 생각했고 그래서인지 서령이 키우는 일이 즐거워."
아빠는 이 이야기를 듣고 엄마를 살짝 존경했단다. 어린 아이가 사람이라는 것은 맞지만 그저 도움을 주어야 하는 사람 정도로 여길 때가 많았거든. 언제 자기 몫을 하는 사람이 되나 싶기도 했고.
네가 태어나고 특히 너와 함께 지내면서 아빠 스스로에게 던진 질문이 있어. '도대체 행복이란 뭘까?' 그전까지는 이 질문을 진지하게 여기지 않았거든. 그냥 하루하루를 살았다고 할까. 그런데 이제 아빠는 자기를 사랑하고 존중하며 다른 사람과 도움의 손길을 주고받는 것이 행복이라고 생각해.

하지만 행복은 거저 오지 않더구나. 지금까지 내가 옳다고 믿었던 생각을 다시 살펴보고 나는 어떤 사람인지 차근차근 되짚어보는 과정이 필요했어. 삶의 태도가 긍정적일수록, 나와 다른 사람에 대해 너그러울수록 행복에 가까워지는 것 같아. 물질적으로 풍요로우면 편리하기는 하지만 그게 곧 행복은 아니야. 너와 함께 지내면서 이런 생각이 더욱 굳건해졌지. 그네를 타며 깔깔거리는 일도 행복이라는 거야. 그러고 보면 행복은 내일에 있지 않고 우리가 살고 있는 바로 이 순간순간에 있는 것 같아.

언젠가 엄마에게 네가 언제 예쁘게 보이느냐고 물어본 적이 있어. 엄마가 뭐라고 했을까?

"언제 봐도 예뻐. 특히 서령이가 눈을 처다보며 이야기할 때."

아빠에게 물어보았다면 이렇게 대답했겠지.

"나도 마찬가지. 특히 자고 일어나서 나지막한 목소리로 아빠를 찾을 때."

다시 엄마에게 언제 네가 밉냐고 물어보았어.

"말 안 들을 때."

아빠 역시 그래. 이건 비밀인데 네가 말을 듣지 않아 눈물을 흘린 적도 있단다. 알겠니? 박서령! 하지만 걱정하지 마. 화날 때보다 즐거운 날이 훨씬 많았으니까.

너와 함께여서 겪을 수 있는 특별한 일들도 많았지. 비행기를 탈 때 제일 먼저 탈 수 있는 배려를 받으면서 이렇게 어린 딸 덕을 벌써 보는구나 했어. 아기띠를 메고 박물관을 돌아다녀도 보고 사람들 시선을 받으며 버스도 탔지. 실컷 놀고 마음껏 노래도 불러봤어. 너를 데리고 밖에 나가면 사람들의 시선을 한눈에 받았지. 네가 아니었다면 그냥 아저씨였을 텐데 어디에서 이런 관심을 받아보겠니. 동네 엄마들의 세계도 조금 알게 되었고 소수자의 삶이 어떤지도 피부로 느끼게 되었어. 어디 이것뿐이었겠니! 세상에서 가장 느리게 걸어보았고 돌멩이와 이야기도 해보고 나무가 마법의 지팡이로 변하는 모습도 지켜보았지.

어른들은 보통 "아이들을 키운다"라고 말해. 언뜻 보면 맞는 말이지만 너와 함께 지내다 보니 다 맞는 말은 아니란 걸 알겠더구나. 아이도 어른을 키워. 아이와 엄마 아빠가 같이 자라는 거지. 자신에 대해서 살펴보게 되고 그전까지는 그냥 지나쳤던 일들도 눈여겨보게 돼.

아빠는 사람은 누구나 자기만의 성장 속도가 있다는 점을 알게 되었어. 언뜻 보면 느리게 자라고 더디게 가는 것 같아도 결국에는 다 자라기 마련이야. 그러니까 늦는 것 같다고 조바심을 내거나 빠른 것 같다고 지나치게 좋아하지 말자는 거야. 믿고 기다리다 보면 언젠가는 다하기 마련이야. 그렇게 믿는 게 정신 건강에도 좋더라니까.

너와 함께 지내면서 사람을 대하는 태도가 어때야 하는지 많이 배웠단다. 먼저 네 마음을 잘 알고 네가 하는 이야기를 귀담아 들을 것. 말만큼 쉽지는 않지만 그래서 더 중요한 것 같아. 너뿐만 아니라 다른 사람을 대할 때도 마찬가지지. 내 눈으로 다른 사람을 평가하기보다 먼저 그 사람 자체를 보려고 노력할 것. 그러기 위해서는 나에 대한 믿음이 커야 해. 그럴수록 다른 사람 이야기를 귀담아 듣는 힘도 커지지.

전에는 그런가 보다 했지만 막상 네가 살아갈 세상이라고 생각하니까 그냥 넘길 수 없는 문제가 보이더라고. 먹는 것만 해도 그래. 내 입에 들어가는 것은 그렇다 쳐도 네 입에 들어간다고 생각하니까 고개를 절레절레 흔들게 돼. 많은 사회 문제들이 남 일처럼 보이지 않더구나. 조금 더 알아보고 할 수 있는 작은 일이라도 해보게 돼. 어쩌면 너를 만나고 세상 속으로 한 발자국 더 들어간 것 같아. 네가 살아갈 세상이 조금 더 평화롭고 자유롭고 조화로웠으면 하는 바람이야.

엄마한테 네게 제일 하고 싶은 말을 물어보았는데 뭐라고 그랬는지 아니?

"말 좀 들어라 가시내야!"

그러는 거야. 그러고는 이렇게 말을 이었어.

"농담이고. 지금까지 새롭게 세상을 만났듯 앞으로도 그랬으면. 앞으로도 즐겁고 명랑하게 세상을 만나자. 마치 내 세상인 것처럼."

아빠가 서령이에게 가장 바라는 건 뭔 줄 아니? 서령이가 자신을 존중하고 사랑하는 거야. 다른 사람들과 비교하지 않고 그 자체로 아름답고 당당하다고 여기며 자신을 애써 감추거나 포장하지 않고 있는 그대로 드러내는 거야. 지금 네가 행복하다면 여기가 행복한 세상이란다.

잠든 네 머리 위에 달빛이 내려앉는구나. 잘 자거라.

서령이네 집

서령이를 직접 돌보기로 결정한 어느 날, 서령이와 함께
공원으로 바람을 쐬러 나갔다. 두 달 뒤에 벌어질 일은 생각지
못하고 마냥 설레었던 순간. 이때까지 아이를 돌보는 일은
그렇게 어렵지 않아 보였다.

벚꽃이 비처럼 흩날리던 봄날, 서령이는 그 풍경에 취해 정신없이 뛰어다녔다. "서령아 잠깐만 서 있어 봐. 사진 좀 찍게." 하지만 서령이는 꽃잎을 잡으려는 나비처럼 쉴새 없이 날아다니다 평균대 위에서 겨우 멈췄다.

"까꿍, 까꿍, 까르르~" 아기 서령이가
자기 몸집만 한 곰 인형을 아기 어르듯 달랜다.
서령이는 까르르 깔깔거렸고 아빠는 껄껄거리며 웃어댔다.

포대기에 업힌 서령이가 아빠 노래를 듣다 까무룩 잠들었다.
서령이를 포대기로 처음 업은 날,
초보 아빠는 잠든 서령이를 어떻게 내려놓아야 할지 몰라
그대로 업고 있어야 했다.

부지런히 아빠 흉내를 내던 어느 날,
서령이는 "내가 내가"라며 아빠에게서 청소기를 받아들었다.
아빠처럼 뒷짐을 지고 제법 열심히 했다.
"서령아, 이왕이면 걸레질도……."

찬장을 열고 반찬통을 꺼내 하나둘 쌓아 제법
높은 탑을 만들었다. 스스로 뿌듯해하며 탑을 바라보다
자랑스러운 듯 외쳤다. "아빠, 이것 좀 보라니까요!"

양치질을 두고 아빠와 신경전을 벌이던 서령이.
이를 닦을 때까지 기다리겠다는 아빠의 비장한 결심을 듣자
"그래도 안 닦을 거야!"라며 대성통곡으로 응수했다.

집 안에서 서령이와 자주 하는 숨바꼭질.
안방에 숨어 있는 서령이를 찾아 조심스레 방문을 열었더니
서령이가 기다렸다는 듯이 웃으며 말했다.
"아빠, 어떻게 찾았어?"

책보기를 좋아하는 서령이와 책 읽어주기를 좋아하는 엄마.
책을 보면서 엄마와 딸은 뭐가 그렇게 좋은지 깔깔거리는
때가 많았다. 놀이가 별건가!

서령이는 가끔 밥을 먹다 장난을 치곤 한다.
입을 오므리고 김밥을 쏙 내민 게 꼭 어린 새를 닮았다.
종달새쯤 되려나.